Global Game Change

How the Global Southern Belt Will
Reshape Our World

大 变 革

南环经济带将如何重塑我们的世界

［美］约翰·奈斯比特 ［奥］多丽丝·奈斯比特（John & Doris Naisbitt）◎著

张岩 梁济丰 迟志娟◎译

吉林出版集团 中华工商联合出版社

图书在版编目（CIP）数据

大变革：南环经济带将如何重塑我们的世界 /（美）奈斯比特，（奥）奈斯比特著；
张岩，梁济丰，迟志娟译 .—北京：中华工商联合出版社，2014.12
ISBN 978-7-5158-1176-5

Ⅰ. ①大… Ⅱ. ①奈… ②奈… ③张… ④梁… ⑤迟… Ⅲ. ①世界经济 – 研究 ②中国
经济 – 研究 Ⅳ. ① F11 ② F12

中国版本图书馆 CIP 数据核字（2014）第 288155 号

大变革：南环经济带将如何重塑我们的世界

Global Game Change: How the Global Southern Belt Will Reshape Our World

作　　者：【美】约翰·奈斯比特　【奥】多丽丝·奈斯比特（John & Doris Naisbitt）
译　　者：张　岩　梁济丰　迟志娟
出 品 人：刘丛星　徐　潜
项目策划：李怀科
责任编辑：于建廷　臧赞杰　效慧辉
渠道总监：曹　庆
营销企划：万春生　张　朋　张　一
版权推广：袁一鸣　高　尚
责任审读：郭敬梅　李　征
责任印制：迈致红
审 图 号：GS（2014）2192 号
出　　版：吉林出版集团　中华工商联合出版社有限责任公司
发　　行：中华工商联合出版社有限责任公司
封面设计：水玉银文化
印　　刷：三河市宏盛印务有限公司
版　　次：2015 年 2 月第 1 版
印　　次：2015 年 2 月第 1 次印刷
开　　本：700mm×1020 mm 1/16
字　　数：280 千字
印　　张：20
书　　号：ISBN 978-7-5158-1176-5
定　　价：49.00 元

服务热线：010-58301130
销售热线：010-58302813　010-58302978
地址邮编：北京市西城区西环广场 A 座
　　　　　19-20 层，100044
Http://www.chgslcbs.cn
E-mail: y9001@163.com（第七编辑室）
E-mail: gslzbs@sina.com（总编室）

第三章　中国：扭转乾坤

第四章　治理：执政环境持续改变

第五章 城市的天下

洞悉未来，因势利导

2014 年 5 月，我们从奥地利的维也纳到澳大利亚的悉尼去。两段航程，先飞 10 小时，在北京转机之后，再飞 13 小时，我们就从地球的一端飞到了另外一端。那里的世界是另外一个模样。从南半球的天空飞过，太阳的运行轨迹是从右向左的，而不是从北半球看到的从左向右。南半球的暴风雨是顺时针旋转的，而北半球则是逆时针。从地理上来讲，世界完全颠倒了。"对我们而言，远东其实是近东。"我们同在首尔参加会议时，澳大利亚前首相保罗·基廷（Paul Keating）在进餐过程中如是说道。如今，我们更深切地感受到他的话中真意。

看问题的视角稍加改变，对问题的看法也会产生翻天覆地的变化。而要熟悉陌生的东西，通常需要花费一些时间。尽管有人会认为像我们这样的"美国 - 奥地利夫妻档"（澳大利亚媒体对我们的称呼）

彼此之间不会存在什么文化差异问题，但其实各自的文化背景确实在我们身上留下了不同的印记。约翰是第一代美国人，在美国西部犹他州的一个农场里长大，这个农场属于一个叫格兰伍德的小村庄，整个村庄大约有 200 人左右。多丽丝出生在奥地利阿尔卑斯山脉旁的巴德依舍小镇，这里是哈布斯堡皇室夏季避暑的地方，95% 的居民信奉天主教，有 80% 的居民赞成君主政体。

不同的成长背景造就了我们。1994 年 9 月 14 日，我们在奥地利举办的一场年度媒体大会中相遇。在此之前，我们的人生轨迹迥然不同。随后，我们开始了作者和编辑之间的合作工作关系，在这个过程中，我们发现彼此的差异并未分化我们，反而让我们的关系更加丰富多彩，无论是在私下里，还是在工作中。美式乐观主义总是遭遇欧式怀疑主义："只管去做"总是碰上"要是……该怎么办呢"。

当我们一起工作的时候，总是充满探索精神，每天都兴致勃勃地想要学习新的东西。要研究全球性问题就必须理解不同的立场，随时愿意抛开固有的思维定式，并用新的思维方式取代固有的思维定式。对我们而言，这是一场激动人心的冒险旅程。我们从不编造故事，只是把我们观察到的东西写出来而已，即使我们看到的东西就像澳大利亚顺时针旋转的暴风雨一样跟我们以往的认知完全相左。而且，我们并不强求自己的看法总是正确的。也许有些人对世界大势的看法与我们的观察并不一致；也许有些人并不认同我们得出的结论。而我们也并不总是喜欢我们看到的东西，但是，在写作的时候，我们力图做到诚实。

> 生命历程开始的时候我们就已经不是一张白纸了。

　　那些显然会带来好处的变化很容易受到大家的欢迎。但是，对固有的做法和条件产生的影响越大，变化就越让人难以接受。而且，我们对当前情况的认识会受到过去经验的制约，并在很大程度上受到各自生长环境的制约。人们会透过时间、空间和教育这三个滤镜来观察世界。历史经验告诉我们，要让人们真正认识并接受重大历史性转变是需要时间的。

　　有些美国人从来没有离开过他们生活的国度，对此，许多欧洲人可能会觉得不可思议。自然，对这些美国人而言，美国的国境线就是其认识疆域的外沿。同为美国人，大家的世界观却不尽相同。决定世界观的因素有生存环境、受教育程度，甚至是肤色等。在奥地利，有些媒体工作者甚至也会从奥地利人的视角来看待世界，所以他们经常会忽略这样一个事实：其实奥地利这个国家的人口数量还不如中国许多城市一个区的人口多。虚拟世界的情况也是一样的，在那里，每个用户都以自我为中心，千头万绪都在这个点上交汇和分野。

　　一个人走过的地方越多，就越有可能随着世界的改变而及时调整自己对世界的看法。深度走进中国的人，对这个国家的认识会产生翻天覆地的变化，对此我们深有感触。人们并不会围绕同一个中心来创造和调整自己的世界观。人们对世界的看法原本就千差万别，这些看法根植于过去，却又能够辐射到未来。而作为社区、城市、省份还有国家一分子的我和你，正是世界这张大拼图中的小小一块。这张拼图上众多小块位置的改变释放出了清晰的信号，昭示着大变革的到来。

西方世界的崛起

各大洲的霸权势力、强国和知识领袖都能够在其国内外产生一定的影响力。直至今天,《德国民法典》(*Buergerliches Gesetzbuch*)还是以 19 世纪的法理为基础的, 而这些法理的渊源可以追溯到罗马法典。古希腊孕育了苏格拉底、柏拉图、亚里士多德和经典哲学, 而被奉为民主、《伊利亚特》和《奥德赛》以及诗歌艺术发源地。时至今日, 古雅典的政治和文化影响力还是不容小觑的。欧洲的罗马帝国、非洲的库施王国和古埃及文明、中国的春秋五霸和大周朝、南美大陆的印加文明、中美洲的玛雅和阿兹特克文明都曾经盛极一时, 但是, 所有这些强权势力的影响在广度和深度上都无法与今天的欧洲和美国——也就是西方主流社会相匹敌。几个世纪以来, 西方世界在政治、经济和文化方面的影响力所向披靡, 极大地影响了各大洲的本土文化。西方服饰、西方音乐、西方商业模式、西方发明从西方传播到世界各地。这样的日子久了, 面对其他国家的人时, 西方人就开始有优越感了。他们自诩道德权威, 本着以西方为中心的世界观来制定各种通用标准, 并以此为准绳来评判这个世界。

我们相信, 这个时代马上就要终结了。

从以西方为中心到多中心世界观

我们认为西方的全球权威地位已经不再是铁板一块了; 西方世界

观也不再被认为是放诸四海而皆准的真理了。全世界各地的新兴经济体在不断挑战其权威，并制定自己的标准。考察新兴经济体的地理分布状况，就会发现它们绕地球的南方围成了一条圆环状，我们把这条圆环状的经济带称为"南环经济带"。

如今，西方霸权已是四面楚歌。西方正在逐渐丧失经济强势地位，与此同时，它所鼓吹的靠民主和自由市场推动经济发展的模式也逐渐失去了持续发展的动力。新生的各种力量正在改变着世界格局。西方的中心地位逐渐式微，让位于多中心格局。如今，设定国际事务新基调的是那些新兴国家，甚至是地位越来越重要的城市和城市群。这是一场"伟大的开放"，以海纳百川之姿推进思想、经济和文化的多样性。假以时日，其合力必将催生出新的执政模式。大变革的主力干将将是南环经济带的国家和城市，他们将在未来几十年间重塑这个世界。

15 世纪霸权的衰落

很可能是在 21 世纪的第一个十年，西方世界才第一次意识到自己的优越感不再那么明显了。在亚洲，中国正在从新兴经济体转变为全球经济举足轻重的参与者。在许多拉丁美洲国家，市场经济改革还有军政府、军事独裁以及左翼专政阵营的倒台都开始初见成效。尽管非洲还受到贪污腐败和执政能力偏低等问题的困扰，新一代非洲人已经开始寻求那些多年来被忽视了的优良品质：创业精神和冒险精神。世界大气候正自下而上发生改变。改革的呼声日渐高涨，也得到了越来越热烈的响应。改革呼声针对的不仅仅是他们本国内的弊端，也包含了终结西方家长作风的呼吁。这种情绪在中国逐渐高涨，并蔓延到了全世界各新兴经济体。我们发现，今天发生的一切与五个世纪前撼动天主教廷统治地位的宗教改革有许多相似之处。

世界各地的基督教信徒都清楚地记得，2017 年是马丁·路德（Martin Luther）在威腾堡大教堂的门廊上张贴抗议大纲五百周年。个体行为竟然引发了一场雪崩，很快就推翻了旧的世界观并动摇了当时最强的一股势力——天主教会的根本。这是历史的转折点，真正意义上的赛场洗牌。天主教以地心说为基础的世界观被迫让位于日心说，而科学也终于摆脱了上千年的宗教教义的桎梏。天主教廷的霸权似乎是一夕之间就土崩瓦解了，但是，如果不是时代发生了根本性的改变，其霸权并没有那么容易就被终结。

天主教的崛起还要追溯到 1700 年前，继承罗马帝国皇位的君士坦丁大帝（Constantine）成为罗马帝国第一位接受基督教洗礼的君主。自此，罗马摒弃多神教，转而推崇信仰一神的基督教。而君士坦丁大帝也借此为自己的皇权正名：上帝是天堂唯一的统治者，而他，君士坦丁大帝则是人世间这个上帝保佑着的罗马帝国的唯一统治者。

至此，作为唯一合法宗教的天主教廷正式开始与国家沆瀣一气。双方狼狈为奸，相互勾结，以保护双方的共同利益。不平等也就变成了上帝的旨意，也形成了神职人员、贵族和农民自上而下壁垒森严的等级制度。每个阶级都有自己的定位，每个阶级都有自己的法庭。

那时候，传染病、瘟疫流行，死亡率很高，孤陋寡闻的民众渴望来生得到救赎。而慰藉的唯一来源就是教堂。但是，随着时间的推移，本应为教众服务的天主教廷的许多分支却退化成为借助教众的需求变相牟利的机构，通往天堂的大门上挂着价格标签。直到 15 世纪，情况才开始改变。

14 世纪发源于意大利的欧洲文艺复兴运动是一场变革的先驱，它推动了以神为本的世界观向以人为本的世界观的转变。这场变革不断发展壮大，最终打破了这片大陆僵化的社会结构。而促成这场变革的决定性因素是教育。一场发源于意大利北部的强有力的文化和教育运动席卷了欧洲的大部分地区。转变始于质疑和怀疑、寻求替代方案的努力、思维模式的改变和不同于以往根深蒂固观念的看法。教育支撑了文化、社会和政治因素的相互作用，并解放了人们的头脑。同时，城市化进程的加速使得各行各业的许多人获得过上小康生活的机遇，城市也因此而日渐繁荣。掌握在教会手中的教育权和它的经济实力是天主教廷霸权的两大支柱，随着文艺复兴运动的发展壮大，受教育的权利也"飞入寻常百姓家"了。

古登堡印刷术——15 世纪的互联网

在平民能够获得书籍之前，教会和神职人员是唯一能够阅读和解释《圣经》的人，而记载上帝言行的《圣经》则是教廷权威的基础。1446 年，古登堡发明的机械活字印刷机给欧洲的出版业带来了革命性的改变。在此之前，书籍非常罕见，也很昂贵。高等教育的权力掌握在教会手中，而且是由教会控制的，非主流观念的传播是非常受限的。

古登堡的发明将知识传播推向了一个新的境界。印刷活动因它而高度活跃，满足了人们对教育的渴望。短短几十年的时间，起步于德国美因茨一家小小印刷厂的印刷业就发展成在欧洲 270 座城市都设有印刷厂的大产业。到了这项技术发明出来 50 年之后的 1500 年，仅仅西欧的印刷厂就生产出了超过 2,000 万册图书。人们现在可以读到用自己的母语写成的《圣经》了——这在几十年前还是想都不敢想的事情。非但如此，印刷技术的进步还直接引发了一场媒体革命。所谓的单页印刷品，也就是报纸的前身，很快就进入了市场。许多这样的印刷品上印着讽刺道德败坏的僧侣和神职人员的漫画。

与此同时，持续的城市化进程缩短了人与人之间的空间距离，也使得思想和观念能够很快在足够多的人群中传播。跟所有其他翻天覆地的转变一样，这场变革也终于迎来了它的临界点。

绝对霸权走向末路

马丁·路德到底是不是真的于 1517 年 10 月 31 日在威腾堡教堂的门廊里张贴了九十五条论纲呢？对此，历史学家们莫衷一是。但是，有一点是毋庸置疑的，这九十五条论纲确实是被撰写并发表了出来。路德的九十五条论纲表达了人们对持续了几个世纪的社会秩序和等级制度的不满，论纲提出了人们对教会腐败无能的强烈愤慨。一个始料未及的后果就是，欧洲因此产生了翻天覆地的变化，并奠定了后世西方世界（也就是今天的北美、欧洲、澳大利亚和新西兰）的基础。

今天的世界，没有马丁·路德在通往全球殿堂的门廊上张贴九十五条论纲。改革的呼声是自下而上不断回响的，互联网将人与人的交流推向了一个新水平。跨越了边境线的交流将数百万人连接在一起，构成当今时代的无边界媒体——社交网络。古登堡在 15 世纪发明的活字印刷术使得各种思潮得以传播；21 世纪的互联网则传播并整合了数百万个声音所喊出的一个共同主题：修复和改革。人们愤怒并急切地希望自己能够在这场经济进步的大潮中占据一席之地。

大约五百年前，不同的阶级是不平等的，贵族、神职人员和平民，壁垒分明，无法实现人人平等。

宗教改革的初步胜利破除了教会在教育以及自然科学阐释等方面终极权威的地位。在打破了这层桎梏之后，科学发现、发明和创新成果开始不断涌现。18 世纪的启蒙运动更是促进了新观念的产生，确保了可持续的发展，并为现代化道路奠定了基础。

制胜法宝——"双 E"：教育和经济

尽管不如马丁·路德出名，法国神学家和牧师约翰·加尔文（John Calvin）也极大影响了西方后来的发展方向。他的教诲改变了欧洲人的道德观和工作伦理。人们不再追求到天堂去积累财富，反而开始推崇勤劳致富。钻研学问的过程不但推动了经济发展，还推动了技术进步和社会变革。雄心壮志和勤奋工作的意愿成为旧大陆以及后来的美洲新大陆飞速发展的驱动力。

"双 E" 在 21 世纪

我们经常被问及如何判断一个国家发展潜力的问题。答案很简单：考察该国的教育体系。这是经济发展进步的基础，也是帮助公民独立进行政治选择和决策的重要手段。

> 一旦教会失去了教育监护人的地位，其垄断地位也就难以为继了。

大部分不发达国家所面临的核心问题就是教育基础薄弱，不足以支撑经济发展。贫穷不是天定的。如今，经济因素的重要性和影响力早就超出了意识形态，教育理所当然应该成为每个国家的首要任务。教育是确保经济发展和社会稳定的关键因素。当今时代的两大主题就是"双E"：教育（Education）和经济（Economics）。

在许多发达国家，高等教育日渐昂贵，已经变得像以前的手抄书籍一样高不可攀，幸好，在线网络教育帮助我们克服了这道障碍。最好大学的大门通过免费的网络课程向各社会阶层和世界各地的学子敞开。教育使得所有的国家都可以通过自己的努力脱颖而出，参与全球经济活动。政府的主要职能变成了确保公民平等的受教育权，并创造出一个适合创业的环境，使人们都可以自力更生。

西方霸权的穷途末路

有一段时间，我们在波士顿和维也纳两地轮流居住。这两个地方是如此不同，又是如此相似，这样的经验非常有趣。作为欧洲的一部分，奥地利有很强的道德权威意识，毕竟，是欧洲孕育了古希腊哲学家、罗马帝国、文艺复兴、宗教改革运动、启蒙运动和人文主义精神；西方的价值优越感是经过上千年的积淀才形成的。

美国也是一样的。大部分美国居民的根在欧洲，大部分企业家、知识分子、学者和政客的根也在欧洲。同时，美国人还具备一些欧洲人没有的精神：进取心和乐观主义的态度。哪里的人都不能免俗，总是认为自己的祖国即便不是最优越的国家，起码也是在许多方面堪称典范的国家。这种感觉很不错，就怕这只是错觉。

毕竟，西方世界看起来要什么有什么：社会稳定、经济和技术不断进步，还拥有骄人的财富。但是，越来越多的人感觉西方世界耗费了数百年才取得的这些成就很可能在几十年里就被挥霍一空。越是在那些因为成功而不可一世的西方国家，改革的呼声就越是振聋发聩。但是，这些改革针对的并非是西方民主本身。人们并不会质疑言论自由、人权和法治这些基本原则。人们质疑的是现在的领导人是否拥有领导的资格，目前的执政方式是否合宜，还有政客们是否在动摇历时两百年的西方民主的根本。

如今，西方民主有变成满足私欲工具的危险，不同的群体所追求的就是如何实现自身利益的最大化。政客和选民都在制订自己的菜单。欧洲的公民希望政府能够为自己织就一张坚实的福利网，而欧洲的政治体系根本无力撑起这样一张网。为了实现可持续发展，西方民主制度必须要进行改革。然而，只要一谈到放弃一些个人权益，叫嚣着要改革的人马上就偃旗息鼓了。

南环经济带：扭转乾坤的力量

在拉丁美洲、亚洲和非洲的新兴经济体考察过程中，我们既看到了人们对目前经济和政治秩序的不满，也看到了人们对未来的乐观态度。与此同时，南环经济带那些渴望变革和发展的新兴经济体一定不会停在原地等待。来自世界各地的新兴经济体国家都在设定新的经济社会发展目标，结成新的同盟。许多西方国家还沉迷于过去辉煌的美梦不愿醒来，而新兴经济体国家则在尽全力创造一个光明的未来。不过，要想跨越从不辉煌的过去到光明的未来这之间的层层障碍，就必须要创造一系列能够持续促进经济发展的社会政治经济结构体系。在可持续发展的结构体系确立过程中，前进的道路注定会崎岖不平，时而取得令人欣喜的成就，时而遇到可怕的障碍。所幸，尽管大起大落，南环经济带各新兴经济体总的发展趋势都是向上的。

世界 80% 的人口正热火朝天地建设自己的国家，在此过程中，他们充分汲取了西方的经验和教训。在《定见》一书中，笔者提到，在中国，过去的边缘地带已经变成了中心。当今世界大势就如同昨日之中国。过去那些处于西方外围的国家和地区，比如亚洲、非洲和拉丁美洲的国家，正在成为多中心世界新的经济中心，改变着全球经济赛事的战局。

我们写作本书的目的是试图勾勒出 21 世纪上半叶天下大势变化的趋势。我们整合了不同来源、不同年份的诸多权威数据和信息，基于数十年的旅行和见闻总结出了这些趋势。尽管场景快照自有其优

势，预测每一天会发生什么事情是毫无意义的，因为这样的图景很
容易走向两个极端，即太乐观与太悲观。

本书关注的是未来几十年国际社会将会发生的深刻变化。以我们
的结论为基础，本书具体阐释了新动能的释放、全球经济新驱动力的
觉醒、地缘政治格局的变化以及经济影响力的盛衰。总而言之，它揭
示了以西方为中心的世界如何转变成为一个多中心的世界。

Global Game Change

How the Global Southern Belt
Will Reshape Our World

第一章

南环经济带：由新兴经济体
成长为世界级选手

人口数量占全世界人口数量 80% 的新兴经济体不再附庸于西方世界并唯其马首是瞻，已经成为有能力掌控自己命运的世界级选手，这样的变化会产生什么样的深远影响呢？这场变革还没有引起大家的足够重视，但是它已经如火如荼地展开了：2013 年，不包括中国在内的 150 个新兴经济体的国民生产总值首次超过了不包括美国在内的 37 个发达国家的国民生产总值。

　　南环经济带的国家正在制造有史以来最庞大的中产阶级队伍。根据联合国以及经济合作与发展组织（OECD）的定义，所谓中产阶级就是日均收入或者日均消费在 10~100 美元之间的人。非洲撒哈拉以南地区各国中产阶级的成长速度最快，而且这些国家人口中的大多数都是朝气蓬勃而又有进取精神的城市青年。拉美国家正在逐步摆脱美国的家长式管理，预计其人口中有一半人会在未来十年步入中产阶级的行列。到 2030 年，亚洲在集体经济实力、人口、军费开支和科研投资方面也会超过北美和欧洲的总和。世界中产阶级人口中有 64% 生活在亚洲。到 2016 年，亚太地区就会成为最大的航空运输市场，交通量占全世界总量的 33%。南环经济带构成了一个巨大的市场，而这个市场正在逐步放开。据估计，南环经济带的新消费群体将从今天的 20 亿人增长到 2030 年的 49 亿人。

　　互联网接入服务使得年轻的实业家们能够迅速跨入数字化生产和交易的时代。工业 4.0 时代正在进入人们生活生产的方方面面，新兴经济体的创业者们和微小全球化经济体也可以越来越深刻地融入全球经济体系。一些过去不为人知的城市和地区开始进入了国际旅游视野，并改变着交通流和旅行流。

　　南环经济带的新兴国家正在塑造未来的世界。就像是足球比赛的中场休息时间，球员们会回头审视自己在上半场的经验和教训，如今，创造世界新秩序的赛事也到了中场休息的时候，也确实到了我们应该主动适应变化了的情况，并制定出剩下的比赛中最佳战术的时候了。

1982 年出版的《大趋势》一书以下面这句话结尾：

"生活在这个时代真是太棒了！"

书中点出的大趋势就是美国经济重心由北向南迁移，正是今天经济重心在全球范围内由北向南迁移的预演。当时，笔者写道："尽管由北向南迁移听起来像是一个非此即彼的选择题，其实并非如此。"当时不是，在现在的全球格局下，也不是。全球经济大势的改变其实是一场全球性的大开放，南北两个半球的各个国家都面临着前所未有的新发展机遇。

对南环经济带诸国而言，这个过程掀开帷幕，揭示了一幅全新的世界格局画面，而这些国家在这幅画面中的位置也不同了。这些国家越来越自信，也越来越相信自己的未来发展潜力，他们为促成这样的转变而努力，也想方设法从中获益。而北环经济带，也就是西方世界诸强其实应该将南环国家经济地位的改变看作是摆脱暗淡前途的机遇。无论从经济上还是文化上来讲，这场变革都是一场让大家变得富足的盛事。我们不由地再次感叹，生活在这个时代真是太棒了！

我们所描述的这场变革不可能一蹴而就，其过程中也势必会有曲折。这场全球赛事大洗牌将会在 21 世纪上半叶完成，以西方为中心的世界终将会转变成为多中心的世界；我们是这一过程的见证者，也是参与者。跟其他所有重大变革一样，这场变革的根源还是自我调整以适应形势变化的需求。通常，思维方式的变化会慢于事件的发生。但是，千万不要低估这场变革的深度和广度。从 19 世纪 80 年代开始，美国就一直是全球最大的经济体。过去几十年间，它与西方盟友一起统治着全球经济。西方文明趾高气扬地攻占了各个大陆，将西方生活方式、西方商业惯例、西装和西餐传播到了世界各地。西方世界的人口数量只占全球人口总数的 12%，但是却占有了全世界 75% 的财富。

> 毫无疑问，近现代以来，西方诸强一直是全球发展的舵手。如今，这个时代正在走向终结。

在未来几十年里，我们看待世界的方式将会发生翻天覆地的变化。世界不再由西方国家和非西方国家构成。全世界将共同见证南环经济带的崛起。南环新兴经济体将不再是西方世界的附庸，他们越来越清晰地认识到了自己的潜力，一定会团结协作充分发挥自己的潜能。南环经济带最具活力，同时也最具影响力的国家当然是中国。然而，它也只是这个横跨三个大洲的庞大经济圈中的一个国家而已。

然而，西方人在情感上很难轻易放弃以西方为中心的世界观。理智无法控制感情，大脑与心脏之间的联系似乎被阻断了。西方人甚至普遍否认21世纪世界呈现多中心化的可能性，也不肯正视南环经济带的崛起。

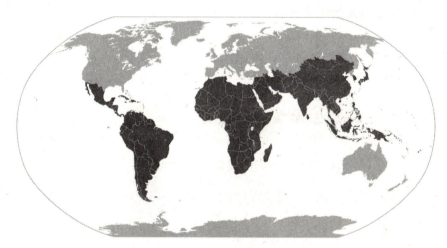

南环经济带（GSB）

该区域横跨拉丁美洲、非洲和亚洲

我们当然也没能对以西方为中心的世界观完全免疫，我们就是在这样一种心态中成长的。但是以西方为中心的世界观和多中心的世界观是无法并存的，要真正摒弃以西方为中心的世界观，西方人需要放下道德和经济上的优越感。其实，如今想要维持这样的优越感已经越来越难了，因为许多曾经并不明显的裂痕已经变得非常醒目。无论是考察经济年增长率和人均收入的停滞不前、高失业率、日渐萎缩的中产阶级还是西班牙、葡萄牙和希腊各国高达50%的青年失业率和高昂的公共债务，都很容易看出来西方世界正在经历一个困难时期。

是不是真的存在史蒂芬·D.金（Stephen D. King）所警告的那条通往"反面乌托邦"的道路？或者，是不是像尼尔·弗格森（Niall Ferguson）所说的那样，西方社会正在进入一场"大衰退"？或者，像沃尔特·拉克尔（Walter Laqueur）所担心的那样，欧洲正面临"欧洲梦的终结和欧洲大陆的衰落"？又或者我们其实正置身于一条能够让所有国家都受益的大开放通道当中？南环经济带国家将会大放异彩，而这个世界也会拥有多个中心。我们是这段历史的创造者，同时也是见证者。

南环经济带重塑 21 世纪世界格局

南环经济带这个提法并非是我们在一个阴雨绵绵的早上百无聊赖之际想到的。其实这个想法是在几年间逐渐酝酿形成的。在这几年里，我们所考察的国家的心态都在渐渐发生改变，自信心越来越强，尽管问题重重却对前途非常乐观，民族意识越来越强，对西方的崇拜越来越弱，对新兴经济体的成就倍感自豪。随着开创自己未来的自信心的觉醒，创业精神也被唤醒。这种心态的改变有多种表现形式，通常那些置于广阔背景之下的小变化燃起的星星之火会呈现燎原之势。古巴私人家庭餐馆的开办，柬埔寨饭店雇员因为薪金问题而举行的罢工，巴西贫民窟里自发建立的创业机构，哥伦比亚越来越浓郁的艺术氛围，南非创业精神的迸发，中国农民自创的私人职业培训以及边远地区的中学生使用流利的英语采访我们。我们结合自身经历来阅读德语和英语的各种国际媒体资源、书籍、报纸、杂志、网站以及私人和公共研究公司、全球性研究机构和组织发布的数据。

比如，我们在世界银行 2011 年的调查报告《多极化：新的全球经济》（*Multipolarity：The New Global Economy*）中读到："现代历史上从来没有出现过这种众多发展中国家站在多极化经济体系最前沿的情况。毋庸置疑，在今后二十年里，新兴经济体将会对全球经济和地缘政治形势产生深远影响。"

在写作《亚洲大趋势》期间，我们形成了现在这样一个写一个编辑的合作模式。也是从那时候开始，我们开始关注全球经济重心的转移，先是从发达的西方国家经济体转移到亚洲的新兴经济体，然后，从本世纪初，开始进一步向拉丁美洲还有非洲转移。从那时候开始，我们就一直看着新兴经济体的发展势头一日胜过一日。与此同时，西方国家的发展速度却逐渐放缓，经济日渐衰落。在 21 世纪的前五十年，这样的变化和南环经济带的伟大开放将会是世界的主旋律。

彼得森国际经济学院的高级研究员阿尔温德·苏布拉马尼亚恩（Arvind Subramanian）甚至将我们这个时代称为"全面增长的黄金时代"。因为他坚信，"从 20 世纪 90 年代中后期开始的全球经济增长的黄金期基本上还在延续"，而且"全球经济黄金时代还将继续"。

粗略检视一下南环经济带各经济体的情况，我们就能感受到全球局势的改变、新时代的到来、经济形势的变化、社会变革以及竞争格局的变化。

从长远发展的角度来看，随着西方诸强影响力日渐式微，发达经济体与新兴经济体之间的相互依赖将逐渐转化成为发展中国家之间的相互依赖。

无论我们是否乐见，毫无疑问，多中心世界格局中的领跑者是中国。中国在西方世界和新兴市场的影响力都越来越大，尽管心有不甘，西方世界也只能承认这一事实。在短短三十年里，中国就成长为世界第二大经济体，同时也是全球最大的制造商和第一大贸易国，并即将成为全球最大的消费市场。中国已经成为许多亚洲、非洲和拉丁美洲国家以及许多西方国家最大的贸易伙伴。

在今后五年内，新兴经济体财富增长的一半将会由中国贡献（瑞士信贷 Credit Suisse《全球财富报告》）。城市化进程以及城市经济群的战略规划都有效支撑了其经济增长。许多中国城市的国民生产总值比某些国家的国民生产总值还要高。

2011 年，世界银行发布的一份报告指出，到 2025 年，将会出现一个多极化的世界，无论是发达经济体还是新兴经济体都具有相当的经济影响力。报告还指出，"向经济力量分布更加松散的新经济秩序的过渡正在进行"，主要有下述三种经济发展趋势：

1. 全球发展的天平由发达经济体偏向了新兴经济体

2. 新兴市场的公司成长为全球商业的重要力量

3. 国际货币制度逐渐演变成多币种体系

中国擂响了战鼓，越来越多的南环经济带国家紧随其后。

在中国，无论我们跟谁谈话，无论这个中国人对中国政府是恨是爱，他们都热爱自己的祖国。然而，这并未导致中国重拾"华夏中心论"。直至 18 世纪，中国人都相信华夏大地是世界文明的中心，这种思想就是"华夏中心论"。尽管在那些希望以中国为经济发展榜样的新兴经济体中，中国的影响力越来越大，但是中国官方却刻意保持低调。中国代表着多中心的世界观，并将本国利益作为其政治和经济考量的出发点和终结点，在这种世界观中，西方世界继续发挥着重要的作用，但已经不再是唯一重要的作用了。中国从来都不打算操控其他国家，所以它可以当仁不让地在这场全球性的多极化转型过程中发挥核心作用。

20 世纪 80 年代约翰访问中国内地的时候，乘坐的所有飞机都需要从中国香港转机。而现在，我们看到新机场、高速铁路还有四通八达的高速公路网不但使得人们的旅途变得舒适，更是为各行各业开拓了投资兴业的快速通道。在大部分西方国家，个人权利经常会同符合公共利益的投资发生矛盾。新兴经济体的经济基础比较薄弱，反而可以运行得更有效率。只要经济增长的承诺能够兑现，渴望美好生活的人们就会接受必要的改变，并进行自我调适。

要理解新兴经济体的转型过程，西方世界必须压抑西方思维，设身处地了解当地的具体情况和文化。中国人创造出京剧，阿根廷人酷爱探戈，这些都不是偶然的结果。

数字化的作用

我们这一代人成长的过程中，没有互联网，只有固定电话。所以，我们更能够清晰地感受到互联网的确是为数十亿地球居民敞开了世界的大门。特别是对那些生活在新兴经济体的贫困地区和农村地区的居民而言，互联网改变了他们的生活。数字化正在改变全球宏观和微观经济活动的面貌。在加速与强化新兴经济体内部改革和复兴等方面，互联网已经发挥了巨大的作用。中国的崛起与信息技术的发展相辅相成。互联网这种媒体是推动经济发展，增强和推进社会透明化的强力助推器。南环经济带中各国政府也越来越依赖互联网这种沟通工具，电子政务让公众直接连通公共服务，公共服务的效率因此得到了极大的提高。

政府互联网服务正在为企业家创造更为完善的成长环境。要想精简过去臃肿的官僚体系，并实现笨重行政机构向方便快捷公共服务的转变，各国政府要走的路还很长。

在运用新技术这方面，动作最敏捷的就是中小企业。毕竟，现在风靡全球的社交网络中没有一个是由大公司的研发中心开发出来的。开发出这些平台的无一例外都是有创造力的年轻学生。

不过，正是成熟的互联网技术为中小企业和具备创造能力的小微企业家敞开了一扇崭新的大门。哪怕是一个人的企业也可以利用自己熟悉本地情况的优势来与全球各地的企业家合作。

回顾历史，始于 18 世纪 60 年代的第一次工业革命对社会经济产生了深远的影响。由蒸汽动力支持的机械化生产改变了全球经济面貌。在工业革命的第二阶段，人均国民生产总值从 594 美元增加到了 2,743 美元。工业革命的第三阶段，由电力驱动的社会化大生产极大地推动了生产力水平的提高，人均国民生产总值也从 2,743 美元增加到了 20,042 美元。如今，我们正在迎来工业革命的第四个阶段：基于虚拟－物理体系的生产。预计工业 4.0 时代将会使人均国民生产总值在 2020 年再上新高，达到惊人的 90,000 美元。

2012 年夏天，我们在杭州出席会议并发言。在杭州这几日的停留让我们终生难忘，不光是因为这座城市秀丽的风景和这里美味的中国菜，还因为我们参观一家当地的汽车轮毂生产厂的经历。这家企业的技术总监是一个还不到 30 岁的小伙子，他开发了一条汽车生产线，只需要两名工人监控，每小时可以生产 600 件轮毂。不难想象，这位年轻的工程师将来能够设计出可以实现全自动生产的设备。

> 有了 3D 打印技术，只要有数字化的模型，无论在什么地方，要生产什么东西，企业都能够做到。

这个新的产业不但具备像第一次工业革命那样彻底改变经济面貌的潜力，它还有可能利用网络会议软件和文件分享软件来敞开网络平台的大门。以虚拟的方式，只要是能够接入互联网的地方，就可以开展各种服务。据说，要不了多久，我们就可以利用 3D 打印技术在地球的任何一个地方生产任何产品了：玻璃杯、炊具，甚至人工股骨头这样的医疗器械都可以下载生产。有了 3D 打印技术，我们就无须进行商品的物理运输，只要传输文件就行了。

我们经常会感恩拥有健康的身体，这使我们在访问一些边远地区的时候不用过于担心身体会出现状况。将来，这种情况也会有所改变，贫穷落后的地方也能够享受到世界级的医疗服务了。

2012 年，美国 Proteus 公司获得授权生产一种传感器，这种传感器只有一粒细沙那么小，可以吞服，主要功能是从体内向外传送医疗数据。

它首先将信息传送到手机上，然后再传到网上。病人和医生可以通过互联网进行沟通。这项技术使得自动化集中诊断和治疗成为可能。不难想象，远程医学会产生多么深远的经济和社会影响。在那些医疗水平低的国家，医疗资源稀缺，人们不得不奔波几个小时才能得到医疗服务。在非洲，通常每名医生要负责 1,000 名病人；采用这项技术能够给当地医疗卫生服务水平带来革命性改善，还可以大幅降低医疗成本。

在拉萨，我们曾经参观过一家西藏医院，在那里，专家们通过网络进行远程诊断和治疗。一位医生用一个半小时的时间用英语尽可能清楚地为我们介绍了藏医这种古老的医疗体系，这是一种非常综合的治病救人的方式。关于生活习惯的问题回答起来就需要几个小时。"但是，人们总是会说实话吗？"我们问道。

这位医生回答道："我不太相信那个声称自己每周都过性生活的 93 岁老人。"

要是能再多待两天，我们其实很想留在这家藏医院做个体检。但是整个体检过程需要两天，急不得。

数个世纪以来形成的优良传统值得高度珍视，与此同时，我们也要用创造性的新理念来替代过时的经济构架。我们的朋友罗文·吉布森（Rowan Gibson）是全球创新学研究的领军人物，他现在经常访问非洲国家，主持探讨他们是如何保持创新能力的。他告诉我们："如今肯尼亚在手机应用程序和服务方面的创新成果要比芬兰多。"在许多发展中国家，年轻而又有活力的年轻一代 IT 创业者们开发出了各种新的应用程序以适应那些基础设施薄弱地区人民的需求，并帮助数百万人摆脱贫困。一般而言，网络零售的价格更低，因此能够有更多的人买得起他们的商品。小型新创公司可以迅速将技术进步转化成生产力，比起那些灵活性较差的资深公司反而更具竞争优势。

如今，商业领域已经实现了全球化，必须将经济灵活性与文化变通性相结合，才能摒弃局限性的视角和偏见转而建立更具包容性的看法。经常与我们合作的斯蒂芬·莱因史密斯（Stephen Rhinesmith）是跨文化管理方面的专家，在这个方面我们经常要仰赖他的专业素质。斯蒂芬研究思维定式如何转变已经有四十年了。他认为："没有谁天生就拥有全球化思维。"早在事业的起步阶段，他就已经因为工作关系而形成了这种认识。他曾经担任国际文化交流组织（AFS）留学生交换项目的负责人达十二年之久，就职期间，指导完成了来自六十个国家的十万名中学生的交换留学工作。通常，那些选择同当地家庭一起居住的留学生会形成更加全球化的视角。他说："尽管这些年轻人在回到祖国之后又会恢复之前的生活方式，但他们的思维方式却是永远改变了。"

我们跟斯蒂芬一样都认为要让年轻人接受新的思想，就必须对他们进行最基本的教育。但是，在无法获取或者负担不起这种教育的时候，环境的改变也可以起到同样的作用，帮助人们拓宽视野。如今，你停留在原地一步也无需移动，环境就已经悄悄改变了。互联网和数字化让这些成为可能。新兴经济体中的领跑者们已经为我们敞开了大门，其他人要做的就是跟上他们的脚步。

在数字化革命的推动下，新兴经济体内部，一家又一家 IT 新贵"你方唱罢我登场"，其中许多成功企业的名字是西方世界的人们闻所未闻的，比如说 mPesa、Paga、Konga 和 Jumia，而中国的百度、阿里巴巴、腾讯等公司已经成功吸引了全世界的目光。他们迎合了更年轻、更全球化的消费者的品位和需求，并懂得如何去满足这些需求。历史上从来没有出现过这样巨大的机遇。即使是在亚洲、非洲还有拉丁美洲的一些相对贫困和不稳定的地区，只要人们愿意摒弃固有的思维方式，就可以拥抱新的生活。

变化中的消费格局

过去几十年，消费群的主体集中在西方国家和日本，对此我们习以为常，甚至很少会去考虑这个问题。然而，有人预计在未来十年间，新兴市场的消费额将会达到每年 30 万亿美元，对这种变化的后果我们几乎从未考虑过。全球中产阶级的数量将会从 2012 年的 20 亿人增加到 2030 年的 49 亿人。仅亚洲就居住着全球 64% 的中产阶级，这些人的消费额将会达到全球中产阶级消费量的 40% 强。与此同时，欧洲和美国的中产阶级规模将会萎缩，在全球中产阶级中所占的比例会从 2012 年的 50% 下降到 2030 年的 22%。[戴维·罗德（David Rohde），路透社，2012 年达沃斯]

有史以来中产阶级第一次遍布全球

当我们提到世界中产阶级的时候，当然会对不同层次的中产阶级进行区分。布鲁金斯学会把年收入 41,000 美元设为美国中产阶级的门槛。而美国卫生和公众服务部则认为一个四口之家如果年消费金额不足 23,850 美元就可以称为贫困家庭。而在新兴经济体国家，同等收入的家庭就可以被称为中产阶级家庭了。另外，城乡居民中产阶级门槛的差别也比较大。

拉丁美洲、亚洲和非洲的消费者消费行为方式也各不相同。我们在拉丁美洲的时候，人们的收入除了用于纯生活性支出之外，还经常外出就餐、同友人聚会和参加娱乐活动。巴西人只将收入的 10% 用以储蓄，而中国人则会存起三分之一的收入。尽管储蓄在中国的大部分地区都是非常重要的，但是，在中国南方，人们花钱却更加随意。不过，在中国，各地老百姓都比过去富裕了。

很长一段时间里我们都百思不得其解：那些高档商品店铺当中的店员比顾客还要多，他们是如何生存下来的？多亏了我们的香港朋友，香港最大的房地产开发商之一陈启宗为我们指点了迷津。陈启宗在中国大陆拥有数家购物中心，他说，许多中国富人都不愿意在店里购买商品。他们会去逛一下，然后把销售人员叫到家中私下购买。

中国有足够多的富人来光顾像陈启宗在上海开发的恒隆广场，或者我们在北京固定入住的金融街丽思卡尔顿酒店隔壁的连卡佛百货这样的购物中心。自北京这家丽思卡尔顿酒店 2006 年 10 月开张以来，我们每年都会在那里住上数周的时间。在此期间，我们注意到这家酒店的住客来源正在悄然发生着改变。一开始，80% 以上的住客都是我们这些外国人，多为欧美人士。而如今正好掉了个个儿，80% 的客人都是中国人。

根据路透社的调查，随着越来越多的百万富翁出现在新兴经济体，全球范围内富人的队伍会越来越壮大。未来二十年中产阶级新增成员的大多数会来自中国和印度，在这两个国家，到 2030 年，收入水平中等以下的人口比例将会下降 70%。该报道预测，全世界贫困人口的数量会因此不增反降。

> 从 1990 年到 2010 年，发达国家之间贸易额占全球贸易总额的比例从 54% 下降到 28%。

全球商品流动总量将会持续增长，但是流动的目的地却从发达经济体转向了新兴经济体。我们的好朋友，也是我们作品德语版的出版合作伙伴沃尔夫冈·斯多克（Wolfgang Stock）曾经在秘鲁和墨西哥生活过许多年。在讨论本书的时候，他谈道："我们德国人过去是飞到拉丁美洲度假的富人。而现在正好倒过来，是他们飞到欧洲来消费，撒下大把银子。因为拉丁美洲友人的频繁来访，我现在对路德维希新天鹅城堡每一个角落都非常熟悉。每次到拉丁美洲去，我就感到你们在《定见》一书中的警告更加振聋发聩：欧洲要是再不改革，就会沦为富裕的外国游客热衷于访问的历史主题公园了。"

我们并不认为我们在波哥大品尝的蚂蚁金枪鱼大餐，在天回镇拒绝的烤蝎子，或者在墨西哥尝试过的那种卷着毛毛虫的肉卷会成为风靡全球的食物。不过，随着跨国旅行的增加，我们发现亚洲超市中欧洲食品的数量增加了。虽然中国人其实对奶酪还没有形成一定的消费习惯，但是中国市场上却能够买到各种风味的奶酪。而我们最喜欢的圣保罗餐馆隆达酒店可以为顾客提供产自奥地利的清爽的斐特丽娜葡萄酒。"这种变化的影响因为新兴经济体对全球商品贸易的参与度越来越高而被抵消，无论是进口还是出口。如今全球商品流通的 40%

来自新兴经济体，而其中 60% 流向了其他新兴经济体国家。"（麦肯锡，《数字时代的全球流动》，2014 年 5 月）在全球商品流通领域，南环经济带正在加快速度迎头赶上。

　　在过去几十年中，经济增长主要靠劳动力密集型产业的发展来实现，工资和生产力水平的提高是中国成为世界第二大经济体的主要助力。要是一味重复过去的成功模式，总是被当作榜样的中国也无法确保经济持续增长，中国已经清晰地认识到了这一点。早在六年前，国务院新闻办公室主任赵启正就在其作品《浦东奇迹》一书中这样写道："无论是谁，掌握了最优秀的人才，就相当于掌握了科学技术的制高点。无论是谁，拥有大量优质人力资源，就等于在日益激烈的国际竞争中掌握了主动。"中国很清醒地认识到，未来属于知识密集型行业，比如 IT 行业、生物技术、机器人和医药产业。城市之间展开了激烈的竞争，争取最具创新价值、最赚钱、最国际化的高技术集群，来为未来的生产和服务积累资本。麦肯锡报告中写道："知识密集型商品贸易额的增速是劳动力密集型产品贸易额增速的 1.3 倍。"

> **蓝领工人正逐渐淡出工作场所。**

　　下一场工业革命，也就是工业数字化革命中既蕴含着经济发展的机遇，又蕴藏着社会危机。在全球范围内，特别是在新兴经济体当中，对非技术工种的需求正在消失。与此同时，越来越多的人才和精力将会转移到服务行业。政府必须要改革基础教育、高等教育以及职业教育体系以满足越来越数字化的生产方式的需求。说到远期发展规划，那些不受选举周期限制的专政政权反而具备更强的灵活性，可以根据瞬息万变的全球形势及时调整，唯一的条件就是他们必须要保证其公民的两个基本要求：发展经济以及持续改善人民生活条件。

全球中产阶级数量激增以及人民生活水平的改善能够支持未来几十年间高技术产品的消费，这对整个南环经济带的国家而言都是巨大的利好。

> 美国和欧洲并未丧失其人才发展潜力，但其发展已经受到了政治体制的制约。

2014 年 1 月 21 日《赫芬顿邮报》（*Huffington Post*）刊登了一篇报道，题为《全球化进程中的赢家和输家》。其中，世界银行研究机构首席经济学家，同时也是约翰·霍普金斯大学的教授布兰科·米拉诺维奇（Branko Milanovic）得出了一个少许有些耸人听闻的结论，说富人还有中国的中产阶级会成为赢家，而美国的中产阶级则会成为输家。诚然，这令美国人伤感，但是这却与我们自己的所见所闻不谋而合。过去，美国人总是积极向上的，而现在却畏畏缩缩。有希望才有动力，而如今美国的中产阶级却看不到希望。这些本该给西方敲响了警钟，敦促他们尽快改革执政模式以适应变化着的全球形势，可是党派之间的纷争和内部的壁垒湮没了他们的声音。那些原本可以帮助人们取得非凡成就的政治环境如今却成为推进体系改革的阻碍。

新消费者阶级的兴起

美国人当然有重整河山的潜力，新兴消费者对各行各业来说都是一大利好。麦肯锡研究所估计："到 2025 年，全世界将会有 18 亿人进入消费阶层，这些新增的消费人口基本都来自新兴市场，而新兴市场消费者每年的消费额将会从 12 万亿美元增长到 30 万亿美元。"这样的转变显然会对消费和投资流产生巨大的影响，消费市场和消费习惯会发生显著变化。在这股变革大潮中，首当其冲的是旅游业。无论是商务游还是休闲游都会创造出新的需求、新的市场和新的获益者。如今的旅行已经显现出了一些变化。

南环经济带的航空枢纽将超越西方

《下一站，着陆迪拜》是 2013 年 11 月《德国时代周报》（*Die Zeit*）上刊登的一篇文章的标题。这篇文章传达的主要意思就是："长久以来，欧洲一直是空中交通的枢纽。而现在全球空中交通的流动路线已经在改变了。"

> 21 世纪的全球性航空枢纽正在向东移动。像迪拜、北京或者伊斯坦布尔这样的航空枢纽每年都吸引更多的旅客，并渐渐取代了传统的航空枢纽，比如巴黎、伦敦和法兰克福。

国际航空联合会发布了全球旅客吞吐量增幅排名前 50 的机场，

其中，吉隆坡以 19.1% 独占鳌头，而迪拜以 15.2% 占据第二的位置。但是，迪拜的旅客绝对数量却超过了吉隆坡。不过，这并非故事的结局。迪拜希望能够在 2020 年完成阿勒马克图姆国际机场的建设，该机场的旅客吞吐能力将达到每年 1.6 亿人次，差不多相当于每天 44 万人次。在短短十年间，迪拜就超越了伦敦希斯罗机场成为全球最繁忙的机场。牛津经济研究所估计，航空产业能够创造 25 万个工作岗位，其产值占到了迪拜国民生产总值的 28%。旅客吞吐量增幅全球前十名的机场当中没有一个是西方国家的机场。

十年前我们根本想不到自己会经伊斯坦布尔转机飞往北京，而现在我们却会这样做，原因很简单：德国汉莎航空公司的商务舱不提供卧铺，机票价格却差不多是土耳其航空公司的两倍，而土耳其航空还提供卧铺。另外，伊斯坦布尔机场的候机厅开设有奥地利家喻户晓的 Do&Co 餐馆，提供美味的食物，因为，这家餐厅其实是一位土耳其裔奥地利人开办的。他还同时拥有最地道的奥地利咖啡馆 Demel，所以，在伊斯坦布尔的候机厅中我们还能够享受到地道的奥地利点心。

而且，伊斯坦布尔机场并没有打算躺在功劳簿上睡大觉，他们正在努力争取全世界最大机场这一桂冠。半国有制的土耳其航空以及这个庞大的机场建设项目背后的推手是土耳其总理塔伊普·埃尔多安（Tayyip Erdogan）。在接受阿纳多卢通讯社采访的时候，埃尔多安总理表示，一方面，他希望能够借此提振土耳其发展缓慢的经济，另一方面，他也希望能够改善土耳其的交通运输状况。土耳其航空不但连续三次被评为"欧洲最佳航空公司"，而且该航空公司开辟了通往 105

个国家 244 个机场的航线，其数量位居世界前列。埃尔多安的目标是在 2023 年让土耳其跻身全球十大经济体之列，而 2023 年是土耳其共和国成立 100 周年。

经过而不是着陆

全球中产阶级数量增加为世界各地的旅游业提供了繁荣发展的各种机遇，然而，在未来几十年里，北方国家却很可能从航空目的地沦落为飞经地。

从 2000 年到 2012 年，北美的航线增加了 21%，欧洲的航线增加了 51%。与此同时，中东航空业务量增幅高达 346%。波音公司估计从 2013 年到 2032 年，西方主要地区的飞机需求量为 14,619 架，而亚太地区、拉丁美洲、非洲和中东的飞机需求量为 19,400 架。波音公司还估计，新兴经济体的崛起会使得商品的流通更加快速高效。因此，从现在到 2032 年为止，年航空货运量增幅将会达到 5.0%。

> 到 2016 年亚太地区的航空客运量将会占到全球的 33%，是全球最大的市场。

今后两年，北美的国际旅客客源增幅是最小的，实际上每年会减少 4.3%。不考虑数量，而考虑质量的时候，情况也差不多。

2013 年的 Skytrax 排名当中，西方航空公司当中成绩最好的是曾经广受赞誉的汉莎航空公司，名列第 11 位，不但被新加坡航空和阿拉伯联合酋长国航空（Emirate）超越，甚至还排在了名不见经传的印度尼西亚揭路荼航空公司之后。"旅游业表现出惊人的适应新市场形势的能力"，联合国世界旅游组织（UNWTO）总干事塔利布·里法伊（Taleb Rifai）如是说。生活在奥地利的我们通常都会乘坐星空联盟的航班。但是，星空联盟里程兑换的规则变得对会员越来越不利。针对航空里程征收的机场税也非常高，所以，最后差不多等于是要全价购票。航空票价居高不下，所以，到一个本身就很有魅力的机场，比如迪拜，转机就是个非常现实的选择了。

2014 年 5 月，麦肯锡发布的《数字时代的全球流动》研究报告指出，新兴经济体在全球短途运输方面占的份额也持续增长。报告中写道："另外，2010 年新兴经济体外出旅客量占到全球外出旅客量的 33%，2000 年是 25%；而入境旅客量比例占到了 51%，2000 年是44%。"

新目的地：非洲

越来越多的企业家和中产阶级正在开启一扇通往新商业机遇的大门。2014 年 1 月 11 日《金融时报》上就刊登了一篇题为《酒店集团竞相争夺非洲市场》的文章，文中谈论的并非是那些涌向探险小屋和狩猎圣地的旅行者，尽管此类观光客的数量据估计会从2012 年的 5000 万人增加到 2020 年的 8500 万人（据联合国世界旅游组织）。

> 在过去十年间，那些曾经名不见经传的城市和
> 地区在国际旅游和商务旅行领域争得了一席之地。

如今，雅高集团（Accor）、万豪国际集团（Marriott）、贝斯特韦斯特酒店集团（Best Western）以及凯宾斯基（Kempinski）等跨国酒店连锁企业的目标客户群已经变成了数量迅速增加的商旅人士，这些人频繁穿梭于非洲大陆数量越来越多的商业化城市之间。

许多人可能都没有听说过乍得的首都恩贾梅纳还有安哥拉的首都罗安达，但是，《金融时报》报道说，考察食物、交通和住宿的花销，这两个城市都跻身商务旅行成本最高昂的五个城市之列。令人难以置信的是，在罗安达，很难找到一晚住宿费用低于 500 美元的酒店。有些国家，比如说安哥拉，已经发现了其中的投资机遇并正在计划将政府资金投资酒店业。

加纳、尼日利亚、加蓬、南非和肯尼亚几乎为饭店业增加 13,000 张床位。尽管这个数量非常庞大，但是散布在非洲大陆的各个角落，这限制了酒店业的理性发展。在非洲，各国的法律法规都不一样。在消费人口比非洲要多 30% 的中国，中央政府统一制定市场的基本规则，可是在非洲有超过五十个政府各自为政。

在肯尼亚，旅游业是紧随农业之后的第二大支柱产业，根据世界旅行和旅游理事会的统计，该国的旅游业贡献了 14% 的国民生产总值和 12% 的工作岗位。投资该国旅游业的国际资本当中当然少不了来自中国的投资。《中国日报》上这样写道："肯尼亚的旅游业正在经历一次重组，中国的投资赢得了高度赞誉。"

目的地：奥地利

2013 年，全球旅游人数比 2012 年增加了 5200 万，在西方各国经济普遍不景气的大环境下，旅游业还是交出了远超大家预期的亮眼成绩单。按相对价值计算，中国在 2012 年成为最大的外向型市场，其影响极其深远，甚至影响到了小小的奥地利。

维也纳以东几公里的地方，有家迪士尼风格的购物中心。在那里，古奇（Gucci）、普拉达（Prada）、阿玛尼（Armani）、艾斯卡达（Escada）、托德斯（Tod's）、巴宝莉（Burberry）的专卖店一字排开，就像是电线上列成一排的麻雀。这里的商品价位适中，通常都比标价低 20% 到 50%。中心开业之后，立刻顾客盈门，顾客当中不但有奥地利人，还有来自邻国的保加利亚人、捷克人和斯洛伐克人。

现在一种过去几乎听不到的语言开始迅速占据主流：中文。大巴车上走下来大批的中国购物行游客，他们一拥而上，几个小时后每个人都大包小包拎着各种知名品牌的手提袋回到车上：古奇、普拉达、阿玛尼、艾斯卡达、托德斯、巴宝莉。如果这些身体很累，情绪却很亢奋的"便宜货猎手"认真检视一下袋中战利品上的标签的话，就会发现无论是鞋、衬衫、外套、西装上差不多都会印着同样的"中国制造"的字样。有些人可能会很惊讶地发现，他们不但为奥地利、意大利、英国和法国经济做了贡献，也给中国经济做了贡献。中国制造，奥地利销售，在这中间，一整条商业链上串起了来自多个国家的各色人等，他们都急于分享这块由设计师、生产商和终端用户烘焙的蛋糕。

　　尽管全世界范围内的名品购物游会有些相似之处，但是现在各个跨国公司都在开始调整适应本地化消费阶层的需要，因为现在的消费者类型更加多样化，分布也更加分散了。新兴经济体的消费者跟饱和市场的消费者还不一样。数千家新的大公司开设在了新的城市，他们必须重新规划自己的物流和沟通网络，而且他们还要适应不同的公司和商业文化。

　　将中国人均国民生产总值的增长与中国人的消费习惯进行对比，我们能够对其他新兴经济体消费行为变化趋势得出一些有用的结论。

　　中国的人均收入水平稳步增长：

1990：	$ 310
2000：	$ 950
2010：	$ 4,450
2013：	$ 6,190

1990 年以及 2010 年，每百户中国家庭拥有的消费品的比例：

商品	1990	2011
汽车：	0	18.6 %
摩托车：	1.9%	20.1%
微波炉：	0	60.0%
照相机：	19.2%	44.5%
固定电话：	0	69.6%
电脑：	0	81.9%
洗衣机：	78.4%	97.1%
热水：	0	89.0%

冰箱：	42.3%	97.2%
彩电：	59.0%	135.2%
手机：	19.5%（2000）	205.3%

中国消费者的消费习惯因地域不同而不同，不同城市以及城乡之间也存在差异。尽管南环经济带各国存在一些共性，但每个国家也都有自己独特的发展轨迹。

南环经济带：商务目的地

2014 年达沃斯世界经济论坛，着力推介的一个话题就是"金砖国家中年危机论"。这是个非常不适宜的话题。在金砖国家的发展还未到达青春期之时就讨论所谓的中年危机实在是为时过早。在纳伦德拉·莫迪当选之后，印度兴起了短暂的对乌托邦的狂热，在清醒之后，人们意识到，印度距离"成熟"还有很长一段距离。巴西还是未能摆脱经济停滞的问题，也没能驾驭其巨大的发展潜力。而俄罗斯，的确是资源丰富，可是老百姓并没有得到过多的实惠。埃森哲（Accenture）公司对 1000 名企业高管进行了问卷调查，其中 60% 的公司都在计划"将投资从金砖国家撤出，转而投资那些发展速度更快的市场"。

这些国家的发展还存在许多不确定因素，其中最大的问题就是改革的缺位。因为能源行业持续走强，许多国家都搁置了改革议程。巴西、俄罗斯还有南非都因为能源价格高涨而获益，随着能源狂欢的结束，许多现实性问题还是必须要面对的。

> 成长是个不断变化的过程，从发展中国家发展成发达国家的过程也是如此。因此，这不是个理所当然的结果，而是要靠行动来创造的结果。

有些新兴经济体走得正欢快，却走错了方向。我们关注的是南环经济带的所有国家，在未来几十年里，总体进行考察，这些国家的经济地位一定会变得更加重要。

欧洲五百强企业销售额的三分之一都来自新兴市场，发展趋势已基本确立。根据摩根士丹利的研究数据，这个比例差不多是 1997 年的 3 倍。奥地利联合钢铁集团（Voest Alpine）首席执行官沃尔夫冈·埃德（Wolfgang Eder）把 2014 年称为"龙之年"。他们预计到 2020 年，集团在北美的营收额将会达到 30 亿欧元，而在亚洲能够赚到 25 亿欧元。到 2020 年，奥地利联合钢铁集团将会在中国建立 15 家新的分厂，并设定了将营业收入提高到现在的 5 倍的目标。而消费商品巨擘联合利华（Unilever）的营业收入一多半都来自新兴市场。

2013 年，多亏了其合作伙伴尼桑汽车公司，法国第二大汽车公司雷诺汽车（Renault）才免于陷入亏损的窘境。而如今，他们正计划进军中国市场以实现营收目标。预计，到 2017 年，其运营利润会占到总营业额的 5%。还有许多其他企业也把宝押在了南环经济带日益壮大的消费者群体上。

> 预计到 2025 年，财富五百强企业中将会有 45% 来自新兴经济体。与当前比较，增幅为 25%。

尽管已经出现了财富向新兴市场转移的迹象，但是，2013年，财富五百强企业中还是美国企业的数量最多。上榜中国企业的数量从2012年的79家上升到了2013年的95家。中国企业的所有权结构同美国、欧洲和日本的公司不同，因为许多中国企业都是国有企业。但是，据估计，到2025年，财富五百强企业当中，来自新兴经济体的企业将会占到45%，这一数字比现在增长了25%。

福布斯"全球最具创新力公司"榜单的变化非常有趣。2013年，名列前十名的公司当中，有六家是美国公司，并且前四名全是美国公司，名列第五的是一家英国公司。从这张榜单来看，中国成为创新大国的目标任重而道远，虽然百度公司取得了第六名的成绩。

> 在未来十年里，新创立的市值达到10亿美元的新公司当中有70%开设于新兴经济体国家。

从全球范围来看，有8,000多家公司的营业收入超过10亿美元。其中差不多6,000家公司在发达国家开办。根据管理咨询公司麦肯锡的研究，在今后十年间，随着社会消费商品和服务需求的增长，另外7,000家公司会跻身这一行列，而其中70%是来自新兴市场。

截至2013年，有大约50家公司的营业收入超过1,000亿美元。这些公司的总部分别设在30座不同的城市。但是，随着新兴经济体的崛起，他们需要在更多的城市设立分公司或者办事处。大约有两三百座城市有机会成为这些公司的新厂选址。每设立一家新的公司，都会带动新的商业、餐饮、日用百货、美发、法律服务、医疗卫生以及其他许多行业的发展。

之前我们提到新兴市场的发展对发达国家而言同样也是好消息。这创造了一个双赢的局面，双方经济互相促进，对新兴经济体出口的增加也能够促进发达国家经济的复苏，新兴市场在继续解放其经济体系。大多数国家的财政状况都非常健康，负债都远低于国民生产总值的 50%，而美国的财政赤字已经超过国民生产总值，日本的财政赤字更是其国民生产总值的两倍还多。新兴市场仍然会保持对外直接投资的兴趣。不过，就像欧洲国家的经济表现、失业率和发展潜力都各不相同一样，在新兴市场投资的风险和机遇也千差万别。即使是在同一个国家之内，选址也常常成为某个项目成败的关键因素。当贸易的中心从国际转向城际之时，情况更是如此。

> 如果你想要了解投资地的现实情况，一定要阅读这个国家的文学作品。

相信每个人都遇到过这种情况。附近新开了一家商店，而你却感觉这家店开不下去，因为它卖的东西并不是当地人需要的。而且，在我们居住的地方，经常出现店开不下去的情况，只是撑的日子有长有短而已。每次遇到这种情况，我们就会纳闷那些人开店之前为什么不调查一下当地的需求状况。即使你认为人人都在等着你的产品上市，不认真进行市场调查也是很愚蠢的。当我们第一次读到贾斯汀·莱韦伦茨（Justin Leverenz）的专访时，就是这么想的。莱韦伦茨管理着奥本海默发展中市场基金的 370 亿美元的资金，他不同意那种认为新兴市场会出现骤停的观点。这位现年 45 岁的基金经理在亚洲生活了十年，可以说流利的汉语。比语言才能更惊人的是他给投资者的建议："想要真正理解投资地的现实情况，你一定要阅读这个国家的文学作品。"

无论他成功的诀窍到底是什么，奥本海默发展中市场基金自从 2007 年以来一直保持良好的收益水平，年均回报率高达 17.3%。

"从偿付能力角度来看，"莱韦伦茨说道，"目前的情况同上世纪八九十年代完全不同。那种认为只有在全球流动性情况比较好的时候新兴市场才能够获得外部资本的观点已经不再适用了。因为，总的说来，新兴市场已经变成了国际资本体系中的债权方，而不是债务方。发展中国家的货币更加灵活，财政赤字规模控制得很好，而且银行体系也相对健康。"

该基金投资规模最大的几家公司当中就包含中国互联网公司腾讯。"我购买这家公司股票的时候，它的市值只有 60 亿美元，如今它的市值已经是 1,500 亿美元了。"在被问及是如何找到这样优质公司的时候，莱韦伦茨说，他和他的两位高级分析师在投资相关领域之前会花 70% 的精力来对某个区域性产业进行深入的研究。"这就像是谷歌的理念：做那些本来毫无关系的事情，因为这可以让你建立一些只有这样做才能够建立的联系。"你现在是不是蠢蠢欲动想要购买这支基金了？太晚了，它已经不再向新的投资者开放了。

> 非西方经济体的崛起有其深刻的历史根源。新兴市场在未来几十年的发展速度会超过发达国家。

我们还是要说，这些对西方国家而言都是好消息。"过去几年间，发达经济体与发展中经济体之间的关系变成了双向通道，无论是创新、投资和竞争都可以开始于发达国家市场也可以发端于新兴市场，然后从一端向另外一端流动，最后在全球铺开。"埃森哲公司在其2013年发布的关于新竞争局面的报告中这样写道，"在新的竞争局面下，各家公司立足新兴市场，开发出适应新兴市场需求的创新产品，并寻找机会，利用可利用的条件将这些产品推向发达国家市场。"

不再被同西方国家千丝万缕的关系所束缚，新兴经济体正在建立新的同盟和伙伴，发展速度也进一步加快。我们正在见证国家间关系的转变，从过去等级森严的模式转化为如今国家间更加平等的关系，而全球商务领域的重心也在向新兴经济体倾斜。

《金融时报》国外事务专栏首席专栏作家吉迪恩·拉赫曼（Gideon Rachman）是这样总结的："非西方经济体的兴起是符合历史规律的。新兴市场在未来几十年里的增长速度都会超过发达国家。"

2013年，世界上150个新兴经济体（不包括中国）的国民生产总值之和首次超过了37个发达国家（不包括美国）国民生产总值之和。（国际货币基金组织数据）中国和美国的国民生产总值分别占到其各自所属群体国民生产总值之和的30%。如果把所有新兴经济国家都放到一起，其中会形成一条分水岭。但是，这种比较并不足以说明单个国家的情况。当然，这种比较也没有具体地分析一国或者全球范围内各种工业部门的发展情况。

这就好像是考察某所中学的总平均分一样。仔细考察之后，你就会发现各个班级的平均分高高低低各不相同。而且在每个班里都有得全优的孩子，也有几乎考不及格的孩子。统计数字会让我们懒得思考，将那些经济和社会发展情况各不相同的国家一锅烩也会起到这样的效果。然而，尽管这些新兴经济体各自的情况千差万别，还是能够找到他们共同的发展趋势的。就好像虽然德国经济欣欣向荣，希腊经济一塌糊涂，但是，这两个国家都是欧盟成员国，也都是西方国家。

最终实现全球经济一体化

国与国之间经济表现的此消彼长在某种程度上是经济全球化的一个结果，因为我们正在从资本国家化的时代进入资本全球化的时代。这个过程非常漫长，但是最终我们能够实现全球经济一体化。

不过，本书采用的主要评价指标还是一国的国民生产总值。新兴经济体和发达国家之间的经济竞争当中，通常都会用国民生产总值的增长、停止或者减少来衡量。目前，这也是唯一一个勉强能够接受的可选择指标。国民生产总值这个指标不够完美的原因之一，就是其基本公式自从七十多年之前确立之后，并未随着具体情况的变化而进行调整。

> 将一国所有的产品和服务综合起来之后，所有的聪明才智就都被掩盖了。

多年来，德国的国民生产总值几乎没有任何增长，但是，德国拥有多家蓬勃发展、欣欣向荣的公司。可是，跟那些日渐衰弱的公司和产业的业绩一综合，这些公司的贡献就被一笔勾销了。

直到最近，印度都是世界上国民生产总值增幅最大的国家之一，但是，其国民生产总值增长的唯一原因就是其 IT 技术行业的蓬勃发展。信息技术外包服务的业绩非常好，但是，这个行业在成长发展的每一步都必须同政府的税收和各种规定做斗争。

> 我们必须了解每个国家到底发生了什么，才能确定是否有结盟、合并和销售的机遇，仅仅依靠苍白的国民生产总值这一个指标是远远不够的。

我们正在迎来一个过程，过去的种种评价手段正在被各种适应 21 世纪现实的评价手段所取代。奥本海默发展中市场基金的贾斯汀·莱韦伦茨进行投资决策的时候，不看国民生产总值，而是逐行业、逐公司具体分析，然后再决定要投资哪家公司。"世界上的大部分公司都像是音乐家：仅仅有天赋是不够的。我只对他们的艺术功力感兴趣。"（2013 年 12 月 9 日《财富周刊》）

接下来，我们将会重点介绍南环经济带中一些亚洲、非洲和拉丁美洲的新兴经济体。我们并不奢望能够完整介绍所有国家的情况；每个国家的情况都可以用一部书来详细介绍。本书的目的只是帮助读者快速了解一下在 21 世纪的最初几年开始初步转型的这些国家的基本情况。

非洲

> 十来年内就从毫无希望的大陆变成了蕴藏数不
> 清机遇的地方。

　　南环经济带当中，我们去得最少的就是非洲。我们不是非洲问题专家，但是我们看到了非洲的觉醒。"好事不出门，坏事传千里"，国际媒体总是对报道非洲的坏消息更感兴趣。然而，只要你肯放下成见，并掌握足够丰富和多样的资料，你对非洲的看法一定会不一样的。我们结合在非洲的亲身体验、朋友们的见闻还有近年来在非洲盘桓时间更久的企业家们的看法来研究手头的文献资料。许多人对非洲都不如对亚洲和拉丁美洲熟悉，因此，我们会在本书中用更长的篇幅来介绍在我们的视野中冉冉升起的"新非洲"。需要介绍的情况很多，而我们更加关注的是撒哈拉沙漠以南诸国及其经济开放搞活的情形。不过，极端主义是个对非洲各国都影响重大的问题。

非洲问题专家、国际法律师、经济学家、作家以及喜马拉雅－非洲共识经济模式的创始人劳伦斯·J.布拉姆（Laurence J. Brahm）在谈到非洲共识问题时说："要从源头上杜绝极端主义：恐怖主义并不像许多主流媒体所宣传的那样仅仅是宗教激进主义的产物。当人们因为贫穷或民族边缘化问题而感到绝望时，这种情绪无处发泄，只好采取极端措施。可悲的是，宗教信仰常常被当作这种极端行为的借口，甚至借此将其合理化，因为恐怖主义泛滥而导致的深刻不满情绪又会引发同样的问题。同种族分化相关的问题必须通过改善经济、教育、医疗卫生保障状况等手段从根源上加以解决，同时，还要把原本属于人民的东西还给他们，承认他们的个体多样性，成全他们的自我认同和自尊心。否则，无论军事科技如何发达、宪政国家的社会重组理论如何先进，都无法消除分歧和冲突。"

"双E"，教育和经济是解决问题的关键。

据《经济学人》的估计，非洲经济整体增速将继续保持过去十年的水平，达到每年5.5%。尼日利亚是整个非洲人口最多的国家，其人口总数达到1.8亿，而且，根据2014年4月6日尼日利亚国家统计局发布的消息，其经济总量已经超过南非，成为非洲最大的经济体。

要想知道事情的变化有多快，全世界都已经见证了中国的崛起。那些曾经麻烦缠身的国家可以取得惊人的进步，甚至实现大逆转。在翻阅旧文件的时候，我们偶然找到了一篇关于非洲的报道，发表在2000年5月的《经济学人》杂志上，这篇报道的题目是《毫无希望的大洲》。

我们在 2013 年为了写作本书而收集的资料当中，所有报道的论调都与它截然相反。风评一向很好的德国咨询公司罗兰贝格（Roland Berger）就提醒投资者不要错过非洲大陆蕴藏的"数不清的机遇"，而罗兰贝格并不是唯一一家持这种观点的权威机构。在 2013 年的最后几个月，德国的月刊《明镜》杂志（Der Spiegel）和《法兰克福汇报》（Frankfurter Allgemeine Sonntagszeitung）分别刊登了关于非洲崛起的系列报道。其中，《法兰克福汇报》上刊登的一篇篇幅占据几个版面的文章的题目是《有些东西正在进入非洲》。

> 争夺非洲丰富资源和 3.1 亿非洲新兴中产阶级新增购买力的竞争正愈演愈烈。

非洲复兴的脚步正在变得越来越快。撒哈拉沙漠以南非洲国民生产总值的年增长率据估计达到了 4.7%，其中南非的经济增长速度是每年 6%。多国政府投资于基础设施项目，并致力于提高出口能力。尽管在许多国家贫穷人口数量仍然很多，失业率也居高不下，但是，相对于殖民地时期这片大陆满目疮痍的情况，历史学家们已经在开始讨论"非洲的第二次飞跃"了。

人人都知道非洲，可是人们对这片大陆的认识却又是如此肤浅。这里居住着 11 亿人口，占全世界人口的七分之一。这片大陆是全世界最年轻的大陆，15~20 岁人口的数量达到 2 亿。它拥有全球面积最大的干旱沙漠——撒哈拉大沙漠，这片沙漠的面积同美国一样大。非洲最让人伤心的记录是战火纷飞时代的刚果创造的，根据国际救援委员会 1998 年的数据，这个国家有 540 万人死于内战。刚果的老百姓根本就无法从其丰富的石油储备中获得任何益处。而马里的情况则完全不同，在那里，最贫困的那部分人口从经济发展中得到了最多的好处。还有世界人口数量排名前十的国家尼日利亚，其旧都拉各斯如今正在迅速崛起。当地政府改善了公众交通和商业环境，清扫了街道并改善了人民的生活。

> 人们总是提到"非洲"，就好像它是一个国家一样；而实际上，这片大陆众多的国家各有各的特点，有些国家备受战乱之苦，人民生活在极端贫困之中，看不到希望，也有些现代化国家，充满活力，并孕育出了信心满满的中产阶级群体。

在非洲，一半以上的人口还处于贫困线以下，但是这片大陆的 29 位亿万富翁，每个人的资产都超过 10 亿美元，他们所有的财富加起来有 1,440 亿美元。非洲最富有的人阿里科·丹格特（Aliko Dangote）一个人就拥有 290 亿美元。南非的约翰内斯堡有 23,400 位百万富翁，尼日利亚的拉各斯有 9,800 位，肯尼亚的内罗毕有 5,000 人，安哥拉的罗安达有 2,400 位。几个世纪以来，非洲国家被禁锢在了已经不合时宜的被殖民者的角色当中，这样的时代已经一去不复返了。他们正在慢慢觉醒，重新进行自我定位并准备好了在世界舞台上表现自己。广袤的非洲大陆矛盾重重而又引人入胜。这片曾经迷失的大陆，正在回归世界经济舞台。

> 非洲经济总量仅占全球经济总量的 3%，但它拥有着巨大的发展潜力。

仅东非市场就拥有 1.4 亿人口，而且这一地区的政治局势相对稳定。坦桑尼亚、乌干达、卢旺达、布隆迪还有肯尼亚这些东非国家达成共识，要在十年内建立一个货币联盟。这里的商业规模虽然从绝对数量上来看还比较小，但是成长迅速。

一般认为，非洲经济强劲的增长势头，主要的动力是其丰富的石油和矿产资源以及发达经济体对资源的强烈需求，这样的看法是有失偏颇的。1995 年以来，经济发展势头良好的 12 个非洲国家当中，有 8 个并非传统意义上的资源输出国家，其中包括卢旺达、莫桑比克、乌干达、埃塞俄比亚和坦桑尼亚。

非洲国家对食品的需求正在迅速增长，农产品销售已经变成了一个巨大的进口行业。但是，随着人们对非洲各地蕴藏机遇的认识越来越清晰，假以时日，食品进口也可能会变成出口。非洲问题专家劳伦斯·布拉姆坚信，非洲必然会成为全球的食品篮。从 2010 年到 2014 年，非洲开发银行集团制定的农业发展战略中提到："农业对发展的潜在意义是，它可以消除贫困并促进那些以农业为基础的国家的经济发展。"而农业的潜力并未被充分发掘。研究表明，靠发展农业来消除贫困，其效果至少是发展其他产业的两倍。在中国，发展农业的成效比其他行业高 3.5 倍，在拉丁美洲是 2.7 倍。

乍一看，将农业同互联网结合起来似乎没有什么必要。其实，在提高生产力、提升价值和社会经济影响力方面，互联网会起到决定性作用。跟其他行业一样，互联网提供了一个学习的平台，农民可以通过它来向专家请教，获取信息和建议，农民之间也可以交流种植新品种、使用化肥、灌溉、贸易和金融等方面的本地化经验。互联网在农业领域也具备改变非洲的潜力。比如说，尼日利亚有 95 所大学，文盲率却高达 40%，文盲主要集中在农村地区。互联网上有许多农业方面的培训视频，农民可以从中受益。在 2013 年 11 月发布的关于互联网对非洲影响的报告中，麦肯锡估计，该技术能够以每年 3 亿美元的速度促进农业生产力的提高："尼日利亚已开始使用移动技术来改造其大额储蓄给付系统，减少了产生腐败的机会，增加了受益农民的数量，使得它的农业产量远远超出目标。"

> 相当长一个时期内，在许多发展中国家，基础设施薄弱是他们从消费者转变为生产者道路上无法回避的障碍。

根据非盟的统计，非洲国家每年需要 930 亿美元投入基础设施建设。20 世纪 60 年代末，本书作者之一约翰曾经担任过泰国政府顾问，就加快该国东北部的农业发展问题献言献策。他与其他泰国的同事们的工作卓有成效，指导当地的农民丰富农作物种植品种，并提高了产量。但是，最后当地的农民却拒绝继续下去，因为他们知道，当地缺乏必要的基础设施来将增加的这些作物和产量投放到市场上。在当时，这是人们通常要考虑的情况。

就像当时在泰国那样，缺乏良好的基础设施会限制生产力的发展。这跟臃肿的官僚体系、普遍的贪污腐败现象和金融体系的缺乏一起成为限制经济增长的主要障碍。

除了自身努力之外，非洲的发展必须依靠外债的免除和国际援助。非洲还需要进一步改善其基础设施，提供更廉价可靠的电力供应、受教育的机会和优质的社会服务。非洲的崛起一定不会一帆风顺，但是，几十年里停滞不前的状况已经终结，它已经表现出了极大的发展潜力。大环境的改变促进了非洲社会各个领域的发展进步。

非洲年青一代的创业精神正在觉醒

麦肯锡研究院 2010 年发布的非洲进步和潜力研究报告的题目就是《雄狮在行动》。麦肯锡认为，非洲经济脉动频率更快的原因有两个，即政府执政方式的转变和一系列经济改革举措，其中包括减少债务规模和家庭支出赤字、有效控制通货膨胀、国有企业的私有化、贸易自由化和减少公司税。非洲的故事正在改变，非洲对外开放的势头越来越强劲。

麦肯锡估计，到 2020 年，非洲的国民生产总值将会从 1.6 万亿美元增加到 2.6 万亿美元，而其消费支出也将从 2010 年的 8，600 亿美元增加到 1.4 万亿美元。1.28 亿非洲家庭将会拥有可支配收入。

在其他任何地方，收入增长都不可能达到这样的速度。"全球的投资者和企业家们绝对不能够错过这样的机遇。"麦肯锡报告中这样写道。

CrunchBase 是一家面向企业、民众和投资者的免费技术数据库，根据该网站的统计，2013 年是对非洲技术投资最活跃的一年。

美国的投资者和风险资本家们正在越来越多地向遍布非洲大陆的新创公司投资。IBM 公司在尼日利亚旧都拉各斯和摩洛哥的卡萨布兰卡（Casablanca）建立了研发中心。微软启动了"呼唤非洲开创精神"（Microsoft 4Africa Initiative）项目来推动非洲的创新活动。IBM 公司的研发人员、科技副总裁所罗门·阿塞法（Solomon Assefa）见证了非洲的转变："投资环境越来越稳定，互联网带宽也不断扩大，经济迅猛发展，基础设施建设处处开花，外国投资也越来越多。"

48 个撒哈拉沙漠以南非洲国家当中只有几个国家还在贫困线附近挣扎。根据世界银行的一项研究，目前全球经济增速最快的 50 个国家当中有 17 个来自非洲。就职于德国全球与地区问题研究所（GIGA）的非洲问题专家罗伯特·卡佩尔（Robert Kappel）和比特·普法伊费尔（Birte Pfeiffer）高度赞扬了许多国家取得的进展，同时也警告我们不要因此而过度乐观。

"非洲的企业家、银行家和投资者自从殖民时代结束之后就从来没有这么乐观自信过。"巴托洛梅乌斯·格里尔（Bartholomäus Grill）在其所著的《哦，非洲》一书中这样写道。

> 到 2020 年，非洲人口的主体将会是年轻人和城镇人口，中产阶级数量也会增加。

在投资的时候，根据一国国情专门制订投资策略，可以取得明显的进展。比如，在非洲，卢旺达支持旅游业和咖啡种植业的投资，而肯尼亚拥有大量 IT 专家和手机应用客户，埃塞俄比亚的鲜花出口如火如荼。再比如博茨瓦纳正致力于在国内重新建立钻石附加价值链，不是简单地出口钻石原石，而是在国内对钻石进行加工。

新兴的中产阶级是这场进步的主要推动力。非洲已经形成了一个由 3.1 亿人口组成的新消费市场，打破了过去那种认为非洲人无助、贫穷又懒惰的陈腐观念。

非洲的手机数量已经增加到了 6.5 亿部。能够更便捷地获取信息极大地支持了社会的发展，引发了社会剧变。《纽约时报》上刊登了一篇题为《越来越自由的非洲艺术家正茁壮成长》的文章，指出"人们对生活的期待越来越热切，独裁统治没落和互联网迅猛发展"，这些都对非洲艺术的繁荣发挥了积极作用。新的项目和作品正在创造出一幅多姿多彩的艺术图景：被称为"尼莱坞"的尼日利亚电影制作工业基地，肯尼亚的东非大裂谷艺术节，还有像《宽尼》（*Kwani*）这样的文学期刊，它是由肯尼亚当今最让人兴奋的新生代作家们创办的旗舰出版物。

非洲的艺术也在逐渐摆脱欧美的影响，致力于立足本土的艺术创作。2013 年 1 月，吉南尼·布劳内尔（Ginanne Brownell）在《纽约时报》撰文指出："在非洲，即便在艺术界，很长时间以来也必须通过西方来获得经济赞助和认可。然而，非洲的政治和经济领域正在持续发生改变，而西方世界的金融危机也旷日持久，所以，越来越多的艺术家、策展人和非营利组织网络被建立了起来，致力于帮助非洲艺术家摆脱欧美轴心。"

　　世界银行新一期《非洲脉动》(*Africa's Pulse*) 当中发布了最新的数据，分析了非洲大陆的经济发展趋势和相关数据。该报告对 2014 年总体情况的预测是：得益于基础设施投入的大幅增加，下撒哈拉地区将迎来农业的强力复苏，以及社会服务水平、供电能力和交通运输能力的大幅提高。而非洲仍然是经济增长最快的地区，经济年增长率将从 2014 年度的 4.6% 增长到 2015—2016 年度的 5.2%。

　　这个大陆的转变是否能够成就其灿烂的未来？这是个没有确定答案的问题。相信非洲美好未来的观点同不看好非洲的观点同样多。我们还不至于像尼日利亚前总统奥卢塞贡·奥巴桑乔（Olusegun Obasanjo）那么乐观地宣称 21 世纪是非洲的世纪，也许也不会像罗兰贝格咨询公司那样乐观地认为非洲有数不清的机遇。但是，我们还是看好非洲的未来。非洲需要的是创业精神、勇气、创新，最终，恰当的努力一定会得到回报。

肯尼亚

人口：44,037,656

城镇人口比率：24%

国民生产总值：441 亿美元

国民生产总值构成：农业 29.3%，工业 17.4%，服务业 53.3%

年增长率（《世界概况》）：5.1%

人均国民生产总值从 2000 年的 406.12 美元增长到 2012 年的 862.23 美元（世界银行）

2014 经济自由度指数排名：111（美国传统基金会）

非洲的数字革命可以帮助数百万人摆脱贫困。信息技术行业并非非洲唯一高速发展的行业，信息技术会改变非洲其他产业部门的运作方式，比如教育、卫生保健事业、社会保险和农业等。

在肯尼亚信息技术领域，信息技术和通信技术相互促进，交互上升。手机和互联网已经成为非洲走向世界的门户，年轻的非洲信息技术专业人才正努力在手机应用领域开拓创新。

eBay 的创始人皮埃尔·奥米迪亚（Pierre Omidyar）在内罗毕赞助了一家公司，那里聚集了许多致力于互联网行业的创业者，他们或者为手机设计游戏，或者为非洲的孩子们设计低科技含量的游戏。肯尼亚的信息技术和通信行业贡献了该国国民生产总值的 5% 强。谷歌、IBM、思科还有微软都不想错过这个手机、平板和手提电脑增长最迅速的市场，纷纷在肯尼亚安营扎寨。你可能还没有听说过肯尼亚首都内罗毕的"硅草原"，但是它已经成为为适应非洲市场需要的智能手机开发各种应用的非洲青年人才聚集的地方。

无线通信彻底改变了非洲人的日常生活。肯尼亚三分之一的人口通过 mPesa 手机支付应用来进行经济活动，这个应用把手机变成了银行账户、信用卡和钱包。

摩洛哥

人口：24,096,669

城镇人口比率：57%（2011）

国民生产总值：1,048 亿美元

国民生产总值构成：农业 15.1%，工业 31.7%，服务业 53.2%

年增长率（《世界概况》）：5.1%

人均国民生产总值从 2000 年的 1,275.88 美元增长到 2013 年的 3,108.65 美元（世界银行）

2014 经济自由度指数排名：103（美国传统基金会）

非洲撒哈拉沙漠以北的许多国家仍处于动荡之中，而摩洛哥却独树一帜，其向现代的、温和的伊斯兰国家过渡的过程显得平稳得多。

许多非洲人认为一定要非法移民到欧洲才能够有未来，而摩洛哥则是通往应许地的门户。从摩洛哥到休达和梅利利亚是最方便的，但是，很多人没能成功，所以不得不滞留在摩洛哥。随着时间的推移，滞留在这个国家的非法难民数量已经达到了 40,000 人。摩洛哥现在是非洲第一个提供居留许可的国家。只要可以证明自己已经在该国居住五年以上，或者能够提供为期两年的用工合同，就能够得到官方批准的居留权。摩洛哥希望通过教育把这些人变成有价值的社会成员，他们为成年人提供语言课程和职业培训，并允许其子女入学接受学校教育。摩洛哥甚至还计划为这些人提供医疗服务。

莫桑比克

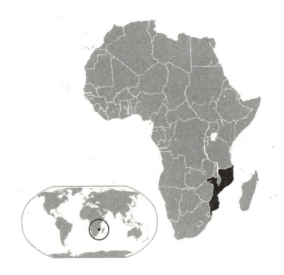

人口：25,834,000

城镇人口比率：32.2%（2011）

国民生产总值：153.19 亿美元

国民生产总值构成：农业 28.7%，工业 24.9%，服务业 46.4%

年增长率（《世界概况》）：7%

人均国民生产总值从 2000 年的 235.82 美元增长到 2012 年的 578.80 美元（世界银行）

2014 经济自由度指数排名：128（美国传统基金会）

过去 10 年间，莫桑比克从全世界最贫困的国家发展成为非洲发展速度最快的国家。2003—2013 年，其经济年增长率一直保持在 6%~8%。然而，莫桑比克还有一半的人口挣扎在贫困线以下。尽管莫桑比克拥有丰富的天然气、煤炭和钛金属资源，但是它还是十分依赖外国捐赠、债务减免和债务延期。不过，莫桑比克丰富的资源为它吸引了大笔国际投资，而各种外国投资项目会在未来几年里极大刺激该国经济的增长。

莫桑比克对其农业潜力的开发还处于起步阶段。该国政府 2013 年 11 月启动的 2013—2014 年度农业运动致力于支持农业和家禽饲养业。卡奥拉·巴萨（Cahora Bassa）大坝的扩建以及其他大坝的兴建会增加该国的电力出口，还能够满足刚刚起步的国内工业的需求。

仅 50 年前，韩国比莫桑比克还要穷。现在，韩国已经成为全球经济的重要力量。这充分证明了用正确的战略规划取代劣政能够成就非凡业绩。

尼日利亚

人口：174,507,539

城镇人口比率：49.6%

国民生产总值：4,785 亿美元

国民生产总值构成：农业 30.9%，工业 43%，服务业 26%

年增长率（《世界概况》）：6.2%

人均国民生产总值从 2000 年的 374.22 美元增长到 2012 年的 1,555.41 美元（世界银行）

2014 经济自由度指数排名：129（美国传统基金会）

尼日利亚是非洲人口最多的国家。2014 年 4 月，尼日利亚统计局确认尼日利亚的国内生产总值达到了 5,020 亿美元，已经超越南非成为非洲第一大经济体。如果仅仅考察 GDP 的话，尼日利亚仅次于波兰和挪威。过去 5 年间，尼日利亚的经济增长速度一直保持在年均 7%

的水平，据国际货币基金组织的估计，至 2020 年，尼日利亚可以将经济年增速保持在 6%~7% 之间。经济总量大，经济增速也名列前茅，这会为尼日利亚争取到更多投资者的关注。

虽然尼日利亚的国民生产总值在增加，但是大部分尼日利亚人并没有因此而变得富裕，腐败横行极大影响了治理贫困的效果。尼日利亚 1.7 亿人口中的大多数人还生活在贫困线以下，日均收入不足 1.25 美元，失业率也高达 24%。

在其东北部，伊斯兰极端组织"博科圣地"（Boko Haram）主张推行严格的伊斯兰律法，让这里的人民深受恐怖主义之害，同时也造成了该地区的动荡不安。从 2012 年起，北方的穆斯林同南方的基督徒之间冲突频发，50 万人为了避免战乱而逃离了这一地区。这个国家一共有 514 种方言和土语，这也使得这个国家的各个地区和派别之间更加难以达成共识。

尼日利亚是世界第六大石油出口国，但是尼日利亚还没有摆脱石油交易商的控制，其国内也生产不出提炼过的汽油、柴油以及其他石油产品。该国的炼油厂大都老旧不堪，而且还严重开工不足。该国年出口 250 万桶原油，但是必须从交易商手中买回其中 80% 的原油提炼加工后的产品。而且，每年都有差不多 15 万桶原油被有组织的犯罪集团盗窃。尼日利亚不光要进口精炼油，还要进口谷物及其他粮食作物，尽管农艺专家们都证实尼日利亚其实具备粮食自给自足的条件。

然而，尼日利亚正在发生变化，服务行业蓬勃发展。得益于其得天独厚的丰富石油资源，石油和天然气行业产值占了整体经济的 14%。

尼日利亚旧都拉各斯正在摆脱该国既定模式的束缚，走出自己独特的道路。拉各斯地方政府改善了公共交通与商务环境，清理了街道并改善了当地人民的生活。一家本国辛迪加正在建造大西洋新城（Eko Atlantic），它被称为"尼日利亚的曼哈顿"。但是，现代化的高楼大厦旁边仍然不乏棚户区的踪影。拉古纳斯社区以及渠道社区原本可以秀丽宜人，但是，这里却肮脏破败。为了弥补缺乏高水平商场的缺憾，人们网购的需求越来越旺盛。2014年，拉各斯营业面积超过两万平方米的购物中心只有两座，而约翰内斯堡的400万人口则可以在74家购物中心之间尽情选择自己喜爱的商品。

也许尼日利亚的前景非常乐观，但是，其现实却是一团糟；所幸，在这一团糟的局面中，IT行业一枝独秀，为个体提供了良好的发展平台。电信业贡献了尼日利亚国内生产总值增量的四分之一强（目前该国大约有1.15亿个移动电话号码）。

2014年6月13日，尼日利亚日报《营业日》报道了尼日利亚青年杰森·乔库（Jason Njoku）的故事。他在英国创业失败之后，回到尼日利亚东山再起。他创立了iROKOtv公司，在半年内吸引了全球50万用户。现在，每个月有来自178个国家的100万用户通过它来收看电视节目。在许多撒哈拉沙漠以南非洲地区的国家，互联网接入费用仍然昂贵，甚至无法接入互联网。不过，杰森·乔库相信："这片大陆正在经历空前的发展，而且这里会有越来越多的人通过互联网购买产品和服务，网购将不再是少数人才能负担得起的奢侈行为，而是非常普遍的行为。在未来的3~5年内，非洲的高科技格局将会迎来一场彻底的变革……5年之内，尼日利亚的在线交易额就会从今天的2.5

亿美元增加到 10 亿美元。"

"发展潜力是存在的，但没有正规的投资，就无法释放这些潜力——这是多大的浪费啊！"《经济学人》刊文总结道，"如今，尼日利亚已经有了不容小觑的经济体的架势了。"

南非

人口：48,601,090

城镇人口比率：62%（2010）

国民生产总值：3,926 亿美元

国民生产总值构成：农业 28.7%，工业 24.9%，服务业 46.4%

年增长率（《世界概况》）：7%

人均国民生产总值从 2000 年的 2,638.12 美元增长到 2012 年的 7,507.65 美元（世界银行）

2014 经济自由度指数排名：73（美国传统基金会）

非洲的生活是多种多样的。几年前，在南非约翰内斯堡的时候，我们坚持要去市中心，这通常是旅游者都不会去的地方。当我们驾车驶过荒凉的街道，经过那些曾经的银行大楼和五星级酒店的时候，我们感受到了隐藏在这里的、之前从未经历过的暴力：破碎的窗户、坑洼不平的沥青路面、四散的垃圾、被擅自占用的建筑物。这里跟富人们聚居的 Sandton 社区形成了鲜明的对比。Sandton 社区的一家家购物中心由地下通道相连接，橱窗中展示着顶级国际品牌，咖啡店里贩卖着最好的咖啡、法式羊角面包还有南非特产的酸牛奶小烘饼。没有什么人会像我们那么疯狂，租来一辆车就让司机把车开到老城区，因为我们想要了解这座城市的多张面孔。

最近，我们读到了关于乔纳森·利布曼（Jonathan Liebman）的报道。2008 年，他创办了梅博恩（Maboneng）内城，并慢慢地将这片土地变成了美术馆、艺术家工作室、公寓、饭店和餐馆林立的城市社群。跟约翰内斯堡的其他地方一样，20 世纪 90 年代，梅博恩也经历了一段动荡不安的岁月，暴力犯罪使普通人避之唯恐不及。现在，它已经变成了非洲最具嬉皮气质的城市社区，重新吸引了人们的目光。

因为互联网的存在，各种艺术形式才得以被更多的观众，甚至是全世界的观众欣赏到。南非的 Chimurenga 就是这样一个"面向公众，既是一份印刷杂志，又是一个编辑和策展活动的平台"。

肯尼亚乐队"Just a Band"的一首歌这样唱道："不能仅仅因为我是个黑皮肤的非洲人，就注定了我即使努力尝试也永远不能取得成功。"这首歌唤起了非洲新一代年轻人的自信："不要告诉我我能够做什么不能够做什么，我可以改变这个世界。"

坦桑尼亚

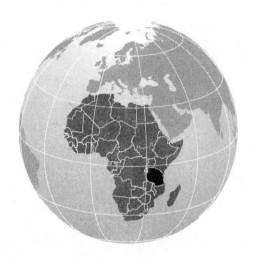

人口：49,639,138

城镇人口比率：57%（2011年）

国民生产总值：319.4亿美元

国民生产总值构成：农业 27.6%；工业 25%；服务业 17.4%（2013年估计）

年增长率（《世界概况》）：7%

人均国民生产总值从 2000 年的 308.14 美元增长到 2012 年的 608.72 美元（世界银行）

2014 经济自由度指数排名：103（美国传统基金会）

我们今天所知道的坦桑尼亚是由桑给巴尔和坦噶尼喀合并而成的，合并时间是 1964 年 4 月 26 日，同年 10 月更名为坦桑尼亚。尽管坦桑尼亚是东非第二大经济体，但是按人均收入计算，它仍然是最贫穷的国家之一，而且也存在严重的雇佣童工和跨国贩卖儿童的问题。不过，在农业领域，坦桑尼亚颇具发展潜力，该国适于灌溉的耕地数量远超过目前实际使用的面积。坦桑尼亚拥有丰富的自然资源，比如，煤炭、天然气、铀、镍、锡，还有黄金、铂金、钻石等。但是采矿业创造的产值只占其国内生产总值的 4%。不过，其国内生产总值预期 2014 年会比之前的数据高出 20%，GDP 数据增长的主要原因是增加了采矿业的一些指标并重新调整了国民生产总值计算基准。

2014 年 6 月 23 日，中国在达累斯萨拉姆召开了"具有历史意义的"中坦商务论坛，这其实一点儿也不令人惊讶（《华尔街非洲》2014 年 6 月 22 日）。中国国家副主席李源潮同时在坦桑尼亚进行了为期六天的访问共襄盛举，该论坛的目标是增进中坦两国的合作。迄今为止，中国已经在坦桑尼亚注册投资 522 个项目，项目总价值约为 24.9 亿美元（新华网，2014 年 6 月 25 日）。

2013 年 3 月，彭博新闻社刊登标题文章报道说："2013 年，在中国的帮助下，坦桑尼亚的经济增长率将达到 10%。"2013 年，中国对坦桑尼亚投资 14 亿美元，超过了美国的 9.5 亿美元，并取代美国成为该国第四大投资国。到 2013 年，中国对坦的总投资额达到 25 亿美元。近 500 家中国企业在当地提供了 15 万个工作岗位。（《坦桑尼亚每日新闻》2014 年 6 月 25 日）

2014 年 10 月 27 日，路透社报道说，中国和坦桑尼亚签署了一份价值 10 亿美元的卫星城建设计划，还计划斥资 5,000 万在达累斯萨拉姆建立一座金融中心。报道中写道："卫星城将建在达累斯萨拉姆郊外，这座城市自成一体，拥有自己的供水供电、道路、银行系统，还有学校和医院。建设这座卫星城的目的是为了缓解达累斯萨拉姆主商业区拥挤的状况。"总统贾卡亚·基奎特（Jakaya Kikwete）在接受采访时确认，双方在北京一共签署了五份协议，总值超过 17 亿美元。

但是，看好坦桑尼亚日益增长的市场前景并大力对坦投资的国家不止中国一家。越南的一家电信运营商 Viettel 也计划在坦桑尼亚投资 10 亿美元建立 3G 手机通信网络。这家公司不但提供廉价的智能手机，还为学校、医院和办公机构提供免费的互联网服务。（路透社，2014 年 10 月 28 日）

北非："双 E"和阿拉伯世界的"马歇尔计划"

人们对非洲未来的希望都寄托给了撒哈拉沙漠以南地区的新兴经济体。人们一直希望撒哈拉沙漠北部的阿拉伯国家也能够开放求变，虽然未必一定要建成西方世界所认同的那种民主制度，但至少能够逐步改善本国人民的生活条件，可是，如今这种希望已经破灭了。甚至，这些地方反而会面临十年甚至是数十年的动荡不安，革命很少能够在一夜之间改变整个政治体系。首先要具备社会稳定这个基本条件才有可能建立新的执政模式，民主制度不是一蹴而就的。在非洲这样以国界线的划定生生隔开了种族族群和部落的地方，不同国家和种族和平共处面临的困难更多。

丧失尊严

"请求你，停手吧！给他食物，给他住所。只要你抚慰了贫瘠，自会拥有尊严。"德国诗人弗里德利希·席勒（Friedrich von Schiller）在 19 世纪写下了这样的诗句。丧失尊严，受到侮辱并知道自己其实有可能过上更美好的生活，正是这些促使水果商贩穆罕默德·布瓦吉吉走上了不同的人生道路。他不是为了获得福利和施舍，他要求的是政府创造适宜的环境好让他可以自食其力。逊尼派的萨达姆·侯赛因（Saddam Hussein）不让什叶派穆斯林有机会获得尊严；而什叶派则同样不让逊尼派得到它，双方势同水火。

千秋功业，教育为本，但是发展教育要统筹协调，容不得急躁冒进。教育是建立负责任政治体制的基础。在北非，人们对新政府寄予厚望，希望它能够加大"双 E"——教育和经济的投入，却未能如愿。该地区青年人口失业率是全球青年失业率的两倍。在埃及和突尼斯的部分地区，一半的年轻人都没有工作。没有希望就没有尊严。

一旦政府失败，私营机构可以取而代之

新月石油公司是一家总部设在阿拉伯联合酋长国的私营石油天然气公司，2013 年 4 月 3 日，《金融时报》介绍了新月石油公司首席执行官马吉德·加法尔（Majid Jafar）的"阿拉伯稳定计划"，以及他扭转该地区危险的螺旋式下降发展趋势的决心。这样一家私营机构播种了希望的种子，虽然一切都还刚刚起步。马吉德·加法尔说："虽然每个国家对优先发展什么的决策各不相同，但是大家的目标是一致的，那就是支持区域经济发展和消除极端主义的根源。"

首先，多位投资者共同设立了一份旨在停止该地区动荡局面的信托基金，主要任务就是解决年轻人的失业问题并让更多女性有工作的

机会。埃及、也门、约旦、摩洛哥和土耳其将会成为主要的受益者。

加法尔效仿的是"二战"之后美国对欧洲实施的"马歇尔计划"。当时，美国对欧洲投入了120亿美元。最终受益的不仅是欧洲国家，还包括美国。加法尔坚信：

第一，企业家比政治家更具备解决全球性问题的资源和能力。

第二，将钱投入那些岌岌可危的国家不会产生任何积极效果，反而不如将钱直接投入到私营或者公私合营的基础设施项目。

在今后5年里，他们将投入300亿美元，创造500万个工作岗位。另外，还有1,000亿美元将被用来建设公路、港口、高科技通信体系、改善水和能源的供应情况，并创造出1,500万个工作岗位。

目前，加法尔的战略纲领还在筹备阶段。而战略制定的根本性原则是：尊重捐赠国和受捐助国家的主权，改善国内投资环境，促进社会进步和地区融合，并通过与阿拉伯各国政府的会谈推动执政透明度。德国周报《世界报》（*Die Welt*）认为在实现这个目标的过程中会遇到许多严重的问题，但是，它却用了一整版来探讨这个问题。其报道的最终目的是从负面报道转向寻求解决问题的办法。"在阿拉伯世界，这样的论坛太少了，而这样的论坛具备不容小觑的政治和经济前景，尽管当地的政坛每天都会发生一些戏剧性的变化。"加法尔说，"如果我们等到政治局势稳定了再行动的话，我们就将一事无成。想象一下，要是在1945年第二次世界大战结束后，美国对德国说，必须要先建立一个稳定的民主选举制度才能得到帮助的话，情况会怎样呢？"

这一次非洲是否能够真正实现崛起?

《财富周刊》2014 年 10 月发表了一篇题为《这一次非洲是否能够真正实现崛起?》的文章。对于这个问题,《财富周刊》给出的答案是个确认无疑的 "是!"。文中写道:"非洲的经济正在急速发展,而外国对非投资也出现爆炸式增长。非洲确实还面临诸多巨大的挑战,但是这片大陆最终会准备好发挥出自己的潜能的。"

甚至连美国都已经注意到了。2014 年 8 月,巴拉克·奥巴马总统在华盛顿主持了其就任以来的第一次非洲商务峰会,有几十位非洲国家的领导人出席了这次峰会。本次峰会并没有像以往的此类会议那样以扶贫为重点,而是如《财富周刊》所报道的那样:"致力于达成金额几十亿美元的交易,美国政府对非洲国家的援助同这些交易相比简直微不足道。"

自从 2008 年的经济危机之后,人们相继回到非洲,因为"无数非洲人丢掉了自己在海外的工作,或者经过盘算之后,发现在祖国自己会得到更好的发展"。据《财富周刊》报道,一位美国商界人士曾这样说道:"这里是三十年前的亚洲。美国的投资者是最迟认识到非洲将是今后三十年主战场的商人。"

拉丁美洲

　　数千年来，拉丁美洲的人口从 3,000 万人发展到了今天的规模。拉丁美洲土著文化独立于世界其他文化自行发展，孕育出许多高度发达的文明，比如阿兹特克、印加和玛雅文明。1492 年，意大利裔探险家克里斯托弗·哥伦布（Christopher Columbus）高举着西班牙国王费迪南德的旗帜踏上"新大陆"，自此，南美土著文化的发展就被粗暴地打断了。16 世纪初，葡萄牙航海家和探险家佩德罗·阿尔瓦雷斯·卡布拉尔（Pedro Álvares Cabra）带领的葡萄牙船队占领了今天巴西所在的疆域，并宣布这片土地属于葡萄牙国王曼努埃尔一世（Manuel I）。拉丁美洲之所以叫拉丁美洲，是因为当初征服它的两个国家西班牙和葡萄牙的语言都是属于拉丁语系的。今天，拉丁美洲的人口已经达到了近 6 亿。

　　20 世纪，大部分拉美国家都经历了政治和经济严重动荡的岁月，所以大部分国家都建立了民主制度和市场经济制度。2007年4月，南美洲国家共同体改名为南美洲国家联盟，迄今有成员国12个，其目标是实现联盟一体化。美国的评论家们将这一举措解读为摆脱美国在这一地区霸权的关键性行动。

这片大陆的西岸建立的是太平洋联盟（Pacific Alliance），成员国为智利、哥伦比亚、哥斯达黎加、墨西哥和秘鲁，巴拿马也有可能加入。这个联盟的目的是采取以市场为导向的手段来改善资本和商品流动的透明度和效率，完善法律规定以及保护知识产权。而由委内瑞拉、玻利维亚、尼加拉瓜和厄瓜多尔组成的玻利瓦尔联盟则采取的是以国家为中心的模式，而其贸易和投资多来自像中国这样的国家政府（仅委内瑞拉就有147亿美元）。没有什么好惊讶的，太平洋联盟当然在过去十年间吸引到了更多的外国直接投资。（参见美国传统基金会及世界银行公布的数据）

2011年，拉丁美洲的发展到达了一个重要的分水岭：其中产阶级的人数首次超过了贫困人口数量。过去十年间，拉美的中产阶级增加了50%，相当于总人口的30%（世界银行，2014）。平均受教育年限也从过去的5年增加到了现在的8年。有些地方改革的步伐还非常缓慢，但是这片大陆正在走向一条更新更好的道路。简单了解一下拉丁美洲各国的情况，你也能够得出这样的结论。在这场发展竞赛中，遥遥领先的是巴拉圭，根据世界银行的估算，其经济年增速为11%，巴拿马和秘鲁紧随其后，经济增速分别为9%和6%。

阿根廷

人口：42,610,981

城市化比率：92%（2010）

国民生产总值：6117.55 亿美元

国民生产总值构成：农业 9.3%；工业 29.7%；服务业 61%

年增长率（《世界概况》）：3.5%

人均国民生产总值从 7,208.81 美元增长到 2012 年的 11,557 美元
（世界银行）

2014 经济自由度指数排名：166（美国传统基金会）

　　几年前我们到访布宜诺斯艾利斯的时候，阿根廷发展势头正盛，国内气氛也颇为积极乐观。100 年前，阿根廷是世界上最富有的国家之一；而今天，它是拉丁美洲问题国家之一。继 2002 年阿根廷发生灾难性的债务违约之后，过了 12 年，世界又迎来一个新的阿根廷危机。阿根廷

总统克里斯蒂娜·基什内尔（Cristina Kirchner）坚持对经济实施国家干预、对阿根廷最大的石油公司雷普索尔公司的多数股权进行国有化、比索崩溃、新的外汇管制制度、限制进口导致商品匮乏，再加上商品价格骤然上涨，所有这些使得基什内尔的支持率在 2014 年 1 月下降到 27%。

外商投资日渐枯竭。阿根廷最有影响力的报纸《国家报》提出质疑："谁会在一个政府可以像穿脱衣服一样随意变更私有制企业所有权的国家投资呢？"克里斯蒂娜·费尔南德斯·基什内尔总统将要第二次去梵蒂冈会晤弗朗西斯教皇，希望这次拜访后她能够有所醒悟。

阿根廷不是没有发展潜力，但它首先需要摆脱目前的困境。2015 年的大选有望成为一个转折点，这至少是一种乐观的估计。不过，要实现逆转需要转变政治思维方式。财富再分配以及能源补贴确实能够帮助最贫穷的人，却更容易被那些并不真正需要的人所利用。必要的改革注定是痛苦的，已临深渊的阿根廷别无选择。

巴西

人口：201,009,622

城市化比率：87%（2010）

国民生产总值：2.422 万亿美元

国民生产总值构成：农业 5.5%，工业 26.4%，服务业 68.1%

年增长率（《世界概况》）：2.5%

人均国民生产总值从 2000 年的 3,694.46 美元增长到 2012 年的 11,339.52 美元（世界银行）

2014 经济自由度指数排名：114（美国传统基金会）

美好的未来会实现吗？

我们承认，巴西是我们最喜爱的国家之一。巴西人的积极向上和活力还有那里的音乐和食物都是我们心头所好，幸运的是，我们经常到巴西去。巴西是个美丽的国度，拥有巨大的发展潜力，可是，那里的企业家们都在抱怨政府改革措施不力，而且官僚主义盛行。

尽管经济增速极大放缓，但是，据波士顿咨询公司估计，在世界第七大经济体巴西，仍然有超过 500 万个家庭将在未来 10 年内晋升到中产阶级的行列。不过，该国的中产阶级其实人均收入水平一般。今后几年里，巴西需要应对的主要挑战就是提高全体人民生活水平以及消除发展中的壁垒。巴西企业家平均年龄只有 28 岁，活力四射，雄心勃勃，他们在努力创造更美好的生活。而且，与中国和非洲的情况一样，城市化成为巴西经济增长的主要动力。

尽管障碍重重，巴西吸引外国直接投资金额仍然居世界第七位。

圣保罗大型外资企业子公司设置数量排名全球第五。外国投资者仍旧非常乐观，各自瞄准不同消费市场。比如 FOREVER21 公司就致力于为年轻消费者生产平价时尚的产品，而宝马公司则瞄准了豪华汽车消费群体。然而，高税收、高关税、肆虐的官僚主义以及基础设施缺乏这些问题都妨碍了生产力水平的提高。根据世界银行的测算，巴西企业要缴纳税收名目多达 27 种，一年间，企业用来交税的生产时间高达 2600 小时，位居世界首位。基础设施薄弱和无处不在的官僚主义更是极大地限制了经济活力。从 1990 年到 2012 年，巴西的生产率仅提高了 1.2%，而印度在此期间的生产力水平提高了 4.4%(中国 8.4%)。巴西经济发展进三步退两步的状况并非缺乏潜力所致。巴西在许多方面的潜力都有待开发，其中包括充沛的劳动力储备，完全可以抓住全球经济转型的机遇大干一场。巴西企业家都在呼吁进行改革以促进竞争，创造适宜的商业环境，扭转巴西经济踯躅不前的颓势。

尽管如此，在过去十年中，巴西仍然成功地使 4,000 万国民摆脱了贫困，并至少是进入了下层中产阶级的行列。如今，正是这批中产阶级新军在积极倡导持续改革，以期进一步提高自己的社会地位并捍卫已有的改革成果。2014 年 10 月，迪尔玛·罗塞夫再次当选巴西总统，这意味着巴西未来的发展方向不会有太大改变。

智利

人口：17,216,945

城市化比率：89%（2010）

国民生产总值：2,817 亿美元

国民生产总值构成：农业 3.6%，工业 35.4%，服务业 61%

年增长率（《世界概况》）：4.4%

人均国民生产总值从 2000 年的 5133.08 美元增长到 2012 年的 15,363.10 美元（世界银行）

2014 经济自由度指数排名：7（美国传统基金会）

　　智利于 1810 年摆脱西班牙的殖民统治宣布独立。自 20 世纪 80 年代开始一直保持着良好的经济增长势头。其经济自由度指数排名全球第 7 位，而巴西的排名是第 114 位。无怪乎几年前我们在智利参加新闻发布会的时候，大家的精神面貌都非常积极乐观。

智利国内市场单边放开已经几十年了。智利是拉丁美洲经济自由度指数（美国传统基金会）排名最靠前的国家。智利的经济主要依靠私营企业的能动性和实力来驱动，即便是在社会服务领域情况也是如此。在智利，公共机构和私营机构同时提供公共服务，受益人可以自由地从相互竞争的同类服务中选择自己中意的一家，从欧洲人的角度来看，这一点实在很难理解。连社会服务领域都让竞争机制主导，这在许多国家都是无法想象的。

智利的经济体制鼓励创业，其税率水平也适中，因此智利的产品在国际市场上很有竞争力。过去十年其经济年增长率基本上都能够达到 5%。智利经济进步的一个重要因素就是普及教育。1985 年的高等教育入学人数是 20 万人，而到 2013 年，已经超过了 100 万人。

跟秘鲁一样，智利也对贸易自由化和同西方世界以及遍布全球的新兴经济体签署的贸易协定寄予厚望，并越来越重视新兴市场国家。2010 年智利成为第一个加入经济合作与发展组织（OECD）的南美洲国家。它还是重要的自由贸易经济同盟——太平洋联盟的创始国之一。该贸易同盟最早由智利、哥伦比亚和秘鲁等共同组建，后来哥斯达黎加很快加入，其目标是建立经济一体化，实现自由贸易和自由通行。

在塞巴斯蒂安·皮涅拉（Sebastian Pinera，2010—2014 年 3 月任智利总统）之后，米歇尔·巴切莱特（Michelle Bachelet）再次当选智利总统（她曾在 2006—2010 年担任智利总统）。她承诺在一百天内进行五十项改革来应对经济增速放缓的局面，并维持智利作为拉丁美洲地区成功典范的地位不变。

哥伦比亚

人口：45,745,783

城市化比率：75%

国民生产总值：3,690 亿美元

国民生产总值构成：农业 6.6%，工业 37.8%，服务业 55.6%

年增长率（《世界概况》）4.2%

人均国民生产总值从 2000 年的 2503.55 美元增长到 2012 年的
7,752.17 美元（世界银行）

2014 经济自由度指数排名：无相关数据

2014 年 6 月，胡安·曼努埃尔·桑托斯（Juan Manuel Santos）
获得近 51% 的选票赢得了大选，使人们看到了结束与拉丁美洲最大
最活跃的左翼游击队组织哥伦比亚革命武装力量（Farc）之间长达
半个世纪的冲突的希望。这表达了民众对桑托斯政府在 2012 年开

启的和平进程的认同。

在许多年里，很少有人愿意去哥伦比亚，包括我们。2014 年 2 月，当我们乘坐的飞机降落在波哥大（Bogota）的时候，迎接我们的是一座明亮的现代化机场，通关过程迅捷而专业。进入酒店的时候，安保人员会对每个人进行安检，不过酒店大堂和餐厅里仍然满是进行商业洽谈的男女。推崇市场经济的桑托斯总统已经开始了放开哥伦比亚市场的步伐。

2014 年，哥伦比亚财政部长毛里西奥·卡德纳斯（Mauricio Cardenas）宣布将会投资 120 亿美元用于基础设施建设，这一举措必将带来无限商机并促进该国经济的增长。卡德纳斯估计，该国 2014 年的经济增长率能够达到 4.7%，并可能实现年增长率 7% 的可持续性发展。2012 年第三季度，建筑业的增幅达到了 21.3%，成为推动哥伦比亚经济发展的最大动力。农业和采矿业的增长率大概是 6%。积极推动自由贸易协定的签署使得哥伦比亚没有因为周边各国的经济衰退而受到太大的影响。哥伦比亚是拉丁美洲的第三大石油出口国，其与美国签署的自由贸易协定 2011 年获得美国国会批准，并从 2012 年开始实施。哥伦比亚出现了许多价格昂贵的餐馆，这说明正在发展壮大的中产阶级改变了消费习惯，毕竟，过去几年间，哥伦比亚的中产阶级扩张了近 50%。不过，哥伦比亚经济复苏的基础还不够牢固，毒品交易、失业、落后的基础设施都是很严峻的考验。但是，希望还是存在的，而且哥伦比亚也雄心勃勃。

哥斯达黎加

人口：4,695,942

城市化比率：64%

国民生产总值：496.21 亿美元

国民生产总值构成：农业 6.2%，工业 21.3%，服务业 72.5%

年增长率（《世界概况》）：3.5%

人均国民生产总值从 2000 年的 4,058.04 美元增长到 2012 年的
9,386.30 美元（世界银行）

2014 经济自由度指数排名：53（美国传统基金会）

　　1948 年 12 月 1 日，时任哥斯达黎加总统的何塞·菲格雷斯·费
雷尔（Jose Figueres Ferrer）勇敢地带领他的国家走上了一条非比寻
常的道路，他大刀阔斧地终结了该国军事力量的存在。在一次慷慨激
昂的演讲中，他宣布要在哥斯达黎加废除军队，将大锤砸进墙里，把

军队总部的钥匙交给了教育部长，并宣布所有军费会转而投向卫生、教育和环境保护。今天，哥斯达黎加 25% 的领土要么是生态保护区，要么就是国家公园。

哥斯达黎加多次在幸福星球指数和世界幸福数据库当中雄踞榜首，尽管这两个排行榜本身未必多么精确合理。

尽管国民整体幸福感较强，同拉丁美洲其他国家一样，哥斯达黎加也存在高失业率和贫困率的问题，过去二十年里，这两个比率都徘徊在 20%~25% 之间。尽管如此，对邻国的人来讲，哥斯达黎加却是个有吸引力的就职地。大概有 50 万尼加拉瓜人在哥斯达黎加工作，合法和非法的都有，这也是个需要关注的问题。

预计 2014 年哥斯达黎加的经济增长率会是 3.8%，2015 年是 4.1%，这使我们有理由对其经济前景保持乐观。该国政治稳定，且哥斯达黎加自由贸易区提供了许多优惠刺激条件，这些为该国争取到了整个拉丁美洲地区最高的人均外国直接投资。该国也是拉丁美洲地区居民整体生活质量最高的国家之一。至少经济学人智库某项研究的结论是这样的——该研究中提到，2013 年出生在哥斯达黎加是件很幸福的事情，幸运度全拉丁美洲第二，全球第三十。这项研究考察了今后许多年里包括医疗保健、安全状况以及生活富裕程度等因素在内的多项指标。

古巴

人口：11,047,251（估 2014）

城市化比率：75%

国民生产总值：723 亿美元（估）

国民生产总值构成：农业 3.8%，工业 22.3%，服务业 73.9%

年增长率（《世界概况》）：13.1%（估 2012）

人均国民生产总值从 2000 年的 2,744.12 美元增长到 2011 年的 6,051.22 美元（世界银行）

2014 经济自由度指数排名：177（美国传统基金会）

在《菲德尔·卡斯特罗的秘密生活》一书中，卡斯特罗的精英小圈子里的一员胡安·雷纳尔多·桑切斯（Juan Reinaldo Sanchez）说了句真话：菲德尔·卡斯特罗治理古巴的方式是介于中世纪领主和路易十五之间的。卡斯特罗因为疾病缠身而不得不把权力移交给他的弟弟劳尔，而劳尔于 2008 年正式上台。

现在，古巴开始鼓励人民在努力帮助国家发挥潜能的同时去追求自己的幸福生活。今天，大约 20% 的古巴人在私营部门工作，大部分土地由农民个人而不是国有企业耕种。半个世纪以来，古巴第一家私人经营的批发市场即将开放。据路透社报道，2014 年 5 月 21 日，古巴第一家独立新闻网站上线，而这家网站由古巴最著名的持不同政见者扬尼·桑切斯（Yoani Sanchez）创办。古巴对待批评的态度越来越宽容，但是还没有宽容到能够容许在这座政治孤岛上创办看来很专业的网站的程度。不过，网站的威胁还不是很大，大多数古巴人还是没法在网上浏览博客文章和在线新闻。

尽管还存在各种限制，但是随着时间的推移，限制会越来越少，古巴也正在慢慢开放。2014 年 4 月 24 日，《国际商业时报》上发表了一篇题为《中国和古巴：抛开意识形态，让我们来谈谈钱的问题》的报道。《国际商业时报》认为，"基于过去 30 年里自己的经验，北京一直在敦促哈瓦那进行改革"，这没有什么好奇怪的。2014 年 4 月，中国外交部部长王毅出访古巴，布鲁诺·罗德里格斯（Bruno Rodriguez）在会见王毅之后表示："中国和古巴在国际事务领域拥有共同的目标。"150 年前古巴就出现了华人社区，这些人在卡斯特罗的革命中做出了积极贡献，使两国间的纽带更加牢固。

古巴的经济开放不仅限于加强同中国的贸易往来，它正在同巴西和安哥拉等国建立贸易伙伴关系并进行资本合作。不过，因为美国的封锁，它并未同美国建立贸易合作关系。

墨西哥

人口：118,818,228

城市化比率：78%（2010年）

国民生产总值：1.327万亿美元

国民生产总值构成：农业3.6%，工业36.6%，服务业59.8%

年增长率（《世界概况》）：1.2%

人均国民生产总值从2000年的6,663.65美元增长到2012年的9,748.87美元（世界银行）

2014经济自由度指数排名：55（美国传统基金会）

关于墨西哥，我们最生动的记忆就是有一次东道主为我们点了卷着虫子的墨西哥薄饼。吃还是不吃呢？这些虫子有小朋友的小拇指粗细，是白色的，身上散布着因为炙烤而焦黄的点点。我们告诉自己，这跟虾没有多少区别。而且，反正都卷在薄饼里，谁能吃出来有什么不同呢？我们真的吃了，也的确没有吃出有什么分别。可是为什么要吃呢？稍晚些时候，在赞比亚演讲时，我们的美食冒险又更上一层楼了。当地朋友告诉我们，当地最具特色的食物是一种跟德国香肠一样粗细的虫子，而且烤好了就直接拿起来吃。当时不是吃这种虫子的季节，谢天谢地。

墨西哥的虫子虽小，但是其人均国民生产总值是 9,748.87 美元，相当于赞比亚 1,462 美元的 7 倍。墨西哥经济发展速度一直快于其在拉丁美洲地区最大的竞争对手巴西。据《金融时报》报道，墨西哥已经签署了 44 项自由贸易协定，比世界上绝大多数国家都多。《金融时报》报道说："以前，提到墨西哥，人们首先想到的是它是个安全威胁，然后才想到它是个经济体，如今它就是一个有安全问题的经济体。"

涅托总统打击有组织犯罪的主要手段是减少暴力而不是抓捕毒枭。如今他的策略已经初见成效，2013 年，凶杀案发案率明显下降，但是，现在就判断这些新举措是否切实有效还为时过早。

墨西哥建立了各种社会保障制度，努力使更多的人接受更好的教育，帮助更多的人进入中产阶级的行列。人口之间的经济流动性正在增强，墨西哥渴望新的市场。它已加入了太平洋联盟，其目的是实现经济一体化、自由贸易和免签证旅行。

总统恩里克·培尼亚·涅托（Enrique Pena Nieto）雄心勃勃，希望通过改革来扭转经济局面，如今，改革似乎已经初见成效。值得一提的是，墨西哥甚至改变了在 1938 年被国有化的石油产业的所有制机制，放开了外部对能源部门投资的限制。为了给能源领域的改革保驾护航，使包括国有石油垄断企业墨西哥国家石油公司在内的各能源企业的转型改革顺利进行，需要对 20 多条法律进行修改。与此同时，也确立了新的石油和天然气合同条款结构以吸引国际投资者。

2014 年 7 月在墨西哥城发表演讲的时候，世界货币基金组织主席克里斯蒂娜·拉加德（Christina Lagarde）说道："墨西哥是唯一一个在如此之短的时间内批准了这么多项全面改革措施的新兴经济体国家，而且这些措施还得到了政界的广泛支持。更加让人惊叹的是，墨西哥并不是迫于经济或者金融危机的压力才采取这些改革措施的。在这一过程中，墨西哥的领导者表现出了过人的领导才华，而墨西哥人民也充分显示了其与时俱进的精神和实施改革的决心……墨西哥的经验能够鼓舞和启迪世界其他国家和地区。"在 2014 年 10 月接受 CNN 记者采访的时候，拉加德又号召欧洲采取必要的改革措施，并再次提到了墨西哥，敦促欧洲"学习墨西哥模式"。

秘鲁

人口：29,849,303

城市化比率：77%

国民生产总值：3,440 亿美元

国民生产总值构成：农业 6.2%，工业 37.5%，服务业 56.3%

年增长率（《世界概况》）：5.1%

人均国民生产总值从 2000 年的 2,049.62 美元增长到 2012 年的 6,573.04 美元（世界银行）

2014 经济自由度指数排名：47（美国传统基金会）

2014 年 1 月 27 日，秘鲁与其邻国智利的领海争端终于得以平息，过去两国为了争夺硝石产业而大打出手，如今却建立了新的伙伴关系。

两国对国际法庭的判决都很满意。秘鲁总统奥良塔·乌马拉（Ollanta Humala）称其为一个新阶段的开始，认为秘鲁和智利将建立更加紧密的合作和友谊，两国的关系也会随之进入全新的阶段。而智利的经济发展也有了更新的进展。

秘鲁是哥伦比亚的邻国，两国都拥有着茂密的热带雨林和延绵的太平洋海岸线，还有多处理想的渔场。私人投资，秘鲁政府实施的自由贸易政策，同美国和加拿大达成的自由贸易协议，还有同中国、韩国、新加坡、日本和欧洲自由贸易联盟等国家和地区签署的自由贸易协定，使秘鲁经济在过去 3 年里，保持着从 6% 到 9% 不等的增长率。因为自然资源丰富，秘鲁最强的行业是采矿业，该行业的出口额占秘鲁全部出口总额的 60%。

如果能够改善其内陆地区的基础设施，一定可以进一步推动其经济增长。而大概四分之一的秘鲁人都居住在其首都利马。

委内瑞拉

人口：28,459,085

城市化比率：93%（2010 年）

国民生产总值：3,675 亿美元

国民生产总值构成：农业 3.7%，工业 35.5%，服务业 60.8%

年增长率（《世界概况》）：1.6%

人均国民生产总值从 2000 年的 4799.65 美元增长到 2012 年的 12,728.73 美元（世界银行）

2014 经济自由度指数排名：175（美国传统基金会）

委内瑞拉有两种不同的形象：存在于总统尼古拉斯·马杜罗（Nicolas Madura）构建的未来世界里的委内瑞拉和世界看到的委内瑞拉。这个拥有全世界最高石油储备的国家，经济社会形势却持续动荡不安。"我们买糖要排队，买大米也要排队。好消息是不需要排队买卫生纸，因为在物资短缺的时候根本买不到。"我们 2014 年 2 月在哥斯达黎加遇到的委内瑞拉朋友就是这样描述自己的日常生活的。过去的委内瑞拉，少数富人高高在上，普通的贫困老百姓生计艰难，而今天的委内瑞拉正在竭力扭转这样的局面。

这个国家已经浪费了促进贸易高速发展的大好机遇，好在尼古拉斯·马杜罗政府认清了现实并试图着手改变当前困局。2014 年，委内瑞拉是拉丁美洲问题最严重的两个国家之一，另外一个是阿根廷。

拉丁美洲：美国的后院还是中国的新赛场？

尽管拉丁美洲的发展经历了许多曲折，也有许多不足，但是，据麦肯锡估计，未来最有可能成为新创公司数量前两名的地区是中国和拉丁美洲。预计到 2025 年，设在圣保罗的公司总部的数量将会是现在的三倍。

在摆脱美国家长式管理之后，拉美国家也解放了自己的思维方式。他们不再谋求美国为拉美做什么，而是希望能够和美国一起做些什么。毫无疑问，美国正逐渐失去优势，尽管其 2013 年对拉美地区进出口贸易总额高达 8,500 亿美元，远高于中国 2012 年对拉美的进出口总额 2,440 亿美元。但是，中国正在迅速缩小同美国的差距。现在人们关心的问题是，拉丁美洲国家如今的繁荣到底是昙花一现还是会持续下去，拉丁美洲国家会自己上场打比赛还是会成为他人赛场上的足球。巴西前总统费尔南多·恩里克·卡多佐（Fernando Henrique Cardoso）就曾经不无担忧地写道："过去我们担心美国完全控制拉美，而如今的情况则恰恰相反。"

《趁美国打盹的时候，中国征服了拉丁美洲》这是《财富周刊》（2014 年 10 月 15 日）杂志上一篇特约评论文章的标题。该文的作者迈克尔·富门托（Michael Fumento）曾经是《每日投资商报》的记者。他显然对中国的角色充满疑虑："中国把不敢卖到美国和欧洲的商品都运到了拉丁美洲，价格还高得离谱。"我们在拉美国家的所见所闻却并非如此。可见，任何根据主观经验而提出的观点，即使有实地经验做基础，都很难站得住脚。

拉美国家找回了自信，谋求通过内部的经济整合来提高竞争力和提升国际地位。在这个过程中，拉美国家有自己的偏好，也会自主进行选择。无论它们选择的是美国还是中国，新兴经济体的未来还是在于同所有国家建立伙伴关系，并且在不受西方干涉的基础上相互协作。

亚洲

亚洲陆地面积约占地球陆地面积的三分之一。亚洲是真正最令人惊叹的大陆：这里居住着大约 40 亿人口。亚洲是世界人口最多的大陆，而中国是人口最多的国家；俄罗斯是世界上面积最大的国家；喜马拉雅山是世界最高的山脉；贝加尔湖是世界上最深和最古老的内陆湖；马里亚纳海沟是世界最深的海沟；死海是海拔最低的地方，也是最咸的水体。

亚洲是世界上横跨两大洲国家和同其他大陆接壤的国家最多的大陆，其中包括俄罗斯、哈萨克斯坦、印度尼西亚和土耳其等。同时，亚洲还是多种文化的摇篮。世界上主要宗教大多数都发源于亚洲。

20 世纪，亚洲经济的主要增长点是日本和韩国沿线，而在 20 世纪 70 年代末中国实施改革开放制度之后，中国以亮眼表现和非凡潜力异军突起，成为整个亚洲发展的最强催化剂。

2014 年 5 月 31 日，《经济学人》亚洲商务特别报道中写道："到 2030 年，在全球影响力、国民生产总值、人口规模、军费开支和技术投资等方面，亚洲将会超过北美和欧洲的总和。"有许多超级公司是亚洲的：价值 2,020 亿美元的中石油、2,150 亿美元的中国工商银行、1,740 亿美元的中国建设银行、1,680 亿美元的阿里巴巴、1,010 亿美元的台积电、1,860 亿美元的韩国三星电子、1,930 亿美元的日本丰田。这里我们列出的都是资产过千亿的企业。印度最大的企业是信实工业，价值 509 亿美元。（数据引自《福布斯数据》和《经济学人》）

以下数据仅供对比：苹果公司，4,830 亿美元；德国西门子公司，

1,140 亿美元；瑞士诺华，2,270 亿美元。

　　福布斯排行榜的前 10 名，中国和美国各占据半壁江山。五家中国公司都是国有企业，而五家美国公司都是私营企业。不过，全面深化改革也是习近平主席复兴计划的一部分。

　　在全球资本市场，亚洲的份额为 27%；亚洲消费市场巨大，占世界中产阶级消费的 30%；47% 的制造业集中在亚洲；亚洲贸易的 55% 在区域内进行；而中国无疑是亚洲的世界级明星。

中国

人口：1,349,585,838

城市化比率：50.6%（2010）

国民生产总值：8.939 万亿美元

国民生产总值构成：农业 9.7%，工业 45.3%，服务业 45%

年增长率（《世界概况》）：7.6%

人均国民生产总值从 2000 年的 949.18 美元增长到 2012 年的

6,091.01 美元（世界银行）

2014 经济自由度指数排名：137（美国传统基金会）

　　研究"双 E"的重要性，中国堪称全球经典范例。第三章将详细阐述中国的进一步开放。在过去的 10 年里，中国实施的"西部大开发"战略促进了农村和落后地区的经济发展。四川省省会成都已成为中国经济发展的明星城市，这是中国全面振兴全国经济战略的一部分。2014 年 4 月，我们访问了吉林省省会长春，那里的景象和氛围同之前那些年我们在中国西部经历过的非常类似。如果说有什么不一样的话，那就是，时任吉林省省长巴音朝鲁反对片面追求国民生产总值增长，而是侧重于改善生活质量，致力于"为可持续发展铺平道路"。

　　长春早就是中国重要的汽车城之一了，不过，它并未满足，而是雄心勃勃地想要成为中国最大的汽车生产基地。对此，我们毫不感到意外。

　　吉林省发展的主要措施有：节能减排、大力扶植农业和服务业发展，通过放开基础设施、公用事业等过去由国有企业所垄断的行业来刺激私营企业的发展。当地政府工作的重点之一就是改善包括保障性住房、社会保障和教育等在内的公共福利。

　　据《中国日报》2014 年 1 月 28 日的报道，吉林省将启动一个为期 3 年的项目以促进包括旅游和健康服务在内的服务行业的发展。第三产业集群将会涵盖 700 个项目。为了推动创新研发，政府投入将会增加至少 20%。吉林大学校长李元元认为，大学的责任就是培养满足中国发展需求的创新型科学家。

　　当地政府宣布将致力于推动吉林的现代化建设，具体举措还包括加大执法力度、打击腐败和精简行政审批程序。从投资者的角度上来看，新兴经济体为各个领域都提供了巨大的机遇。但是今天的中国对外国投资更加挑剔了，整个国家在面对外国投资者的时候腰杆儿都挺得更直。

印度

　　人口：1,220,800,359

　　城市化比率：31.3%（2011）

　　国民生产总值：1.758 万亿美元

　　国民生产总值构成：农业 16.9%，工业 17%，服务业 66.1%

　　年增长率（《世界概况》）：3.8%

　　人均国民生产总值从 2000 年的 455.44 美元增长到 2012 年的 1,489.24 美元（世界银行）

　　2014 经济自由度指数排名：120（美国传统基金会）

20 世纪 90 年代的印度似乎走的是开放的道路。印度的声誉改善，2007 年的经济年增长率达到了 9%，让人们看到了中国式经济崛起的希望，也为该国吸引了大量外国直接投资。但是，印度的发展却从此停滞不前，各种迫切需要的改革并没有如期进行。不久之前，我们在德里等待登机的时候同一位印度企业家和他的家人闲聊了一会儿。他说，他已经把公司迁到了越南，现在要举家搬到那里去。"官僚主义害死人啊！"他说，"我再也不愿意忍受了。"

在印度，官僚主义盛行。宝洁公司印度分公司前首席执行官古尔恰兰·达斯（Gurcharan Das）在其作品《印度在夜间生长》（*India Grows at Night*）一书中写道："印度已成为一个失败的国家……国力疲弱却又咄咄逼人。"印度的增长潜力像是睡美人，政府却还没能用一个吻来唤醒它。

虽然顶着"世界上最大民主国家"的名号，印度由来已久的种姓制度却跟民主一点儿都不沾边。《时代杂志》称这种说法是"空洞的口号，只有数字才是真的（该国选民超过 8.14 亿），泛滥的不平等和不公正还在不断玷污这个国家"。在印度社会的方方面面，种姓制度的影响力仍然不容小觑，世袭的等级体系限制了大多数人口的发展机遇。通常，同一种姓之间的人才能够通婚，而职业选择也受到种姓的限制。印度四大种姓之中，婆罗门被认为是最尊贵的，知识精英、学者、教师和宗教领袖都出自这个阶层。排名第二的是刹帝利，王公贵族、勇士、高级政府官员和执法人员传统上来自这个等级。排名第三的是吠舍，这个阶层的人大多是商人、推销员、地主和农民。而第四等级是首陀罗，他们专门从事服务性工作，比如工匠、佃农和蓝领工人等。

更糟的命运是生为"贱民"，"贱民"都生活在社会的边缘。根据联合国儿童基金会和人权观察机构的调查，信仰印度教、伊斯兰教、佛教和基督教的"贱民"数量占印度人口的四分之一，大约有 2.5 亿人。

随着纳伦德拉·莫迪（Narendra Modi）当选印度新一届总理，其国内对结构性改革和扎扎实实经济发展的期待空前高涨。而莫迪的惊艳当选也让印度拥有了一位主导经济发展的强势领导人。2014 年有可能成为印度发展的转折点，印度有望自此走上现代化和人民生活中等富裕的道路。这确实是让这个国家改头换面的机遇。印度总是会同中国比较。30 年前，两国的国民生产总值是一样的。现在，印度的国民生产总值只有中国的四分之一，这的确令人沮丧。

多年来，印度的发展道路饱受诟病，议会几近瘫痪，腐败不断升级。新一届议会中的多数党只有一个，这种情况多年来还是首次发生。莫迪和他所在的印度人民党掌握了议会的大多数席位，印度终于有机会奋起直追，为了公民的利益而奋斗了。据说，莫迪的志向是成为印度最伟大的总理之一。纳伦德拉·莫迪在自己的推特中发表当选感言说："好日子又回来了。"也许那些为了寻求更宜商环境而离开印度的企业家们将来会有搬回来的理由。让我们拭目以待吧。

印度尼西亚

人口：249,900,000

城市化比率：50.7%（2011 年）

国民生产总值：8,787 亿美元

国民生产总值构成：农业 14.3%，工业 46.6%，服务业 39.1%

年增长率（《世界概况》）：6.2%

人均国民生产总值从 2000 年的 789.81 美元增长到 2012 年的
3,556.79 美元（世界银行）

2014 经济自由度指数排名：100（美国传统基金会）

　　印度尼西亚，世界第四人口大国，是东盟的创始国成员之一，自
1998 年苏哈托下台之后，经济和政治局面都有了显著改善，其经济产
值几乎占到东南亚地区经济总量的 40%。它是世界最大的煤炭出口国、
第一大棕榈油生产国和第二大可可和锡生产国。尽管该国资源丰富，

但是有超过 1 亿印度尼西亚人每天的收入还不足两美元。贫富差距已经达到了创纪录的高位。新当选的总统佐科·维多多（Joko Widodo）承诺其政府要"更加以人民为中心，推行有利于农民、渔民和其他传统劳动人民的项目，并加大贫困人口的医疗卫生和社会服务投入"。提高生产力水平是满足国内需求的关键。麦肯锡 2012 年发布的一份关于印度尼西亚的报告中估计，到 2030 年，印度尼西亚人口的 90% 将会迈入消费阶层的队伍，报告中还指出，印度尼西亚有"三个重要领域的私营经济部门截至 2030 年能够创造出 1.8 万亿美元的商业机遇，分别是消费服务、农业和能源行业"。

2013 年 10 月初，中国国家主席习近平把印度尼西亚定为其任内首次东南亚访问之旅的第一站。中国对几个快速增长的经济体进行投资，而印度尼西亚就是投资目标之一。中国已经成为印度尼西亚最大的贸易伙伴，不过，到目前为止，印度尼西亚的公司对中国的投资额是高于中国对印度尼西亚投资的。虽然，如今中国对印度尼西亚的投资不如在日本、韩国和新加坡的投资多，但是，中国已经暗示要加强在印度尼西亚的经济活动，因为印度尼西亚的中产阶级数量已经接近 1 亿人了。印度尼西亚的人口结构年轻，不满 30 岁的人口超过一半，国民充满活力而且锐意进取。

在本书撰写进入尾声的 2014 年 10 月，中国正在积极准备在北京召开的亚太经济合作组织峰会。10 月 20 日宣誓就职的印度尼西亚新总统佐科·维多多会出席这次峰会。

2004~2014 年担任印度尼西亚总统的苏西洛·班邦·尤多约诺（Susilo Bambang Yuhoyono）为其政府设定的经济增长目标是在 2030

年前达到每年 7%。我们非常想知道新当选的印度尼西亚总统究竟要采取什么措施来把印度尼西亚这个世界上最大的群岛国家变成一个"海洋强国"。

日本

人口：127,103,388

城市化比率：91.5%（2014 年）

国民生产总值：5.007 万亿美元（2013 估）

国民生产总值构成：农业 1.1%，工业 25.6%，服务业 73.2%

年增长率（《世界概况》）：2%

人均国民生产总值从 2000 年的 37,291.71 美元增长到 2013 年的 38,492.09 美元（世界银行）

2014 经济自由度指数排名：72（美国传统基金会）

1994 年我们开始撰写《亚洲大趋势》一书。书中对日本的描述是："多年以来世人就只知道日本。大家惊呼，日本人来了！他们就要统御全球经济了！但是，现在，情况正在发生惊人的转变。中国人要来了。日本的经济力量在到达顶峰之后，现在开始走下坡路了；而中国却已经为 2000 年做好了准备，龙年将会成为龙世纪的开门使者。"当然，在 1995 年《亚洲大趋势》出版的时候，日本人还很不愿意听到这样的话。

日本已经从工业化世界的明星选手变成了亚洲的经济病人。1995 年，日本第一次丧失了最具竞争力经济体的宝座，滑到了第 4 名（其

2013~2014 年度的全球竞争力指数排名为第 9），而之前十年里，它一直都雄踞榜首。《经济学人》载文指出："日本并不是一个致力于追求世界霸权的超级经济大国。这只是一个自取灭亡的切腹经济体。"日本从此一蹶不振。过去二十年日本经济并未取得任何真正的发展。日本政府又一直固执地不肯让经济机制自主发挥作用，坚持对经济活动进行令人窒息的强力微观管控。而现任政府似乎也没有改变现状的打算。

韩国

人口：52,000,000

城市化比率：83.2%（2011 年）

国民生产总值：1.198 万亿美元（2013 估）

国民生产总值构成：农业 2.6%，工业 39.2%，服务业 58.2%

年增长率（《世界概况》）：2.8%

人均国民生产总值从 2000 年的 11,947 美元增长到 2013 年的 25,976 美元（世界银行）

2014 经济自由度指数排名：31（美国传统基金会）

韩国是全球迅速脱贫致富的典范之一。韩国从世界上最贫穷的亚非国家之一一跃而成为全球第十四大经济体，创造了国民生产总值二十年增长三倍的记录。韩国如今已成为 IT 产业的领军力量之一，其手机和内存芯片技术都非常先进。三星和 LG 是全球最大的两家电视机制造商，该国的汽车产量也在全球排名第五。

韩国的服务业水平还有待提高。要促进其经济发展，它尚需转变生产力增长方式，减少低附加值产业，创造高附加值工作岗位。随着南环经济带的崛起，旅游和商业服务将拥有极大的发展空间。

韩国在新兴经济体开设的工业企业数量一直在稳步增长，这导致了国内就业率较低的问题。重要行业国内就业率较低的话，就导致一些同美国的情况相似的问题。比如说，中产阶级的萎缩：韩国的中产阶级人口比例从 1990 年的 75% 下降到了 2013 年的 67%。其直接结果就是个人储蓄减少，人口出生率也降低至全球最低水平（妇女人均生育数量为 1.30 个）。

高涨的房价和教育成本更是雪上加霜。根据我们的了解，中国和韩国的父母都会不遗余力地把自己的孩子送到最好的学校，并为此花费大量的家庭收入。我们曾与许多韩国学生进行过长谈，通过谈话，我们发现，对他们来说最重要的事情就是通过考试，并且在最好的学校保持学习成绩稳居前列。这种情况必然导致大学毕业生供过于求，也提升了失业率增加和就业不足的风险。

在跟朴槿惠总统会谈的时候，教育自然成了我们的主要议题。压力和死记硬背的学习方法正在扼杀创造力。韩国已经建立起自己的工业体系，亟须在各行各业增强创新能力。但是，跟许多其他国家的情况一样，为了建立她理想中的"创造性经济"来"培养学生们的才能，成就他们的梦想"，朴槿惠总统需要首先解决行政机制僵化的问题。

然而，韩国人能够用来做梦的时间并不多。我们发现，韩国人的工作时间是最长的，比中国还长。来自韩国出版商和各种商业合作伙伴的电子邮件经常是在深夜十二点以后或者周末的时候写的。尽管勤奋和进取都是宝贵的品质，但是也应该有个限度。

韩国人应该努力建立更加务实的教育体系，并摒弃陈旧的观念，不再把大学文凭当作是成就事业和光耀门楣的唯一途径。

老挝

人口：6,680,000

城市化比率：34.3%

国民生产总值：101 亿美元

国民生产总值构成：农业 24.8%，工业 32%，服务业 37.5%

年增长率（《世界概况》）：8.3%

人均国民生产总值从 2000 年的 321.29 美元增长到 2013 年的 1,645.74 美元（世界银行）

2014 经济自由度指数排名：144（美国传统基金会）

老挝 1997 年加入东盟，至今仍是世界上最贫穷的国家之一。尽管其耕地面积只占国土面积的 4%，却有 80% 的人口从事自给自足的农业生产，农作物以大米为主。工业生产仅限于小微企业。老挝于 2012 年获准加入世界贸易组织，并在 2012 年举办了两年一度的亚欧会议。

为了解决严重的经济问题，老挝于 1986 年开始了改革开放，其目的是慢慢地从计划经济向市场经济过渡。

老挝具有一定的发展潜力，但也面临着基础设施匮乏、教育落后和金融结构缺失的问题。老挝的铝土矿、煤、铜、金和锡等资源储量丰富，亟待外资进入以开发这些资源的市场潜力。老挝旅游业发展迅速，但是起点较低。不过老挝已是世界上经济增长最快的地区之一：2002 年至 2011 年其经济增长率从未低于 6.2%，在 2007 年甚至上升到了 8.7%。

一个令人惊讶的事实是，老挝的专利和科技论文发表量比越南还高。越南网桥（VietNamNet Bridge）报道说，《经济学人》曾经警告过，越南有可能会陷入中等收入陷阱，并且在经济发展上被老挝和柬埔寨赶超。

《国际铁路杂志》2004 年 10 月 16 日报道说，中国国家发展和改革委员会在 2014 年批准建设一条新铁路，这条铁路将连通老挝和缅甸。这条电气化铁路全长 504 公里，途经中国云南的玉溪、昆明、普洱、西双版纳以及中老边境城市磨憨，然后到达万象。老挝是个内陆国家，新的铁路建设项目能够促进旅游业的发展，鼓励外来投资并降低出口商品和消费商品的运输成本。

马来西亚

人口：29,240,000

城市化比率：72.8%（2011）

国民生产总值：3,124 亿美元

国民生产总值构成：农业 11.2%，工业 40.6%，服务业 48.1%

年增长率（《世界概况》）：4.7%

人均国民生产总值从 2000 年的 4,004.56 美元增长到 2012 年的 10,380 美元（世界银行）

2014 经济自由度指数排名：37（美国传统基金会）

近几十年来，马来西亚已经从生产原料为主转变成为拥有多种经济门类的综合性经济体。马来西亚也是该地区经济成功的典范，其 2020 年的经济发展目标也非常高远。

2010 年 9 月，马来西亚政府推出了经济转型执行方案（ETP）。

其目标是将马来西亚从一个中等收入国家变成一个高收入国家，至少突破世界银行设定的 15,000 美元人均收入水平的高收入门槛。经济提振战略规划预期 92% 的投资将来自私营企业，政府认为自己的主要作用就是从旁辅助。

其中一个投资者，马来西亚的户外广告公司亚洲传媒拟向 ETP 项目投资 1.52 亿美元，致力于提升马来西亚的国际影响力，并提高该国在东盟地区的竞争力。亚洲传媒首席执行官王维基（Ricky Wong）说："公司使用移动广播等手段来传播娱乐信息，促进马来西亚的通讯和基础设施建设，全力支持马来西亚向知识型社会转变。"

马来西亚是世界上提供最多可以兼容伊斯兰银行金融服务产品的国家之一，预计到 2015 年该行业的价值将达到 2 万亿美元。伊斯兰银行是过去几十年间发展起来的，主要提供符合伊斯兰律法的金融产品和服务。

缅甸

人口：55,746,253

城市化比率：32.6%

国民生产总值：594.3 亿美元

国民生产总值构成：农业 38%，工业 20.3%，服务业 41.7%

年增长率（《世界概况》）：6.8%

人均国民生产总值从 2004 年的 194.61 美元增长到 2012 年的 1,200 美元（世界银行）

2014 经济自由度指数排名：162（美国传统基金会）

多年来一直与世隔绝的缅甸现在也对世界敞开了大门。它正在努力融入国际社会。改革措施的实施和西方制裁的放松都赋予了该国新的机遇。农村地区的小额信贷帮助当地民众改善了生活条件，缓解了缅甸的贫穷问题，不过，缅甸的贫困人口数量仍然占到总人口的四分之一。该国人口结构年轻、资源丰富且地理位置优越，吸引了食品加工和饮料生产行业、旅游业、服装业、IT 技术行业的众多外国直接投资。其国民中网民比例较低，2012 年的时候仅有 1.1%，而互联网则是对外开放及同世界接轨的最重要窗口之一。

数字化是推进该国发展的另外一个重要因素。但是要开发高水准的 IT 基础设施还需要制定强有力的计划。

2013 年麦肯锡缅甸报告的题目是《缅甸时间：非比寻常的机遇与巨大的挑战》，正如其诸多亚洲邻国一样，生产力水平的提高是经济稳步增长以及实现经济目标的关键。据估计，缅甸的经济年增长速度有达到 8% 的可能性。但是，"如果继续保持目前的人口状况和劳动力生产水平的话，缅甸经济的年增长率将不会超过 4%"。

2014 年，缅甸担任东盟的轮值主席国，这标志着该国的主权国家地位再次得到了国际社会的认可。2014 年 11 月，该国承办了第 25 届东盟峰会，美国总统奥巴马以及其他国家政要都出席了本次峰会。

斯里兰卡

人口：21,866,445（2014 年 7 月估）

城市化比率：15.1%（2011）

国民生产总值：6,522 亿美元

国民生产总值构成：农业 31.8%，工业 25.8%，服务业 42.4%

年增长率（《世界概况》）：6.3%

人均国民生产总值从 2000 年的 854.93 美元增长到 2013 年的 3,279 美元（世界银行）

2014 经济自由度指数排名：90（美国传统基金会）

斯里兰卡出口的商品门类从内衣到足球运动服，包罗万象。这些商品在如西班牙的飒拉（Zara）服装公司和英国的马莎百货（Marks & Spencer）等零售网络销售。《金融时报》的詹姆斯·克拉布特里（James Crabtree）认为斯里兰卡这个偏安一隅的小岛位处世界上最繁忙的东西航道上，很有机会成为世界服装制造中心。

只要新的制造、仓储及物流设施建成，斯里兰卡就能够具备与工业化国家竞争对手相匹敌的能力。克拉布特里说："这只是一个小小的例子，从中我们能够看出亚洲公司如何坚持不懈地设法进入全球商品供应链，而且，它们通常都能够抢夺到较大的份额。"

泰国

人口：6,679 万人

城市化比率：34.1%

国民生产总值：4,009 亿美元

国民生产总值构成：农业 12.1%，工业 43.6%，服务业 44.2%

年增长率（《世界概况》）：3.1%

人均国民生产总值从 2001 年的 6,500 美元增长到 2012 年的 8,500 美元（世界银行）

2014 经济自由度指数排名：72（美国传统基金会）

亚洲的许多国家，特别是不丹，热衷于将幸福指数当作考察民生质量的重要指标。泰国军政府领导人巴育将军（Prayuth Chanocha）似乎对此非常认同。

对企业家而言，泰国的商务环境还是不错的。根据世界银行对 189 个国家和地区内所选城市的营商环境调查报告数据，泰国的宜商指数位列第 18 位。不过，自 1997~1998 年亚洲金融危机爆发之后，其经济增长速度一直比较缓慢，在 4% 左右徘徊。泰国的等级制度历史悠久，无论是在人民的思维当中还是在现实当中，这种制度基本上还是在延续着。这个金字塔结构的塔尖是泰国国王，而最底层则是知足常乐的农民。然而，过去几十年里，其周边那些亚洲国家人民的幸福是建立在经济发展和社会平等基础上的。泰国在这些方面表现平平，它仍然是世界上最不平等的国家之一。

最近，巴育将军批准了一项投资高达 1,200 亿泰铢，大约折合 37 亿美元的投资项目。泰国 2013 年吸引外国直接投资 130 亿美元（《曼谷邮报》2014 年 6 月 27 日），同新加坡的 640 亿美元相比，仍旧微不足道。

政治上派系斗争激烈，经济也落后于其他亚洲邻国，新宪法框架下的泰国大选也充满不确定性。泰国的政治局面很可能会演变成缅甸的样子——军阀和贵族在议会拥有足够多的席位，可以阻挠各种立法。而如今泰国军政府推动经济改革、促进法治、提高执政透明度和在泰国重建民主制度的决心和能力还有待进一步证实。

尽管如此，作为东盟的成员国，泰国已经成为东南亚汽车生产的中心，并且是全球第二大硬盘驱动器和客货两用车生产国。泰国还是全世界第一大橡胶生产国。中国制造业成本持续增加，泰国较低的公司税率以及相对较为完善的基础设施也是泰国未来发展的机遇所在。

土耳其

人口：81,619,392

城市化比率：71.5%

国民生产总值：8,218 亿美元

国民生产总值构成：农业 8.9%，工业 27.3%，服务业 63.8%

年增长率（《世界概况》）：3.8%

人均国民生产总值从 2000 年的 4,219.54 美元增长到 2013 年的

15,300 美元（世界银行）

2014 经济自由度指数排名：64（美国传统基金会）

　　在过去的十年里，土耳其经济迅速崛起，现代化和工业化进程突飞猛进，书写了一个伟大的成功故事。新兴中产阶级异军突起，国民收入持续上升。大兴土木和消费的增长带动土耳其经济的发展，使其成为最有前途的新兴经济体之一，其国民生产总值排名世界第17 位。《福布斯》列出了该国总投资超过 2,000 亿美元的主要投资项目：计划 2019 年建成的新耶尼·哈瓦利买（Yeni Havalimai）机场投资 290 亿美元；连接马尔马拉海和黑海的 40 多公里航运运河项目斥资 150 亿美元；投资额达到 84 亿美元包含 5,000 套豪华公寓的公私合营房地产开发项目；总投资 13.5 亿美元的两个游艇码头、两个五星级酒店、一座超大型商场和能够容纳 1,000 人的清真寺项目；还有博斯普鲁斯地下造价 14 亿美元的大型隧道项目等，这样的例子不胜枚举。

　　总理雷杰普·塔伊普·埃尔多安（Recep Tayyip Erdogan）的名字与土耳其的进步紧密相连，他同时也是个很有争议的人物。许多土耳其人的生活水平得到了极大改善。但是，贫困并未完全消除。2014 年4 月 3 日，德国《时代周报》发表了题为《土耳其人民为什么爱戴他？》的文章，文中写道："几乎每个土耳其人都能买得起房子和车。埃尔多安已经把土耳其变成了一个不同的国家，也许是一个更美好的国度，尽管他的敌人并不想承认这一点。"

　　另一方面，现代土耳其自由主义者也无法理解埃尔多安支持者的世界。土耳其的自由主义人士怎么也不明白，对抗议活动的残酷镇压、公布在 YouTube 和 Twitter 上的腐败录像，还有官方对这些网站的封杀为什么对埃尔多安的那些铁杆支持者没有产生任何影响。土耳其如今正站在岔路口，一条路通往倒退，而一条路通向进步。

从 2006 年起，土耳其加入欧盟的谈判就陷入了僵局，主要有八项症结。鉴于这些年西方经济增长放缓，土耳其正在新兴经济体国家当中寻求新的市场，同时希望能够在非洲事务中发挥更重要的作用。2003 年，土耳其航空公司在非洲只有 4 个目的地，如今它已经开通了飞往非洲 30 个目的地的航线。土耳其航空公司的首席执行官解释了这一转变的原因："我们的经营战略和活动都同土耳其的外交和贸易政策保持一致。为了持续发展，我们总是与政府密切合作。"这样做的好处和附加效应非常明显，每一个新的航行目的地都为土耳其公司打开一扇门，方便他们在新的市场抢占先机。

土耳其对非洲开放的政策始于 2002 年。它已在非洲大陆建立了 19 个新的使领馆。一位土耳其官员表示："我们的目标是与之前从未去过的地方建立新的联系，缩小彼此之间的距离。"土耳其的企业家和政治家将继续贯彻并改善其对非政策。土耳其对非贸易额从 2000 年的 7.42 亿美元跃升至 2011 年的近 75 亿美元，不过这个金额只占土耳其总贸易额的很小比例。2011 年，土耳其对非洲贸易额增长了近 30%，在 2012 年，总额达到 133 亿美元。

土耳其表现出了巨大的经济发展潜力，但是，目前土耳其经济有衰败的危险，一旦出现这种情况，后果会非常严重。2013 年，土耳其的投资级别被升为适宜投资等级，借贷成本大幅下降，中产阶级迅速成长，年轻的人口结构吸引了大批投资者，通货膨胀也得到了很好的控制。2013 年底，土耳其被摩根大通列入"五大脆弱新兴经济体"，一起上榜的还有印度、印度尼西亚、南非和巴西。在所有问题国家当中，土耳其的账户赤字和对外债务比例最高。一旦不再能够获得廉价资金，土耳其将面临灭顶之灾。

目前的土耳其是一个矛盾重重却又深具潜力的国家，作为沟通欧亚大陆的文化桥梁，它占据了战略意义极其重要的地理位置。

越南

人口：93,421,835（2014 年 7 月估）

城市化比率：34.3%

国民生产总值：1,700 亿美元

国民生产总值构成：农业 19.3%，工业 38.5%，服务业 42.2%

年增长率（《世界概况》）：5.3%

人均国民生产总值从 2000 年的 433.33 美元增长到 2013 年的 1,910.53 美元（世界银行）

2014 经济自由度指数排名：147（美国传统基金会）

没有几个在晨间饮用咖啡的欧洲人会想到这个咖啡是来自亚洲的，更不用说是越南了。然而，越南却是世界第二大咖啡出口国，仅次于巴西。欧盟是越南第二大贸易伙伴，2014 年，双边贸易额从以前的 50 亿欧元增长到了 260 亿欧元。在过去几十年里，越南渐渐摆脱了中央计划的沉重桎梏，变成了一个颇具竞争力，以出口为导向的经济体。它已经成为全亚洲经济增速仅次于中国的经济体，尽管其国民生产总值中国有企业的份额仍旧高达 40%。劳动生产率水平整体上有了极大提高。越南也在从纺织到旅游，从咖啡到 IT 的各个细分产业领域积极参与国际竞争。越南产品中附加值产品的比例只占到了 1%，同东盟各国相比还是非常低的。不过，2014 年第一季度附加值产品的销售增长了 54.9%，其中海产品类附加值增长尤为显著。让我们对其未来增长充满信心。。

在 2014 年出访欧洲的时候，越南总理阮晋勇的目标是推动越欧自由贸易协议的签署，减少关税、提供法律保障以及保护投资。双方都有意通过实现自由贸易来刺激经济增长，创造就业岗位，同时加强越南与欧盟的纽带与联系。因为同中国的关系相对紧张，越南希望能够同西方国家建立更加紧密的关系，并进一步融入世界经济。

过去几年间，我们曾经多次到访河内和胡志明市，在此期间见证了越南在极短的时间内取得的长足进步。尽管还是经常可以看到农民赶着牛在稻田中耕作的绚丽画面，但这个国家正在从农业国转变为以制造业和服务业为主的经济体。该国的教育事业发展很快，越来越多的大学毕业生使得越南在提供离岸服务方面越来越具竞争力。越南劳动力整体年龄非常轻，自然资源也很丰富，但是跟其他一些亚洲国家一样，这里高素质的工程师和中层管理人才还比较匮乏。未来几年，这个国家面临的主要挑战就是提高劳动人口生产技能，提高生产力水平，以及改善管理水平以提高国有企业的竞争力，这些都是可以克服的困难。

Global Game Change

How the Global Southern Belt
Will Reshape Our World

———

第二章

亚非拉：新经济联盟和新国际组织

———

南环经济带包含了全世界主权被承认的 196 个国家中的 150 个。它们不再各自为战，而是团结起来建立了强有力的联盟。而这些新伙伴关系当中影响最深远的就是"中国－非洲－拉丁美洲三角"。

从 2001 年到 2013 年，中非贸易额从 100 亿美元增长到了 210 亿美元。到 2016 年，中国将超过欧元区，成为拉美第二大贸易伙伴。非洲和南美洲各国贸易交流的口号是"团结一致对抗西方干涉"。据估计，如果目前的贸易趋势延续下去的话，拉美同中国的贸易额到 2025 年将占到其总贸易额的 17%，而拉美同美国的贸易额会减少 17%。

尽管如今中国、非洲、拉丁美洲三家的实力和影响力都在不断增强，三方的合作并不会固定为一个官方性质的国际机构，而是会促成多个联合机构的建立并推动多边合作。2013 年，五个金砖国家共同批准了一项金额高达 1,000 亿美元的货币稳定基金，该基金将成为与国际货币基金组织并列的又一融资选择。

新兴经济体在未来几十年间发展速度会快于发达国家，而新增的资产超过 10 亿美元的公司中，有 70% 的总部会建在新兴经济体当中。南环经济带正在以更加自信的姿态进入国际视域。

2001 年 6 月，我们在北京度过了结婚一周年纪念日。一位在北京大学执教的美籍华裔友人带我们去了一家新开张的餐馆，这家餐馆所在区域人气越来越旺了。坐在小花园里，我们聊起了即将到来的另一场庆典——当年晚些时候中国加入了世界贸易组织。这标志着中国进一步融入全球经济，然而，这也引发了各种担忧。我们很清楚地记得，当时大家都担心中国为了进入世贸组织而对美国做出太多让步。当时最大的问题就是："全球化是不是就是美国化？"

13 年后，2014 年 7 月 6 日《金融时报》刊文指出："中国开始在国际贸易谈判中占据强势地位。"这时的中国已经是世界上商品贸易量最大的国家，《金融时报》甚至已经开始担心中国的全球影响力，并且在质疑其加入世贸组织的意图了。"世界贸易格局正在改变，显然，中国也在与时俱进。"文章如是写道。

全球经济和金融体系的变局

> 西方世界曾经是国际社会的绝对中心、全球政治与经济联系的枢纽，这个时代正在走向终结。

国际政坛大部分全球性的政府组织都是西方世界为了维护西方的利益而发起建立的。但是，如今的世界同联合国、国际货币基金组织和世界银行成立的时候已经大不一样了。

"我认为，虽然这些机构在处理 20 世纪的问题时可能确实取得了一些成绩，新形势下，他们并未及时调整以适应当今我们面临的新的全球性挑战。"世界银行前政策部主任、纳尔逊·曼德拉（Nelson Mandela）前顾问伊恩·戈尔丁（Ian Goldin）在其作品《诸国分裂：全球治理为何失败，我们能为此做些什么》（*Divided Nations Why Global Governance is Failing And What We Can Do About It*）中如是说。

无论是全球性机构，还是西方国家的政府，都不能够再继续挥舞指挥棒来指挥"新兴经济体乐团"了。全球力量对比已经发生了变化，西方列强已经不再扮演主要角色了。以西方为中心的世界观已经摇摇欲坠，其实在它看起来还坚如磐石的时候就已经开始慢慢瓦解了。1991 年苏联解体，西方世界共产主义活动锐减，看起来似乎西方的原则——自由主义、民主和市场经济已经掌握了局面，势必要发扬光大，最终征服世界的每一个角落，一切只不过是个时间问题。西方世界沾沾自喜地接受了法兰西斯·福山（Francis Fukujama）作品《历史之终结》（*End of History*）中的观点。但是这样的盲目自大注定是站不住脚的。

西方世界还在自诩为宇宙通行价值观和正义的守护者，大张旗鼓地宣扬自己作为世界经济中心的地位，而南环经济带的许多新兴经济市场却已经渐渐开始启动了改革进程。基于本土历史和文化，这些经济体正在为自己的未来奠定新的基础。他们发现自己不必受西方世界的驱驰，而是可以相互扶持；他们也发现了自己完全可以自力更生。所谓的"历史之终结"变成了新经济同盟开放搞活、扬帆起航的机遇，在新的历史条件下，人们的世界观有了根本性的转变，地缘政治强弱对比产生了新变化，经济安排也呈现新局面。

南环经济带的新兴经济体人口数量占全球人口 80% 强，并渐渐找到了自己的节奏。越来越多的组织，如博鳌论坛，都在不断发展壮大，进而开始独立"演奏"了。

诚然，这一过程中不无龃龉。

东南亚国家联盟（东盟）成立近 50 年，但在很长一段时间内并没有什么国际影响力。近年来，东盟 10 大成员国——印尼、马来西亚、菲律宾、新加坡、泰国、文莱、缅甸、柬埔寨、老挝和越南的国际地位越来越重要。2013 年，东盟各国人口总数达到 6 亿，总的国民生产总值高达 2.4 万亿美元，如今的东盟已经成为南环经济带当中举足轻重的一支经济力量。作为一个整体，该经济体的国民生产总值全球排名第七位。同时，它也是仅次于欧盟、北美和中国的全球第四大出口地区。

东盟在世界事务中正在发挥越来越重要的作用，而其地位提升的主要原因还是生产力水平的提高。东盟市场多元化，文化、宗教和种族背景也各不相同。汇丰银行预测："未来 20 年中，这里将是消费增长最快的地区之一。"2014 年，大约 6,700 万个东盟家庭进入"消费阶层"（也就是可支配收入较高的阶层）。据估计，该数字 2025 年还要翻一番（麦肯锡，2014 年 5 月）。

同一信念，同一身份，同一共同体

2014 年 5 月 23 日，东盟各国劳工部长还有来自中国、日本和韩国（不是东盟成员国，但是被纳入 10+3 体系）的相关官员在缅甸进行会晤，以期加强彼此之间的合作。李克强总理称东盟是中国对外投资的重要窗口，呼吁中国企业扩大从东盟进口商品的品种和数量，同时也欢迎东盟企业在中国投资兴业。

汇丰银行 2014 年 1 月的报告称："过去几十年，中国是东盟出口的主要竞争对手；而今天，它已经成为东盟的一个重要市场。"

供职于南洋理工大学的一位新加坡学者说："中国与东盟国家之间加深经济依存度是非常自然和必要的。这对于维护一度受到挑战、来之不易的地区和平也意义重大。在这个经济形势不明朗的时期，李克强总理关于加强联系、精诚合作、谋求共同发展的号召显得愈加合乎时宜。"

汇丰银行希望，"发展双边贸易、增加相互投资的愿望能够为中国和东盟之间的关系奠定积极的基调"，同时，也希望"这个拥有 19

亿人口的庞大区域能够发育成为完全成熟的市场"。

大家似乎已经认定亚洲的未来是光明的，然而2014年4月在海南博鳌举行博鳌亚洲论坛期间，亚洲的未来却平添了一些不确定，尽管本届论坛的主题是："亚洲的新未来：寻找和释放新的发展动力"。

在博鳌亚洲论坛官网的主页上，"传播亚洲声音"、"促进亚洲合作"、"凝聚亚洲共识"三条标语滚动出现。该论坛成立于2001年，已经成为亚洲国家和新兴经济体进行高端对话的重要平台。

博鳌亚洲论坛刚刚结束一个星期，局势的发展就开始让人觉得论坛所致力于建立的合作任重道远。当时，我们正坐在三亚的一片美丽的海滩上，距离论坛召开地博鳌并不远。那天，当太阳在北部湾落下的时候，平静的海面水天相接的地方亮起了一排排闪烁的灯光。我们被告知那是中国军舰在巡逻，起因是越南探测船进入中国海域引起了中越争端，而两国都是博鳌亚洲论坛的发起国。

一年前，习近平主席在2013年博鳌论坛发言的时候，曾敦促各国牢固树立"命运共同体意识"，推动亚洲和世界发展不断迈上新台阶。双方的宏伟目标是到2020年将中国与东盟之间的贸易额提高到1万亿美元。2013年，中国对东盟直接投资为57.4亿美元，仅2014年上半年，这一数字已经达到了35.6亿美元。

我们希望各方除了表明态度之外，还能够拿出诚意，以和平方式解决给东盟和博鳌亚洲论坛带来不和谐之音的各种冲突。中国前国家主席胡锦涛曾承诺，中国的发展将为其邻国带来更大的利益，中国致力于与其他亚洲国家进行双赢合作，愿意同亚洲邻国建立符合双方利益的伙伴关系。希望中国可以兑现这些承诺。

打破美元一统天下的局面？

2002—2012 年，中国同亚洲其他国家间的贸易总量从 548 亿美元增加到了 4,001 亿美元（中国商务部）。东盟内部已达成共识，计划在2015 年底建成东盟经济共同体（AEC）。东盟经济共同体致力于实现东盟内部商品、服务、投资、资本和熟练劳动力的自由流动。其目标是建成区域经济一体化，创造出世界级的单一市场。我们认为，从长远来看，全球经济一体化很可能成为未来全球经济发展的大趋势。

"东盟将引领以人民币为全球货币的新风尚——它现在已经开始将人民币用于贸易结算以及各种金融和投资业务，因为该地区对美元的信心和依赖度都在逐渐减弱。"这是《泰国商务新闻》2014 年 10 月27 日刊登的一篇文章结尾部分的几句话。这篇文章的主要内容就是在2015 年建立东盟经济共同体的大背景之下中国对该地区的投资。目前，新加坡元与人民币已经可以直接交易了。根据环球银行金融电信协会（SWIFT）的数据，2014 年第一季度，新加坡的人民币存款金额已经达到了 2,200 亿美元，而人民币贷款金额也比去年增长了 25%，达到了 3,000 亿美元。环球银行金融电信协会把人民币列为全球第七大支付货币。

2014 年 10 月 29 日，路透社一篇报道的题目则是《人民币储备金额增长》。路透社援引了《央行报告》对 69 家中央银行进行的问卷调查，被调查银行中有三分之二回应说："人民币的吸引力越来越强，因为它相对坚挺，而中国的经济影响力也越来越大……而且目前在金融机构和跨国公司当中以人民币为媒介的交易的数量也在增加。"

世界经济重心正在向发展中的南方迁移

中国和印度的关系充分说明，各国都有充分理由努力避免发生激烈对抗。中印双方长期受到边界争端困扰，近年来，两国关系不断改善，经济联系和贸易往来也随之不断加强。在新德里，成员超过百家中国企业的中国工商会秘书长李健表示，印度增长潜力巨大，极大鼓舞了那些在印度发展良好的中国企业，他们都决定要留下来。印度的新任财长阿伦·贾特利（Arun Jaitley）并不清楚到底要进行哪些改革才能让印度今后几年的经济年增长率恢复到7%~8%，但是他已经承诺要取消所有投资者都非常讨厌的税务追溯制。

2012年，中印两国双边贸易额达到了660亿美元，预计到2015年这一数字将攀升至1,000亿美元。印度新当选的领导人纳伦德拉·莫迪非常重视工商业的发展，未当选之时就已经被寄予厚望，他到底能否不负众望我们还需拭目以待。有人甚至预测，在他的领导下，中印两国贸易将在2018年达到3,000亿美元。

在南环经济带的新兴经济体当中，亚洲是目前最强大的，而如今它正在迈向经济发展的新阶段。中华人民共和国国务院新闻办公室发布的一份官方声明中是这样描述当今国际形势的："（当今世界）正在经历深刻和复杂的变革，新涌现出来的新兴发展中经济体已经成为推动世界经济发展的主要力量。"

早在 2010 年 10 月，世界银行特别报告《南方国家的全面崛起及其对南南合作的影响》（*Rise of the Global South and Its Impact on South-South Cooperation*）中就说道：“全球经济的中心向发展中的南方国家移动的趋势是不可阻挡的，必须要把以南南合作为主要特点的发展中国家之间合作的强势增长放在更广阔的背景之下来考察。”

2013 年 3 月 20 日，卡塔尔半岛电视台在一篇题为《全球化中的南方》的文章中做出了如下预测：“到 2020 年，巴西、印度和中国的经济总量会超过加拿大、法国、德国、意大利、英国和美国这六个国家经济总量之和。”该文接着预测道，“世界中产阶级人口的 80% 将会生活在发展中国家。”

到那个时候，出生于世纪之交的孩子们将会开始他们的职业生涯，而他们生活和工作的世界与今天的世界有很大的不同。

中国对开放型世界经济模型的设想

本书主要介绍南环经济带的开放，以及其成为 21 世纪经济新驱动力的巨大潜力。虽然我们研究的重点是全球事务，但是，现在几乎没有什么全球事务能够将中国排除在外。这个事实本身就说明了中国未来的角色。

中国是个古老的帝国，它为自己取的名字，字面上的意思就是“中央之国”。而今天的中国，或疾行，或跳跃，或滑行，或潜行，正渐渐成为一个强大的国家，在国际社会中发挥越来越重要的作用，地球“中央之邦”的作用日益增强。中国官方媒体新华社刊登了其“新

丝路，新梦想"系列特稿，介绍了中国构建"丝绸之路经济带"的设
想，以及中国在全球贸易中的新角色。该系列特稿当中的第一篇勾勒
了一幅宏伟的蓝图，该文的题目是《世界如何共赢？中国正在破题》。

新华社 2014 年 5 月 8 日刊登了一张"新丝绸之路"和"新海上
丝绸之路"的地图。"陆上丝绸之路"从中国中部地区的西安出发，
取道中亚地区到达伊朗北部，进入土耳其，再通过博斯普鲁斯海峡向
北进入欧洲，从鹿特丹向南到达终点威尼斯。

·········· 陆上丝绸之路　---- 海上丝绸之路

"海上丝绸之路"开始于泉州，经过广州、海南，南下到马六甲
海峡，到达吉隆坡、加尔各答、内罗毕，穿过红海，再穿过雅典，在
威尼斯同"陆上丝绸之路"汇合。

2014 年 5 月 9 日，《外交官》杂志载文指出："陆上丝绸之路"和
"海上丝绸之路"加在一起构成一个巨大的回路，连接亚非欧三大洲。
如果一定要选取一个标志来传达中国重新做回"中央之国"的信心，

那么没有什么比新华网发布的这张地图更合适了，甚至这个项目的名称"丝绸之路经济带"也同中国过去作为世界信息和商品源头的地位密不可分。

《外交官》杂志的文章指出，显然，"中国相信其原则将会成为国际贸易新秩序的指导原则"。新华网写道："中国建设开放型世界经济的远见卓识日益得到国际社会的认可。"

中国提出要在"相互尊重、相互信任"的基础上建立"利益—命运—责任"共同体的新型伙伴关系，而这种新的模式已经从亚洲延伸到非洲和欧洲，这是个相当宏伟的愿景。实现这样雄心勃勃的设想，所面临的挑战无疑是非常巨大的。所有国家之间相互尊重，相互信任听起来确实像是"一千零一夜"，然而，我们必须相信，中国是有大梦想的。

中阿关系的重生——丝绸之路精神

中国和阿拉伯地区的通商往来可以追溯到公元 632 至 661 年的四大哈里发时代（Rashidun Caliphate），之后因为各种原因而中断，直到 20 世纪才恢复往来。在 21 世纪，中阿关系重振，双方建立了强大的经济联盟。2004 年，中国 – 阿拉伯国家合作论坛的创立更是加强了双方的合作关系。从那时起，中阿贸易额以每年 14% 的速度逐年增加，到 2012 年，双边贸易额已经达到 2,220 亿美元，中国也成为阿拉伯国家第二大贸易伙伴。

2014 年 6 月的第一周，中国 – 阿拉伯国家合作论坛第六届部长

级会议在北京举行，同时进行其成立 10 周年的庆祝活动。建立该论
坛的目的是为中国争取更多贸易和投资机会，并最终签订双边贸易协
定。在开幕式上，习近平指出，未来 10 年，对中阿双方都是发展的
关键时期。实现民族振兴的共同使命和挑战，需要双方共同弘扬丝绸
之路精神，促进文明互鉴，尊重道路选择，坚持合作共赢，倡导对话
和平。他鼓励中国企业继续投资阿拉伯国家的能源、化工、农业、制
造业和服务业等行业。习近平主席还宣布，双方计划在未来十年将贸
易额扩大到 6,000 亿美元。

论坛召开期间，双方一致同意继续努力，促进中国与海湾阿拉伯
国家合作委员会签署自由贸易协定。海湾阿拉伯国家合作委员会成员
国包括阿联酋、阿曼、巴林、卡塔尔、科威特和沙特阿拉伯这六个主
要石油出口国。

在未来三年内，北京将培训 6,000 人派驻阿拉伯国家工作；在
未来十年内，计划安排 10,000 名中阿艺术家互访。（《中国日报》，
2014 年 6 月 6 日）

中国 – 非洲 – 拉丁美洲三角

南环经济带包含了全世界主权被承认的 196 个国家（因数据来源
不同，具体数值会有所不同）中的 150 个。其中许多国家资源有限甚
至非常匮乏，他们在政治上面临诸多挑战，经济体系也非常混乱。但
是，在这些国家内部有着非常高涨的改革呼声，显现出了明显的经济
增长势头，彼此之间也建立了各种活跃的经济同盟。

而我们认为南环经济带内部最重要的新同盟关系是"中国－非洲－拉丁美洲三角"。本书的第一章介绍了中非之间越来越紧密和坚实的联系。中国一只脚踏进了非洲，而另外一只脚则踏入了拉丁美洲及环加勒比海地区。"中国需要大量的商品，它无法也不愿仅仅从亚洲和非洲来进口这些东西。"（德国之声官网，2013年10月）

这三个地区民族不同，文化各异，历史也千差万别，但是，中国、非洲和拉丁美洲有着共同的目标——他们都面临如何帮助本国疆域内的数亿人口摆脱贫困的问题。中国希望实现市场和商品来源的多样化，拉丁美洲国家则想要给自己同美国和欧洲的伙伴关系松绑，德国之声总结："许多南美国家从与中国的关系中获益。"英国《卫报》的一篇报道则引述了清华大学国际关系学系主任阎学通在《世界邮报》上发表的一篇文章，指出美国外交政策为中国留下一扇敞开的大门（2014年1月）。阎学通在文章中指出，中国采取了新的外交政策，而不是策略冲突，努力避免冲突，强调融合。阎学通写道："邓小平坚持韬光养晦的外交战略，将中美关系摆在首位。而在最近的几次讲话中，习近平主席已经明确表达出不同的战略方向：奋发有为。"

阎学通补充道："二十多年来，中国一直在这样一个外交政策框架之内运作——既没有朋友也没有敌人。除了少数例外情况之外，中国对待其他国家的态度基本上都是一视同仁的，优先考虑的都是如何创造最利于中国自身发展的外部环境。而习近平主席就任以来，中国开始以不同的态度来对待朋友和敌人了。对于那些愿意在中国的崛起中发挥建设性作用的国家，中国会设法让他们从中国的发展中获得更大的实际利益。"

李克强总理访问非洲的第一站签署了 16 份协议，其中包括贷款协议、道路和工业园区建设协议等。中国在非洲参与了供水、供电、铁路和通信项目。[南非分析集团《中国在非洲——亲密的朋友还是新殖民主义者》（*China in Africa：A Closed Friend or a Neo Colonialist*），2014 年 5 月 12 日)]

毫无疑问，在中国－非洲－拉丁美洲三角中的其他各方将会从中国的新政策中获益，同时他们也确实有这样的要求。另外，非洲希望摆脱过去的形象，从中国发展农工商各行业的技巧中获益。

中国－非洲－拉丁美洲三角并不会以机构或者组织的形式正式存在，但是，这个三角内的各国之间在经济、政治和文化领域开展的各种活动将会急速增长，一股新的三边贸易流将会越来越强劲。而随着这些地区经济的开放，越来越多的人都想要从中分一杯羹。

中国－非洲：当代的"郑和下西洋"

很遗憾，我们对中国人的探险历史知之甚少，仅仅是从历史老师的讲述中获得了少许激动人心的故事。古代中国人发明了指南针，从而使探险之旅成为可能。15 世纪，明朝，郑和带领着一支拥有二百多艘海船，两万七千多名船员的舰队开始了赫赫有名的"郑和下西洋"之旅。郑和与他的船员们一共进行了七次这样的航行，下西洋的目的是扩大中国的国际影响力。郑和的舰队穿过了太平洋和印度洋，最终到达了阿拉伯半岛和东非。中国人一贯奉行全方位战略性思维，当时为了这一系列航行，还在南京建立了一个专门的机构来负责同外国沟通交流。2005 年，中国举行庆祝活动，纪念"郑和下西洋"六百周年，专门根据史料复制了一艘当时的帆船，从青岛启航，追随郑和的身影，停靠多个亚洲和非洲港口。

几个世纪以来并没有多少关于中非关系的历史记载，然而，这也意味着双方无须背负致命宿仇的负担。很可能希拉里·克林顿（Hilary Clinton）少年时就读的东缅因高中跟奥地利和美国大部分地方的高中一样，并未教授过中国的海洋探索历史，因此当她认为中国现在的非洲"下西洋"航行是在跟西方人学习时，我们也不好过多评论。2011 年，希拉里·克林顿在访问赞比亚的时候还曾抨击中国说："这种事在殖民地时期我们已经看了太多了，到这里来，开采了自然资源，买通首领们，然后扬长而去。"

历史上中非关系最早的记载可以追溯到 14 世纪关于伊本·白图泰（Ibn Battuta）从摩洛哥到中国的记录，而拉近中非联系和感情的还是中国对非洲反对种族隔离运动的支持。2012 年 6 月 29 日，赞比亚经济学家，《谁将买下全世界——未来 20 年资源大博弈》（*China's Race for Recourses and What It Means for the World*）一书的作者丹比萨·莫约（Dambisa Moyo）在《纽约时报》撰文指出，中国对非洲的投资不是帝国主义的一种新形式，而是非洲实现经济增长的最大希望。

非洲经济觉醒的一个重要举措就是逐渐摆脱欧洲和西方国家的掣肘并寻求新的盟友。"在政治上，西方国家的民主正在丧失其吸引力。"驻非洲记者巴索洛马斯·格里尔（Bartholom us Grill）在其作品《哦，非洲》（*Oh Africa*）中如是写道。非洲的政治精英们把目光瞄准了亚洲新兴经济体，他们正在寻找新的榜样。非洲已经不愿再听命于西方的盟主们，不愿接受他们宣称的道德和政治权威地位，也开始挑战西方世界观一统天下的地位。"毋庸置疑，美国政府面对新的竞争对手渐渐落了下风——中国在非洲的投资力度越来越大，而美国则站在球场边线上眼睁睁地看着自己在这片大陆的影响力越来越弱。"丹比萨·莫约写道。

由 54 个非洲国家结成的联盟——非盟设在埃塞俄比亚的斯亚贝巴的总部是来自中国的礼物，这是具有标志性的事件。中国的影响力并不仅限于投资和贸易，还有它提供的信息。2012 年 1 月，中国中央电视台非洲分台在肯尼亚正式开播。它的目标是："搭建一个平台，让中国观众更好地了解非洲，促进中非友好，让非洲人民认识真正的中国，并把真正的非洲呈现给世界。"

西方的舆论垄断正在被许多新的全球性新闻网络所打破，其中包括中国的中央电视台、阿拉伯地区的半岛电视台。非洲正在对世界敞开它的大门，它并不会急着盲目抄袭中国模式。非洲，就像三十年前的中国，会多方借鉴，选择任何能够帮助他们实现经济增长的模式。我们将会看到新的同盟建立起来，促成这些同盟的并非西方，而是全球经济的发展。

中国无意向非洲出口其政治模式

"非洲面临的最大挑战是世人对它的看法。"肯尼亚公平银行的高管，同时也是安永年度全球企业家奖得主詹姆斯·姆旺吉（James

Mwangi）说，"我希望参与这场竞争的五十多位企业家能够优先将非洲看作他们拓展市场的下一目标。"在西方的认知中，他们很难与非洲进行平等对话，而中国对非洲的态度则不同于西方。中国在同西方打交道的时候，也面临着同样的问题——西方总是对它持负面看法。

中国曾经在西方列强和日本军国主义的铁蹄之下经历了"百年屈辱"，但是，它重新站了起来，过去的苦难留下的伤口也渐渐愈合。其榜样力量不容小觑，共同的遭遇也拉近了中国和非洲的距离。而且，中国进入非洲市场以来，一直坚持与非洲平等对话的立场。"中国认为非洲是个充满活力的大陆，而西方总认为非洲是个没有希望、死气沉沉的地方，双方的看法形成了鲜明的对比。"《中国日报美国版》副主编陈伟华在 2013 年 5 月 17 日撰文指出，"中国并不完美，无论是在国内还是在非洲。但是，将中国在非洲的努力简单地贬低为对土地和资源的自私掠夺或者新殖民主义的看法是极其错误的。"

西方彻头彻尾的双重标准

2014 年 7 月 12 日，我们收听了奥地利广播节目《音画世界》，这是一个描述世界各国、各城市重大历史事件的节目。这一天的节目讲述的是当时还是德属西南非洲的纳米比亚在 1904 年发生的故事。听着冯·特罗塔（Lothar von Trotha）将军领导的德国军队如何镇压反抗德国殖民统治的非洲游牧部落赫雷罗人的可怕故事的确令人不悦。在经过多年游击战之后，赫雷罗人被投入了集中营，他们的财产被没收，被迫从事农业劳役，还被剥夺了一切权利。

而在一百年后的 2004 年，德国才第一次承认了德国殖民当局的历史罪行。如今生活在纳米比亚的 10 万赫雷罗人的首领库艾玛·瑞瓦克（Kuaima Riruako）要求德国为殖民罪行赔偿 40 亿美元。对此，德国财长约施卡·费舍尔（Joschka Fischer）并未给出任何解释，这是表示他无意"就赔偿要求作出任何评价"。

巴索洛马斯·格里尔在其作品《哦，非洲》中写道，非洲的政治精英欢迎中国参与非洲事务，因为他们借此巩固了政权，赚了个盆满钵满还过上了奢侈的生活。他还写道："但是，欧美的主流思想家同样也持双重标准：我们这些西方国家是在同非洲合作，而中国只是在剥削非洲，在非洲的所作所为完全是出于一己之私。他们大肆谴责中国这个竞争对手，却给自己无节制地攫取非洲的资源和市场的目的披上了道德的面纱。"

> 参与非洲事务，中国有两个目的：自己获益同时也让对方受益。

中国着力于展示软实力和投资，并没有对当地的政治进行任何干预。但是，在创造出可持续的政府模式这方面，中国的软实力展示结合其经济参与的方式可能会比西方的国际援助加社会福利项目加说教的模式效果更加卓著。

经济学家丹比萨·莫约在其另外一部作品《援助的死亡》（Dead Aid）中写道："援助割断了非洲各国人民与政府之间的血肉联系，因为公民们通常对于援助资金的使用没有任何发言权，而政府通常会迎合援助者的需要而不是其国民的需要。值得庆幸的是，自 2008 年金融危机之后，西方对非洲援助减少了，而我们终于有机会纠正这个结构性缺陷，要求我们的政府为人民负责了。"

同其他新兴经济体一样，非洲国家也开始认识到世上没有免费的午餐，西方的援助总是附带着各种条件。2009 年的时候，全球范围内对非洲直接投资开始减少，而中国则因为对资源的需求强烈而增加了对非洲的直接投资，而且中国的非洲经济攻势也在逐步加强。中国国务院新闻办公室在其 2013 年 8 月发布的报告中这样写道："适应国际环境的变化……中国已经成为非洲最大的贸易伙伴，而非洲现在是中国最大的进口来源地区，第二大建筑合同缔结伙伴以及第四大投资目的地。"2012 年，非洲对中国出口已经达到了 1,131.7 亿美元，比 2011 年增加了 20% 多。中非贸易额据估计已经达到了 1,985 亿美元，预计到 2015 年会超过 3,800 亿美元。中国对非洲三十个最不发达的国家出口到中国的 60% 的商品实行零关税。

2014 年 1 月，《中国日报》报道说，有超过 2,500 家中国公司在非洲投资，而且中国对非洲市场进军的步伐正在加快。

> 非洲正在经历中国三十年前经历的工业转型，但不会照搬中国模式。

《经济学人》2013 年 3 月 23 日刊登了一篇文章，文章中这样写道："中国在非洲的形象曾经备受各种质疑，而现在，中国的形象正在改变。中国人为他们创造了就业机会，带去了技术，并为当地的经济出钱出力。中国的务实态度得到了非洲的认同。非洲的精英阶层视中国为其在新兴经济体当中最大的合作伙伴，但绝不是唯一的合作伙伴。"

非洲国家并未轻率地照搬中国模式。他们会像三十年前的中国那样从各种模式中选择取舍，最终确定有助于实现经济增长目标的模式。新非洲的重要元素就是摆脱西方干预，建立新的联盟。

中国商务部和有 16,500 家民营企业参与的中国光彩事业促进会（从事扶贫事业的民间团体）共同创办了中非民间商会（China-Africa Business Council）。中非民间商会提供了一个有效实用的商业活动平台，为中国企业提供便利，使他们能够同安哥拉、喀麦隆、刚果民主共和国、埃塞俄比亚、加纳、肯尼亚、利比里亚、莫桑比克、尼日利亚和坦桑尼亚等这些国家建立良好的经济、商贸和投资合作关系。

为进一步促进非洲的发展，时任中国国家主席胡锦涛在 2006 年11 月举行的中非合作论坛（Forum on China-Africa Cooperation）上宣布建立中非发展基金（China-Africa Development Fund）。这是国内唯一一支专注于对非投资的股权投资基金，专注于农业、制造业、基础设施和资源开发等行业的投资和项目。

考虑到全球投资环境的改变，中非民间商会和中非发展基金于2013 年新设立了两项基金来推动中国对非洲的投资。根据中非发展基金总裁迟建新的说法，该基金计划向非洲输出 24 亿美元开展各种项目，其目的是使中国与非洲国家之间的伙伴关系更加坚实。

中非民间商会会长郑跃文 2013 年 6 月 13 日在接受《中国日报》采访的时候说："非洲大陆也可以像三十年前的中国那样实现经济转型，假以时日，它也可以成为重要的商品生产方，而不是像现在这样仅仅将原材料输送到不同的目的地。"

中非民间商会的投资者中有 80% 都是私营企业，比如重庆的汽车制造企业力帆集团，广东的制鞋公司华坚集团，还有能源提供商深圳能源公司。他们在 32 个非洲国家投资了 11 亿美元，而且还计划在 2016 年前追加 50 亿美元的投资。

中国国务院总理李克强首访埃塞俄比亚、尼日利亚、安哥拉和肯尼亚期间，签署了约 60 项协议，这些协议将为未来中非关系的发展奠定坚实的基础。中国拥有经验和能力，可以为非洲的发展贡献力量。

习近平主席的战略方向：奋发有为

"中国正在进入一个对非洲国家直接投资快速增长的新时代。"中非发展基金官网上如是说道，"有些企业致力于不断扩大市场份额，有些立足在更接近终端消费者的地方设厂，有些则为非洲丰富的自然资源而来。中非发展基金旨在运用自身优点，包括政策解读、风险控制以及各种增值服务，来促进中非企业间的合作，并为中非新型战略伙伴关系的建立做出积极贡献。"

> 2010 年，中国取代美国成为非洲最大的贸易伙伴。

2012 年，时任中国国家主席胡锦涛在中非合作论坛第五届部长级会议上发表了主题演讲，表明了中国不会放弃其在非洲国家中地位的立场："中国真心诚意支持非洲国家自主选择发展道路，真心诚意帮助非洲国家增强自我发展能力。"

中国国家主席习近平在 2013 年 3 月出访非洲的时候宣布了一系列支持非洲的新举措。一些举步维艰的非洲国家需要的正是像中国这样一个可以依靠的臂膀。

中国是南非的最大贸易伙伴，而南非目前正处在一个不稳定的过渡时期。尽管如此，南非国有企业部部长马卢西·吉加巴（Malusi Gigaba）还是在 2012 年宣称："如果我们能够增加不同地区间的互相投资，新兴市场国家就能够成为国际舞台上一股重要的经济力量。"

2014 年 5 月，李克强总理第一次访问非洲，到访埃塞俄比亚、尼日利亚、安哥拉和肯尼亚。李克强总理提到，到 2020 年，双边贸易额将力争在当前 2,100 亿美元的基础上再翻一番。他还宣布，中国将在非洲设立一个高速铁路发展中心。

乔治·索罗斯（George Soros）批评中国和日本以及其他国家是非洲的新殖民主义者。哥伦比亚大学出版社出版了克里斯·奥尔登（Chris Alden）、丹尼尔·拉齐（Daniel Large）以及里卡多·苏亚雷斯·奥利维拉（Ricardo Soares de Oliveira）合著的一篇论文，文中指出："中国发展中非关系的主要动力一直是中国政府对资源的战略追求，还有中国为国内日益增长的能源需求寻求稳定原材料供应的尝试。"而国际货币基金组织的一份报告则认为，非洲的发展有 20% 要归功于中非合作。中国以及非洲各国政府认为这是一个双赢的合作关系。国际货币基金组织发布的一份报告认为非洲发展 20% 的成就来

自于中非合作。(《中国在非洲——亲密的朋友还是新殖民主义者》)

> 非洲大量出口原材料，为了进一步发展，它必须努力向价值链上游流动。

非洲对中国出口的商品中大约 80% 都是矿产资源。因此，许多人批评中国与非洲合作的唯一目的就是剥削非洲的资源，而肯尼亚总统乌胡鲁·肯雅塔（Uhuru Kenyatta）在《中国日报》（2013 年 8 月 13 日）上为中国鸣不平。他说："中国同肯尼亚的关系并不是建立在剥削矿产资源基础之上的，而是建立在投资、制造业和基础设施发展基础之上的。"

非洲和中国在过去大约十二年间的双边贸易额差不多增长了 20 倍，从 100 亿美元增加到了 2013 年的 2,100 亿美元，这是 1960 年中非贸易额的 2,000 倍。2013 年，有 140 万中国人到访非洲，增加了非洲的外汇收入，超过 2,000 家中国公司的大约 100 万中国人，从工程师到工人到大厨，工作在非洲大陆的每个角落。非洲的出口商品中大多数都是能源商品，主要是以原材料形式出口，价值和劳动力附加值的创造都在其他国家进行。非洲还是处于价值附加链的最下游。

中国不干预别国内政的政治原则确实为有问题的独裁者行了方便，但是，不可否认，中国直接投资于当地的基础设施和国有企业，也确实为当地的居民创造了许多新的商业机遇。同时，中国的低价商品的确破坏了非洲许多国家的本国工业体系。布伦特豪斯信托基金估计，过去十年间，仅仅在纺织行业，非洲就流失了 75 万个工作岗位。

即使是在南非，40% 的鞋和纺织品也都是来自中国的。

其他新兴经济体对非洲越重要，非洲对这些国家的依赖就越强。非洲需要打破恶性循环，防止老问题回头：腐败、失业、城乡差别、宫殿般豪华的办公楼和贫困不堪连电都没有的村庄等。中国直接投资于非洲的电力供应科技服务，这将会为上述问题的解决提供支持。中国的目标是进一步整合投资于非洲社会的中小投资者，以达到让中国和非洲都受益的目的。

值得注意的是，非洲国家同中国大陆的联系更加紧密，而台湾地区的地位则更加尴尬。2013 年 11 月，冈比亚宣布与台湾地区断绝"外交关系"。这样一来，还跟台湾地区保持"外交关系"的非洲国家就只剩下三个了：斯威士兰、圣多美普林西比和布基纳法索。

中国走在前面，而印度在努力追赶

我们之前提到过，远涉重洋的中国船队到达非洲东海岸必须要穿过印度洋。而这个世界第三大洋被命名为印度洋并不是偶然的。在 20 世纪初，许多印度人到非洲来修建铁路，他们的祖先还生活在非洲各国。甘地已经在南非生活了二十年了，非洲的民族独立运动也得到了印度第一任总理贾瓦哈拉尔·尼赫鲁（Jawaharlal Nehru，1889—1964）的支持。尼赫鲁推行的社会主义制度至今还深刻影响着印度的政治生活。尽管印度目空一切的官僚体系和经济增速放缓的现实使得其前景有些黯淡，但是印度的商人们还是对非洲市场充满热情。《金融时报》上发表的一篇题为《迅速成长的印度 – 非洲商务中心》（A *burgeoning commercial axis on India-Africa*）的文章引用了巴克莱银行非洲分行金融部门领导特米·奥方（Temi Ofong）的说法："印度和非洲之间的联系历史悠久且感情深厚。对非洲大陆的兴趣并没有消退……对我而言，非洲可不仅仅是今后五年的关注重心，它将会是今后二三十年里的主角，而且它一定会不断发展进步。"

印非关系在印度的新总理纳伦德拉·莫迪上任之后形势一片大好。莫迪宣布，非洲是其国际经济计划的重要组成部分。非洲印度侨民人数众多，这对莫迪构建积极的国际形象意义重大。麦肯锡2014年发布的印非关系报告称："到2025年，印度从非洲获得的收入有望翻两番达到1,600亿美元。IT服务行业的市场营收年增长率可以达到7%；快速消费品行业5%；电力行业10%；农业服务行业2%至5%。"

《经济学人》（2013年10月26日）将印度和中国看作"大象和老虎"并且相信"从很多方面来看，非洲都将会成为一块试金石；从印度在非洲的作为，我们可以看出作为新兴的国际力量，印度将发挥什么样的作用"。也许中国会给印度一些迎头赶上的机会。根据我们的经验，2014年4月13日，北京外国语大学中国海外汉学研究中心主任张西平在《中国日报》上发表的看法是很有道理的："聊起西方的知识分子还有同西方文化相关的故事，中国的大学生们都可以侃侃而谈，但是对于柬埔寨和老挝这些地方他们则知之甚少。"当然，这也是西方霸权无孔不入的一个结果。可是随着世界局势的变化，亚洲已经成为全球经济最活跃的地区，熟悉亚洲文化会对经济活动产生积极的推动作用。我们特别需要将我们在导言中提到的贾斯汀·莱韦伦茨的忠告牢记在心："想要真正理解投资地的现实情况，你一定要阅读这个国家的文学作品。"

张西平写道："在过去一百年里，我们将更多的注意力放到了欧美国家身上，反倒忽略了我们的邻国。"这种情况现在也在发生改变。

中国－拉丁美洲

2006 年经济合作与发展组织一项研究的结论就是：拉丁美洲国家是中国全球化整合中的最大贸易赢家。而中国全球化整合过程的里程碑就是 2001 年中国加入世界贸易组织。该研究进一步指出："然而，中国经济的崛起也推动了拉丁美洲国家的觉醒。拉丁美洲还需要进行多项改革，尤其是在基础设施领域。"2010 年 6 月，时任中国国务院总理温家宝在访问南美诸国的时候，承诺要进行 50 亿美元的直接投资并提供 100 亿美元的贷款来支持拉丁美洲国家的基础设施建设。而那时，中国已经向拉丁美洲国家提供了 370 亿美元的贷款，且中国对拉丁美洲国家的投资也已经激增到了 100 亿美元，同 2009 年相比，增幅达到 50%。从 2005 年到 2013 年，中国对拉美投资总额已经接近 1,000 亿美元。对拉美投资从 2001 年的 6.21 亿美元增加到了 2010 年的 440 亿美元。从 2005 年到 2011 年，对拉美贷款总额业已达到 750 亿美元。

> 或许，在过去的十年里，改变拉丁美洲的最重要因素就是中国的参与。

　　2014年4月12日，《经济学人》发表了题为《灵活的朋友》的文章，其中写道："中国的崛起已经改变了地球的每一个区域。"中国在拉丁美洲和加勒比海地区的经济活动不断增加，而且，在新一代领导集体的主导下，对拉丁美洲的经济活动将继续增加。而拉丁美洲以前最好的朋友美国对此并不乐见。

　　首次出访拉美之时，中国国家主席习近平访问了中国的三个自由贸易伙伴——特立尼达和多巴哥、墨西哥以及哥斯达黎加。《国际商业时报》在2013年12月30日载文指出："亚洲巨人进军拉丁美洲市场的脚步似乎不可阻挡，而且没有表现出任何放缓的迹象。"

　　中国国家主席习近平2013年对拉美地区的访问极具象征意义，拉美各国都张开双臂欢迎他的到来。这也难怪，毕竟，访问特立尼达和多巴哥时，习近平主席的口袋里满满当当地装着30亿美元的开发贷款。就职以来，他主导了发展与墨西哥各方面关系的策略，使得两国关系进入全面快速发展的新阶段。2014年7月世界杯比赛期间，习近平主席还飞赴巴西参加金砖国家领导人会议。为了给习近平主席的访问打前站，中国外交部部长王毅于2014年4月18日至27日访问了阿根廷、巴西、古巴和委内瑞拉。中国外交部长很少会在该地区盘桓如此之久，这充分显示了中国对发展中拉友谊的重视。

　　总部设在华盛顿的美洲委员会副主席埃里克·方斯沃斯（Eric Farnsworth）被问道："中国与美国是否因此而陷入了争夺拉丁美洲和加勒比海地区诸国青睐的竞争当中呢？"而他的回答是："两国政府都根据本国的实际和需求而采取适当的步骤，并不想互相竞争，也无意侵犯对方的利益。"这样的观点简直像童话一样天真。

中国在大局观的框架内实施联盟战略

2013 年 10 月 2 日，杜如松（Rush Doshi）和大卫·沃尔特（David Walter）在《华尔街日报》表达了不同的看法："要了解中国加强与加勒比海诸国的关系，最好的办法就是参考上一个意图在该地区施加影响力的远方大国——俄罗斯的做法。华盛顿认为无论是在战略上还是经济上，今天的加勒比海地区都如同一潭死水，掀不起什么波澜。但俄罗斯和中国看到的却是不同的东西：他们认为拉美和加勒比海国家正是美国的软肋。"

2013 年 12 月 12 日，《金融时报》刊载了题为《金钱外交》的文章，声称："中国进军加勒比海地区，其实并不真正在意美国的感受。因为超级大国美国在该地区缺席，中国正努力填补这一空白，并通过投资当地的基础设施建设来巩固自己的地位。"美国布鲁金斯学会的高级研究员李成说："美国应该更加重视中国在加勒比海地区的活动，哪怕中国的努力还处在起步阶段。"

最近联合国经济委员会发布的一份研究拉丁美洲和加勒比海地区的报告中说，到 2016 年，中国有可能超过欧盟成为该地区第二大经济伙伴（第一是美国）。还有人预测中国有可能最终终结美国在该地区的贸易优势。

2012 年 10 月，第六届中国 – 拉美企业家峰会在杭州举行。与会双方都有充分理由对多边经济关系持乐观态度。中国和拉美的公司都有很大的空间来建立新的伙伴关系、促进双边贸易和相互投资。

2013 年 11 月，在哥斯达黎加举行的第七届峰会上，中国同拉美和加勒比海国家签署了 50 多项双边协议。智利、哥伦比亚和墨西哥的经济发展都取得了进展，而 2012 年中国对这些国家共投资了 550 亿美元。为进一步促进物流服务和资本流动，智利、哥伦比亚、墨西哥和秘鲁的经济贸易部同中国签署了一项协议，创建了中国太平洋联盟多部门联盟。未来的投资将是多元化的，投资方向包括制造业、农业、商业以及中小型企业。中国也是拉美国家的最大债权国，其中仅委内瑞拉就向中国贷款 500 亿美元。

中拉关系变得愈加紧密

墨西哥同其邻国美国的关系还是非常紧密的，它一周对美国的出口量比一年对中国的出口量还要多。墨西哥是个低成本制造基地，它既可以成为中国对美出口的竞争对手，又可以成为中国需求的美国商品的出口平台。墨西哥还希望打破过去的对华贸易模式，不再仅仅出口包括铜、铁矿石、黄豆等在内的原材料，还进口便宜的工业产品和基本技术。因为中国承诺增加对拉丁美洲地区的投资，两国新签署了几个贸易协定。

中国在拉丁美洲最大的经济伙伴是巴西。2012 年的中巴贸易额达到了 750 亿美元。中国的汽车制造商只花了两年的时间就占据了巴西 2% 的汽车市场份额。"现实的核心就是中国与拉丁美洲最大的经济体巴西之间的关系。与此同时，这两大巨头之间的关系正在发生变化，超越了最初的阶段，两国对彼此的国家性质的认识，和对对方的期待值都更趋成熟和理性。"中美焦点在线网站（China US Focus）如是说道。前巴西驻华大使胡格内·亨格内伊（Clodoaldo Hugueney）说："中国和拉丁美洲优势互补，他们需要原材料，而我们拥有大把的原材料资源。中国不但对拉丁美洲很重要，对整个世界都很重要。"

2014 年 3 月 17 日，《南华早报》援引国际货币基金组织的报告称："2012 年，中国与拉美之间的贸易额增长率为 8%，达到了 2,555 亿美元，高于美国对该地区的贸易额增幅 6%。中国对拉美大陆能源和基础设施的投资迅速上升。目前，拉美在建中国基础设施建设项目投资总额已经达到 5,000 亿美元。"在刚刚过去的 5 年中，拉美公司对外国投资总额超过 2,000 亿美元，其中许多项目是同中国合作的。中国对拉美出口额从 2000 年的 39 亿美元激增到了 2011 年的 860 亿美元（泛美开发银行）。

不过，中国与拉丁美洲的贸易还有很大的成长空间，而且中方也有充分理由为在国际上树立新的形象而努力。

中国媒体进军拉丁美洲

毫无疑问，中国希望能够增强自己在拉美地区的影响力。要是智利的罗格里奥（Rogerio）想要了解中国和中国的政治，他不需要去看中国的英语电视频道。他可以收看中国中央电视台（CCTV）以他的母语——西班牙语播出的电视节目。CCTV 的西班牙语节目是 2007年开播的。如果电视的内容不够的话，罗格里奥还可以阅读中国官方声音《人民日报》的西班牙语网站，该网站是 2011 年开始运行的。

中国和拉丁美洲的距离越来越近了。尽管中国还没有像美国的 CNN 这样的私营新闻网络，但是 CCTV 在向世界报道中国这方面已经取得了长足的进步。2000 年的时候，CCTV 国际频道起步阶段的发展道路同中国改革开放之初的发展轨迹极其相似。在我们看来，中国在全球媒体上初试啼声之时，也是从模仿先进的国际电视网络 CNN 的运作方式开始的。我们从一开始就在收看 CCTV 的新闻节目，见证了它从稚嫩到成熟，直至做出今天这样高水平新闻报道的历程。

用拉丁美洲人的母语同他们交流，这也是中国软实力的重要方面。另外，在拉丁美洲开办的 30 家孔子学院也为拉美国家加深对中国的了解贡献了力量。

古巴对外开放

世界银行最近表达了对古巴前景的乐观态度。据估计，到 2016 年拉丁美洲和加勒比海地区各国的经济增长率将达到 3.7%，其中某些国家，如哥伦比亚，经济增长率将高于 4%。2012 年 3 月，克里斯托弗·萨巴蒂尼（Christopher Sabatini），在《外交政策》杂志撰文指出："美国的学者和政策制定者需要注意的是，发展并不意味着政治斡旋空间的消失，21 世纪的拉丁美洲有它自己的发展节奏，充分考虑现实非常重要。"

2014 年 1 月，33 个国家的领导人在哈瓦那共同参加了拉美和加勒比国家共同体（CELAC）峰会，主要的议题是地区联合。无论是欧洲还是美国都没有出席这次峰会。华盛顿外交关系委员会的高级研究员茉莉亚·斯威格（Julia Sweig）认为这次第二届峰会将会是一个转折点："我无法想象局面再回到美国掌控美洲国家内部关系的模式，我更愿意想象奥巴马政府拥有足够的想象力和创造力以及自信心来适应拉丁美洲国家新的独立自主的外交政策。"

克里斯托弗·萨巴蒂尼在《外交政策》杂志上说："华盛顿一贯相信民主政治的发展和多边经济自由化是互为因果的，而且当地和美国都能够从中获益，这一直是美国制定区域关系发展战略的基础。不幸的是，这种思维方式在很大程度上忽视了当地经济发展的内在逻辑，以及不同国家之间永恒竞争的关系，更不用说市场经济的多样性了。中国抓住时机，利用其日益增长的经济实力来削弱美国在南半球的经济影响力。"

拉美和加勒比国家共同体（简称拉共体）有意将中国－拉共体论坛建设成为发展中国与拉美合作伙伴关系的平台，而中国对拉美的努力做出了积极的回应。习近平主席为这次峰会的召开发来了贺电，对建立中国－拉共体论坛的提议表示了祝贺和赞赏，并表示拉共体第二届峰会顺利通过"关于支持建立中国－拉共体论坛的特别声明"，表明拉美和加勒比海各国对加强中拉整体合作有共同愿望，有利于提高中拉关系水平。中方愿同拉方继续努力，积极推进中国－拉共体论坛筹建进程，为推进平等互利、共同发展的中拉全面合作伙伴关系搭建重要平台，更好地造福中拉人民，为促进地区和世界和平与发展做出贡献。

2014 年 2 月 1 日，Inside Costa Rica 网站发布了一篇报道，其中

写道："除了 33 个成员国之间的联合，拉共体的另外一个重要目的就是削弱美国对拉美和加勒比海地区的影响力。即使是美国的亲密盟友，现在也在接洽中国以寻找商务机遇。"

> 美国已经同这片大陆的现实脱节了，继续现在的政策，终将被孤立。

古巴作为拉共体轮值主席国的任期即将结束，而这次拉共体峰会是一个对外展示其改革举措的机会，能够让大家了解到"这个国家正在进行改革，私营经济规模显著扩大，旅行自由度也极大增加，同时还对国外投资打开了大门。峰会打了美国一记响亮的耳光……美国的政策完全脱离了这片大陆的实际，因此只能落得个形单影只的下场。"（《哈芬顿邮报》，拉美声音，2014 年 3 月 2 日）

众多拉美国家的最高领导人齐聚哈瓦那，这一事实让我们清楚地看到美国对古巴政策以及古巴对该地区其他国家政策之间的鸿沟。拉美国家寄希望于通过经济改革而协调行动，并期待古巴越来越开放，还希望能够在一定程度上改变古巴在"更加民主和更多人权"的问题上光说不练的状态。（《哈芬顿邮报》）

类似拉共体峰会这样的活动还有很多。挥舞着拉美旗帜，他们需要做的要比承诺"继续推进"更多，这样的模式欧盟峰会中常常被提及，可是大家都只是说说而已。

拉丁美洲经济体之间贸易自由化的突破性进展

拉美各国不但加强了与中国的经济联系，还进行了多方面的努力以推动自由贸易的发展，包括促进洲际贸易。而西方媒体却很少会提到他们所付出的努力。

然而，2013 年 5 月，媒体却对墨西哥总统恩里克·培尼亚·涅托、哥伦比亚总统胡安·曼努埃尔·桑托斯、智利总统塞巴斯蒂安·皮涅拉和秘鲁总统奥良塔·乌马拉给予了极大的关注。因为这几位总统在此时最终敲定了 2012 年 6 月签署的贸易一体化一揽子协议《太平洋联盟框架协议》。《华尔街日报》（2013 年 7 月 6 日）认为它"很可能成为继 1994 年签署的《北美自由贸易协定》之后推动该地区经济发展的最有效催化剂"。《太平洋联盟框架协议》签署国的总人口达到了 2.1 亿，占整个拉美人口的 36%。该联盟的目标之一是为外国投资者创造确定的、稳定的投资环境。墨西哥经济部长称，如果将该地区看作是一个单一的地区，那么它将会成为全球第八大经济体和第七大出口区。

2011 年这个想法开始酝酿，四位总统共会面七次，共同制订出在该地区实现商品、服务、投资、资本和人员自由流动的措施。根据西方的标准，这算得上是神速了。哥伦比亚媒体大肆宣传说这份协议消除了 92% 的商品贸易关税。

拉丁美洲－非洲

各大媒体纷纷把中国在非洲诸国强势的经济投资当作头版头条，却很少报道巴西同非洲国家越来越多的经济联系，特别是与葡萄牙语的那些国家，比如几内亚比绍、佛得角、安哥拉和莫桑比克，所取得的进展。在今后十年，拉美、中国、非洲既是竞争对手，也是合作同盟。

拉丁美洲和加勒比海地区不但加强了彼此之间的联系以及同中国的关系，与此同时，还改善了同非洲各国的经济关系。巴西的 2 亿人口中有 7500 万人的祖先来自非洲。除了被西方殖民势力剥削的悲惨历史之外，这两个地区的许多国家还有其他共同之处——他们都面临着同样的巨大挑战：政府治理不善、贫富差距大、腐败等。这两个地区共同的优势是人口年龄结构偏小，自然资源丰富以及发展前景良好。尽管历史、文化和民族背景各有不同，各种加强双边关系以及通过发展机构化机制来促进这种联系并分享远景的努力都越来越多。要将目前这种较低层次的合作提高到新的水平，需要进行更多的政治对话，以充分利用两个地区在科学技术、教育、环境、能源、基础设施和旅游方面合作的机遇。

拉丁美洲和非洲国家更进一步多边交流的大门是敞开的。

　　如果改掉了光说不练的陋习，是可以依靠各种大会和峰会来清除一些障碍，并扩大共同利益的。第三次非洲－南美洲峰会（ASA）于2013年2月在赤道几内亚的马拉博召开，其目标是寻求"加强南南合作的战略和机制"。南美和非洲之间的贸易额从70亿美元增长到了2011年的390亿美元。厄瓜多尔的外交部长里卡多·帕蒂尼奥（Ricardo Patino）说："非洲和南美都有过被殖民的历史，但是目前我们对彼此的了解并不深刻，我们也没有共同工作的经验……然而，我们可以为彼此提供的东西是如此丰富，绝不仅限于商业方面的合作。"

　　纳米比亚副总理马尔科·豪西库（Marco Hausiki）说："南美和非洲各国人民有着共同的历史遭遇，也都为了自由和民族自治而付出了艰苦的努力。我们必须携起手来，为促进两地人民的共同利益而努力。"（GlobalResearch，2013年3月4日）

> 巴西和尼日利亚，分别为各自大陆人口最多的国家，如今，两国都没有能够充分发挥自己的潜力。

　　克服文化、政治和经济背景的差异而寻求和建立共同立场，既满足当前的国内需求，又要考虑相关各方的远期利益，这并不是一件容易的事。而这恰好是两个大陆人口最多的两个国家——巴西和尼日利亚希望能够达成的目标。两国之间的贸易规模从2002年的15亿美元，增长到了2012年的近90亿美元，增长了5倍多。巴西国家石油公司（Petrobras）向尼日利亚的能源行业投入了数亿美元。在非洲－

南美洲峰会上，巴西总统迪尔玛·罗塞夫拜访了尼日利亚总统古德勒克·乔纳森（Goodluck Jonathan），在那之后，双方进行了频繁的高层互访。双方的会谈内容涉及包括"农业和食品安全、汽油、电力、生物燃料、贸易和投资、采矿、教育、航空、基础设施管理、金融和文化"等在内的诸多行业。

美国光说不练，而中国已经开始行动了

我们清楚地记得第一次知道巴拉克·奥巴马（Barack Obama）时的情景。那是 2004 年，我们正在新加坡下榻的酒店里看 CNN 新闻，民主党大会宣布选择约翰·克里（John Kerry）作为该党的总统候选人。而年轻的奥巴马是那次大会的主题演讲发布人。我们对他印象深刻，时至今日还记得那时他的发言。任何一个听过他演讲的非洲人都会感到惊奇，而这还只是故事的开端。

2008 年，这个年轻人，巴拉克·奥巴马，非洲人民的儿子，当选为美国总统，整个非洲都沸腾了，没有人对非洲的热情感到吃惊。人们都认为这是个加强北美同非洲大陆合作的良好契机。然而，尽管奥巴马嘴上说着"我的身体里流淌着非洲人的血液，我的家族史就是非洲悲剧和成功的缩影"这样动人的话语，但是，真正愿意与非洲建立真诚友谊的却是习近平主席，他在成为中国国家领导人之后，出访的第一站就是非洲。

2013 年，奥巴马总统访问了塞内加尔、南非和坦桑尼亚。白宫称，总统的这次访问彰显了"进一步扩大经济增长、投资和贸易的决心"，

非洲各国对奥巴马的各种期待都受到了极大的鼓舞。但是，美国对非洲一切议程中最主要的要求还是："强化民主机制，培植下一代非洲领导人。"

美国参议员克里斯·库恩斯（Chris Coons），也是参议院外交关系委员会非洲事务小组委员会主席，是第一个对美国在非洲问题上的失误提出警告的人："美国在非洲节节败退，正在把经济机会拱手让于竞争对手。中国近年来在非洲大陆的各种投资，很可能妨碍美国在该地区以价值观为主要取向的各种目标的实现，甚至会起到与之唱对台戏的效果。美国应该以此为鉴，改变策略，加强美非贸易和对非投资。"

2014年5月，《金融时报》报道了一条大新闻——《美国准备推动美非贸易》。各式各样的中非论坛已经发展了十多年了，"美国才宣布要在八月举行第一届美非商业论坛，以加强美非贸易和金融纽带"。也许美国人也意识到自己不是这个赛场上跑得最快的一个，一位不愿透露姓名的美国政府高级官员在接受《金融时报》采访时称："显然，非洲各国都认为这是个非常好的契机，美国政府对此也很欢迎。我们认为非洲蕴含着实实在在的机会。"

诸位可以做个比较：在过去的十年，美非贸易额翻了一番达到了1,100亿美元，而2013年中非贸易额则攀升至了2,000亿美元。

美国的国际影响力已经日渐式微，对南环经济带新兴经济体的影响力也越来越小。

2013 年 8 月 7 日，华盛顿公共政策组织"泛美对话"（Inter-American Dialogue）的埃里克·约翰逊（Eric Johnson）在《金融时报》撰文警告说："在拉丁美洲，美国正在丧失其影响力。中国在该地区的活动会如何改变美国的国际地位呢？……拉丁美洲将不再是美国的后花园了，而是越来越有能力追求其在外国的利益。"约翰逊担心中国会悄悄扮演起美国以前的角色，给拉丁美洲提供经济市场和武器装备，并削减美国在该地区的政治和经济影响力。

波士顿大学国际关系学教授凯文·盖拉格（Kevin Gallagher）指责美国"无视拉丁美洲"。（《中国日报》，2013 年 6 月 3 日）他写道，美国提出的泛太平洋伙伴关系附加了太多的条件，而中国为拉美提供 30 亿美元的投资，却只提出了为数不多的几个条件。

盖拉格接着写道："自从 2003 年起，中国的各政策银行为拉丁美洲提供了 860 亿美元的贷款，金额超过了世界银行下属的美洲开发银行和美国进出口银行。"奥巴马总统 2011 年访问拉美的时候提出要重新定义美国同拉美各国的关系，现在看起来，这个说法还没有真正付诸行动。2014 年 5 月 28 日，奥巴马总统在纽约州西点军校毕业和授衔典礼上发表的演说更是几乎没有提到拉丁美洲。不过，他对美国的认识还停留在过去的辉煌岁月中，他说："实际上，从大多数指标来看，美国的国力比任何时候都要强盛。有人对此表示不同意，他们认为美国正在衰落，已经从主导全球事务的地位下滑。这些人不是对历史做出了错误的解读，就是陷入了党派政治的漩涡。"

改变格局的新生力量：美国复兴和发展的五大机遇

一直以来，美国总是可以逢凶化吉，绝处逢生。停止怨天尤人，发扬乐观主义传统、秉承实干的态度，美国是完全有能力改变世界大势并重新调整好航向的。麦肯锡在 2013 年 6 月发布的一份报告当中提出了美国发展的五大机遇。现实中也存在诸多美国经济复苏的积极信号。要求领取失业救济的人口数量已经到了 14 年来的最低点 26.4 万（路透社，2014 年 10 月），工厂、矿山和公共事业部门的产值在 2014 年 9 月增长了 1%，这是 2012 年 12 月至今的最大月增幅。

页岩天然气和石油成为美国国民生产总值增长的最大推动力，据估计，到 2020 年，它对国民经济的带动作用将会高达 6,900 亿美元，并且可以创造 170 万个工作岗位。页岩天然气和石油的开采使得美国完全实现了能源自给，摆脱了对能源进口的依赖，但同时带来了环境保护方面的问题。如果你曾经走过美国各地，你就会认同麦肯锡的看法，相信基础设施投资会是美国未来的主要经济增长点。据麦肯锡估计，固定资产投资有望在 2030 年前创造出 180 万个工作岗位，同时，该领域每年对国民经济的拉动作用高达 3,200 亿美元。

麦肯锡认为，提高知识密集型产品的竞争力，依托大数据建设，提高运行效率，建立一个更加高效的美国人才发展系统将是美国扭转战局的又一大利器。但是所有这些有可能扭转战局的利器都是有条件的，也都还只是有可能发生的情况而已。麦肯锡的这份报告最后总结说："现在立刻采取行动，就能扭转美国经济发展趋势，并在未来几十年里实现发展与繁荣。"

《金融时报》对 2014 年召开的国际货币基金组织年会进行了分析，其报告的标题为《全球视野下希望与失望的碰撞》。国际货币基金组织认为，美国和欧洲的前景非常黯淡，但是新兴经济体则完全是另一番景象。"新兴经济体看到的情况是：当前全球经济发展速度是高于过去三十年间的平均水平的，而且，随着中国一跃成为世界上最大的经济体，未来世界格局的发展前景也在发生变化。不平等的状况得到了改善。尽管改革举步维艰，有些国家目前的情况也不容乐观，但是大部分国家正在走向繁荣。"

在我们看来，以上所有这些言论都是建立在严重不合时宜的以西方为中心的世界观基础之上的。全球三分之二经济体的经济觉醒对发达国家而言也是巨大的机遇，本书中的诸多例子都证明了这一点。但是，我们也要承认，在那些经济发展停滞，日渐衰落的国家，我们大力称颂的许多成就，比如说更短的工作时间、退休时间提前以及难以为继的更高的社会福利都已经变成了奢侈品。这就是现实。而所有试图扭转西方各国经济发展颓势的努力都必须充分考虑现实因素。

世界金融构架变革：选择新路线图吗？

南环经济带国家当中，金砖国家（巴西、俄罗斯、印度、中国和南非）的发展已经成为全球市场关注的焦点。不论人们是否认同奥尼尔在 2001 年对"金砖四国"的选择，随着时间的推移，"金砖四国"都认同了这个说法，并于 2009 年 6 月在叶卡捷琳堡进行了首次会晤。

2010 年 12 月，中国正式邀请南非加入该群体，而其他成员国也同意南非加入，从此"金砖四国"变成了"金砖国家"。我们认为，能够推动全球经济转型的国家将不仅仅是金砖国家（俄罗斯和印度其实基本上提供不了过多的贡献），南环经济带数目更加庞大的新兴经济体做出的贡献会更大。

不过，横亘四大洲，人口总数占全世界 43% 的金砖国家的确在新兴经济体中间起到了表率作用，并正以更加自信的姿态踏入国际舞台。

正如劳伦斯·布拉姆所言："金砖国家正在转变现有全球金融秩序的构造板块，他们找到应对挑战的办法。随着全球资本流向的变化，他们的声音越来越铿锵有力，影响力也将不断增强，这是一个合乎逻辑的必然结果。金砖国家正领导新兴经济体在世界贸易组织框架之外构建双边贸易体系，并制定了新的路线图以创办新的开发银行、货币稳定基金以及贸易争端解决机制。这些新的机构将会发挥过去世界银行、国际货币基金组织和世界贸易组织所发挥的作用。"

目前，金砖国家代表南环经济带的新兴经济体发出声音。他们正在逐步建立取代旧国际金融秩序的新动态体系，而他们共同的信条就是中国"实践出真知"的哲学思想。南环经济带的国家不相信谈判桌理论，而是相信那些符合常识并在实践中得到检验的做法。俄罗斯、印度、中国、南非和巴西之间存在诸多分歧，但是他们与美国和欧盟的分歧更多。

新兴经济体正在逐步从西方的监控中解放出来

金砖国家领导人都认为新的全球共识有百利而无一害。2012 年 3 月 29 日，他们齐聚印度，并在共同签署的《德里宣言》中发出建立世界金融新秩序的呼吁。该宣言确立了一条基本原则，认为有必要建立一个与旧的金融秩序并行的新金融秩序，简而言之，就是要实现世界金融秩序的民主化。

"我们呼吁建立更具代表性的国际金融架构，提高发展中国家的发言权和代表性，同时建立并完善一个符合各国利益、支持新兴市场和发展中经济体发展、公正的国际货币体系。这些经济体实现了全方位的增长，已成为全球经济复苏的重要推动力量。"

2013 年 3 月，在参加完 3 月 26 日至 27 日在南非德班举行的第五届金砖国家首脑会议之后，习近平主席与普京总统签署了 30 余项协议。金砖国家首脑会议期间，与会各国共同制定了一份清晰的路线图，决定要筹建金砖国家开发银行替代世界银行，并决定建立金砖国家工商理事会。新成立的这个组织将会发挥行政机构的作用，统筹协调金砖国家自由贸易区的建立，该机构将与世界贸易组织并行，发挥同等作用。2014 年 10 月 24 日，中国与 20 个国家共同签署了一份备忘录，并由此启动了国际开发银行的运作。这家银行将把工作重心放在该地区欠发达国家的金融基础设施建设项目上。该银行的建立是中国以及其他一些新兴经济体金融基础设施建设加强的必然结果。而且，中国的国际经济地位（按照购买力平价计算中国已经成为世界第一大经济体）同其在世界银行日常事务中的话语权是极其不相适应的，它的投票权只有 5.3%，而美国有 16%。

签署这份备忘录的国家当中有中国和印度这样的大经济体，也有像文莱、卡塔尔和新加坡这样的富裕国家，还有像孟加拉、老挝、缅甸和泰国这样的新兴经济体国家。澳大利亚、印度尼西亚还有韩国还没有签署该备忘录，尽管中国是它们重要的贸易伙伴。各国对此反应不一，这也是很自然的。尽管世界银行和亚洲开发银行官方都对这家新银行的成立表示了欢迎，美国却对此深表关切，它把这家银行定性为"通过降低准入门槛来实现削弱世界银行和亚洲开发银行的企图"，而这里提到的两家银行是由美国和日本把持的。(《纽约时报》2014 年10 月 25 日)。

之后，金砖国家另外一项绕过现有全球性金融机构的举措就是在2013 年 9 月共同建立了 1,000 亿美元的货币稳定基金，为相关国家提供了除国际货币基金组织之外的又一选择。中国承诺出资 410 亿美元，巴西、俄罗斯和印度各出资 180 亿美元，南非出资 50 亿美元。(路透社，2013 年 9 月 5 日) 据估计，金砖国家货币稳定基金，也就是应急储备协议（CRA），可以筹集大约 2,400 亿美元的外汇储备，相当于差不多 150 个国家的 GDP 总和。金砖国家希望降低对美元作为全球储备货币的依赖性，而由比索、卢布、卢比、人民币和兰德共同承担国际交易货币的模式有可能成为一个替代方案。金砖国家领导人更愿意在五国之间使用本国货币进行国际贸易，这种想法在其他新兴市场国家也受到广泛接受。巴西、俄罗斯、印度、中国和南非开发银行共同签署了两项协议，规定在各国进行双边贸易的时候，可以提供当地货币贷款。五国间货币自由兑换将在实践中消除必须以美元作为结算货币的需要，从而使其本国经济免受西方金融混乱的影响。

金砖国家通力协作，努力巩固其作为发展中国家区域力量中心的地位，同时帮助友邻国家摆脱不发达状态。WallAfrica 网站的结论是："金砖国家开发银行的建设还存在很多不确定因素，但其潜能不容忽视……这一群体的强大有望转化为行动的动力源泉，因为金砖国家可以利用自己真正的实力来实现自己的愿景。"

伦敦凯投宏观有限公司的高级经济学家安德鲁·凯宁汉姆（Andrew Kenningham）对金砖国家开发银行的前景持怀疑态度："就银行资本分配和管理结构问题达成协议并非易事。假如这家银行真的能够投入运行，它可能只是会复制中国开发银行主导的资本运作活动，或者替代这些活动。"（彭博社，2013 年 3 月 27 日）

"金砖国家在建立合作机构方面已经取得了明显的进展，这对各方今后加强合作非常有利。"2014 年 7 月 14 日，巴西福塔雷萨金砖国家会议预备会发布的《俄罗斯－印度报告》中这样写道。

劳伦斯·布拉姆说："金砖国家货币稳定基金能够取代国际货币基金组织成为发展中世界（甚至是部分发达国家）最后的救命稻草。而伴随着这些新发展，我们非常熟悉并被动接受的后布雷顿森林体系将会被永远改变。"

Global Game Change

How the Global Southern Belt
Will Reshape Our World

———

第三章

中国：扭转乾坤

———

2014 年 10 月，按照购买力平价标准（PPP）计算，中国超过美国成为世界第一大经济体。不过，这并非中国第一次成为世界性球员，它只不过是重新夺回了人类有历史记载以来相当长一段时间内一直被它垄断的称号而已。1820 年，中国的经济总产值几乎是全球经济总产值的三分之一，而在此之前的两千年里，中国一直是个强大的国家。美国超越中国的日子就像是个小插曲，如今也该谢幕了。

中国并不仅仅是作为南环经济带中最有实力的队员而重振雄风的。它已经成为全球经济领域扭转乾坤的力量。它的辉煌战绩之一就是改变全球资本投资流。从 2005 年到 2013 年中，中国的全球对外投资额达到了 6,880 亿美元。而且，中国的技术产业也积蓄了足够的技术实力、人才和动力，其创新实力也跻身世界领先行列。中国在国际社会的地位越来越令人瞩目：新丝绸之路经济带、海上丝绸之路、同欧盟之间日均 10 亿美元的贸易量、积极参与北冰洋及南极洲科考与开发，在东亚及环印度洋地区重新定位等。而最举足轻重的关系就是中美关系，这两个国家都在改变国际环境的同时又被国际环境所改变。

在很多方面，中国的经济水平已经赶上了西方，但是，它在世界银行日常业务中的话语权与其日益提高的国际经济地位严重不符，它的投票权重只有 5.3%，而美国的权重是 16%，这个比例完全不能反映中国真正的经济实力，只是 20 世纪 40 年代世界银行成立之时旧的以西方世界为主导的经济秩序的延续。中国的持续发展和崛起很可能会以和平的方式进行，但是，我们可以期待中国在国际问题上的立场确实会越来越强硬。

认为中国会甘愿把自己强压进西方制造的经济和政治模板当中的看法是极其错误的。换言之，我们可以期待中国在坚持自己的同时变得更加国际化。

世界对中国这个国家的看法仍然是两极分化的。随着它在国际社会的地位越来越显赫，各国对它的看法就愈发两极分化。毕竟，扭转乾坤已经成为中国的专长：在让自己的国土旧貌换新颜之后，如今它又在强势地改写世界的格局。在过去近十年间，我们游历了中国的许多地方，获得了大量第一手资料，并在此基础上撰写了五本关于中国的书。对中国太友好很容易刺激西方读者的神经，也许我们的确是对中国非常友好。但是，看待中国的方法不止一种，大家眼中的中国也肯定不可能一模一样。中国有很多的面孔，看待中国的视角也多种多样。研究中国是一个令人兴奋且永远没有尽头的任务，因为该国总是以令人瞠目结舌的速度迅速发生变化。

因为观察角度的不同，人们看待中国的方式也各有不同。我们夫妻俩一个来自美国，一个来自奥地利，所以我们这对搭档其实兼具两种不同文化的特点：美国人独立自主、"只管去做"的乐观主义精神和奥地利人谨小慎微、尽量不招惹麻烦的作风。但我们会尽可能站在中国人的角度，理解他们的心态：他们认为个体是整体的一部分，而且他们对国家的忠诚也与我们不同，因为在其悠悠五千年的历史中，中国人习惯了尊重上级，认为公民应该服从而不是反对执政当局。

中国：更全球化也更中国

我们的目标是描述中国未来的面貌，以及作为南环经济带的领军人物和改变国际社会面貌的重要力量，它将扮演什么样的角色。媒体总是一边倒，对中国的缺点和不足津津乐道。为了平衡，我们将专注于讨论中国的潜力和优势。不过我们最关注的还是中国的经济发展和全球影响力。

习近平主席以及中国的新一届领导集体决心带领中国进入下一个阶段：全面解放并振兴中华，改变其在世界民族之林中的地位。中国将有什么变化，它又将如何改变国际社会的基本格局呢？在这个过程中，中国会坚持自己的历史、文化、自我认知、愿景和梦想，肯定不会任由西方将其强行压入西方制造的模具中。换言之，我们应该期待中国对内保持中国本色，对外又更具全球化风范。

在全球事务层面，中国作为全球投资者的地位进一步巩固。中国对外投资地理分布结构合理，中国企业家和企业还在此过程中获得了经验，增强了对各种投资环境的适应性。在国际舞台上，中国变得越来越国际化，但在国内，它则更重视保持中国特色，这是个需要高度平衡技巧的工作。要达到稳定，就必须在这两个方面同时发力。随着经济实力的增强，中国在国际事务中发挥着越来越重要的作用，但它在国际社会的权威性和话语权还属于轻量级水平。国际社会对中国的认可度取决于它们对中国国内发展的看法；而我们认为，中国对内将变得更中国化。

外界对习近平主席提出的中华民族伟大复兴解读不一。中华民族伟大复兴其实是一个过程，而不是一个行动。这其中既包含了经济改革的内容，也包含了政治改革的举措。中国是改变国际社会格局的重要力量。我们还无法预测中国在国内会发生什么变化，但是中国梦是无法一蹴而就的。

中国国内格局的改变

一定不要低估中国迅速调整应变的能力。中国对外开放最突出的特点和最根本的力量就在于其愿意进行跨越式的改革。1978 年，中国的国策从以意识形态为中心转变成了以经济建设为中心。邓小平主导了中国基本国策的根本改变，而改革开放也的确扭转了这个国家的发展趋势，实现了国民经济的螺旋式上升。中国的开放有两个方面，一方面勇于承认过去的错误，一方面愿意不断地分析、重新组合以优化自身前进的方向。邓小平主导下的许多改革在当时看来甚至可以说是超前的，但这些改变的目的都是为了实现中国远期的战略发展目标：要在 2020 年前实现人民生活中等富裕水平。中国式思维体系的一个重要方面就是，一旦环境发生变化，就应该采取全新的、非常规的方法来实现目标。

中国的许多改革举措都展现出了中国领导人的非凡魄力。1999年，中国全国人民代表大会发布公告，非公有制经济不再只是公有制经济的有益补充，而是已经变成了社会主义市场经济的重要组成部分。这是中国经济政策的一个突破。紧接着，它放开了对民营企业的限制，鼓励其成为提高中国在全球市场有效竞争力的推动力量和工业发展的发动机。这个后续举措在西方人看来顺理成章，但对中国人而言则又是一个巨大的转折。在 WTO 框架体系内，来自全球的竞争者都将获得更多进军中国国内市场的机会，因此，中国公司就需要变得更加灵活。作为新的、更加全球化的中国国家领导人之一，时任中国国务院总理的朱镕基主导了这场变革。

习近平主席和李克强总理正在计划采取大胆的举措来提高中国在国际社会的地位，力争成为南环经济带的领袖和国际社会中举足轻重的力量。我们不能直接使用外推法根据中国的过去来推算中国的未来，但我们可以得出结论，中国的领导层拥有不断调整航向以保持正确大方向的能力。李克强总理一直在强调政府有必要进行"自我革命"，简政放权，激发市场活力，进一步发挥"市场机制"促进经济增长的基础性作用。

两个世界之间

大多数西方人都认为，一旦触及政治性敏感问题，中国经济发展的成果就会化为乌有。每个人都有自己的观点，但是其中建立在真实背景资料基础上的并不多。在过去的几年里，许多中国官员和个人都在鼓励我们写一写中国争议颇多的地区——西藏和首府建在乌鲁木齐的新疆维吾尔自治区。我们拒绝了这些建议，因为这些地方的情况太复杂了。看待这些问题的角度五花八门，而且我们对这些地方的历史都不够清楚，这些地区的问题中却又掺杂着太多的感情因素。

我们曾经在拉萨停留过一个星期，在那里，我们既看到了现代化的景象，也看到了当地人对宗教的虔诚；既见到了想要真正融入中国经济进步进程的藏族群众，也见到了个别感觉自己被欺压的人，而他们会凭借各自的决心或野心，一路向前。此外，不同的人对政府在西藏发挥的作用有着不同的评价，有人认为政府支持了当地的发展，而有人却认为政府主要发挥了镇压的作用。然而，喜欢也罢，讨厌也罢，都无法让西藏停下变革的脚步。这里发生的变化同世界上其他一些已经或正在快速工业化，甚至直接跃入数字化时代的地方发生的一切并没有太大的区别。

我们曾遇到过许多热情拥抱现代化的年轻藏族企业家，也曾遇到过许多想要马上就把汉族人赶出西藏的人。我们参观了那些衷心欢迎政府的支持并自豪展示新家园和奶牛的农民的农舍。他们为自己正在接受高等教育，能够费更少的力就过上幸福生活而感到骄傲。西藏的故事就如同一个万花筒，但是，其中只有一个毋庸置疑的真相，无论是汉族人还是藏族人，那些最雄心勃勃、最坚毅的人是热情拥抱现代化进程的，他们对改革所带来的好处也深有体会。

新疆的情况也一样。即便西方媒体所勾勒的严峻画面是真实存在的，那也只是硬币的一面。我们曾经受邀到那里去了解情况，甚至在发生骚乱的时候也有人邀请我们去，可惜到目前为止，我们还未能成行。可能有许多商业报道能够反映出新疆生活的另一面，不过这些报道的论调大都同《福布斯亚洲》2014 年 6 月的一篇报道相似。它讲述尔卡资本联合创办人、年轻的维吾尔族企业家库德莱特·亚库甫江（Kudret Yakup）的故事。据亚库甫江估计，每 300~500 家"拥有三到五年期规划、明确的发展战略、得力的团队和稳定现金流"的公司中会有一家由少数民族人士控制。尔卡资本总部设在乌鲁木齐市中心，是一家投资公司，也是土生土长企业家的俱乐部。尔卡资本目前有五位投资人，并正在操作 6 个价值 2,500 万美元的交易。《福布斯亚洲》的文章写道："库德莱特·亚库甫江是先驱式的人物。在汉族学校接受教育的他是新疆以维吾尔族为主的 1300 万少数民族人口的一分子，他拿到了哈佛大学的本科学位。毕业四年后，回归故土，去开发利用当地令人惊讶的雄厚资本。"

> 我们既可以不遗余力地证实自己的看法，也可以敞开胸怀，学习新的东西。

亚库甫江的创业伙伴艾克白尔·阿布杜拉（Aikebaier Abudula）除了未披露的其他资产之外，还向公司投资 1400 万美元现金。阿布杜拉在和田玉行业还没有发展起来的 20 世纪 80 年代末就成为新疆最早的和田玉开发商之一，靠和田玉交易完成原始积累。他和他的两个知识不多的兄弟把玉石生意做到了全国各地，现在还投资房地产、制药厂和医院。他们同东部地区的联系足够紧密，这也是新公司的另一项资产。阿布杜拉非常看重库德莱特·亚库甫江的金融知识和对美国市场的了解。"我到过很多地方，"他说，"也见到了各类企业家。我对我们和新疆以外的那些企业家之间的差距有深刻的认识……把握不好合资这个环节，我们的企业就无法发展壮大，我们的财富也无法顺利传承给下一代。"

澳大利亚莫纳什大学教授玛丽卡·维西贾尼（Marika Viciziany）是第一个对新疆的民营企业进行研究的学者，她认为，富裕的少数民族家庭比我们想象的多得多。据她回忆，她曾去过中国西北边陲喀什北部的一个小镇，那里有一个少数民族家庭拥有数辆豪华汽车，住在一个大院子里，多层的楼房，院子中间生长着一棵大树。

亚库甫江将视线放到了"寄托着具有进取精神的少数民族实业家最大希望的地方"。其实，这样的地方在中国无处不在。无论你是汉族还是少数民族，如果你们坚持要进入房地产行业或者采矿行业，因为土地和矿产资源并非你的私人所有，所以你将不得不依靠政府。但是，如果你打算开餐馆，你可以把分店开到全中国的每个角落，谁也不会限制你。(《福布斯亚洲》，2014 年 6 月)。

中国改变世界格局

早在改革开放之初，中国就表达了要对全世界开放的明确意愿。中国从一开始就强调对世界开放。但西方世界却认为世界就是西方。2001 年，当西方世界终于愿意接受中国加入 WTO 的时候，西方认为，中国正在向西方靠拢。

从中国的角度来看，成为世界贸易组织的一员意味着成为世界贸易的一分子，而世界贸易组织，如其名称所示，就应该是一个汇聚来自世界各地成员的组织。而这个组织中的许多国家，几十年来几乎不曾成为西方经济报道的焦点。不过，他们已经被中国纳入了长远战略规划的蓝图。

在改革开放的最初几年，从发达国家学习先进经验来增强自身实力是中国的首要任务。第二个战略性的举措则是团结被西方称为欠发达世界的国家和地区。中国同其盟友的关系发展迅猛。从 2005 年到 2013 年年中，中国在全球范围内的海外投资总额是 6,880 亿美元。中国实际投资和达成投资意向的重点十分明确，大部分都是投向南环经济带国家的：

南美洲：770 亿美元

东亚：1,572 亿美元

西亚：849 亿美元

非洲下撒哈拉地区：1,197 亿美元

阿拉伯世界：602 亿美元

［来源：德里克·希瑟斯（Derek Scissors）《中国稳步增长的全球投资：美国的选择》，《美国传统基金会出版物摘要》2013 年 7 月 22 日］

从全球范围看，2013 年，中国连续第二年在对外投资规模上排名第三。中国对外投资规模达到了历史最高的 1,080 亿美元。而我们有理由相信，这项纪录很快就会被刷新。2014 年 10 月 6 日的《金融时报》引用了中信银行研究所首席经济师廖群的说法，称到 2017 年中国对外投资总额将达到 2,000 亿美元，而且对欧洲投资的份额会增加。新华网援引中国商务部部长的话说，中国下一步将进一步放开对国内企业的管控，"允许这些公司更自由地向海外投资"。这预示着目前执行的超过 1 亿美元的投资必须经商务部批准的规定有可能会被废止（新华网，2014 年 9 月 10 日）。

我们来一起看一下中国改革开放的起点："1978 年，当中国启动这场历史性的变革的时候，全国的资产储备只有 1,089.9 亿元人民币，其中还包括国有企业和中央财政的全部资产。所有这些资本都被储蓄在一家银行，占到了全国货币总量的 83%。"吴晓波在其作品《中国巨变》中如是说道。

中国目前在南环经济带投资的 4,990 亿美元不仅在经济领域发挥作用。正如我们在第二章中提到的，中国在帮助新兴经济体国家建立自信并且摆脱对西方的依赖方面也发挥着巨大的作用。近年来，中国新一届领导人频繁出访进行外事活动，通过这些外事活动我们也能够看出中国的战略是全球性的。2013 年以来，习近平主席访问了俄罗斯、瑞士、德国、罗马尼亚、哈萨克斯坦、乌兹别克斯坦、吉尔吉斯斯坦、土库曼斯坦、印度、刚果人民共和国、坦桑尼亚、南非、马来西亚和印度尼西亚等国。

中国的一举一动都是摆在桌面上的，并没有藏着掖着。只要你感兴趣，就能够得到一个相当清晰的关于中国今天和明天的画面，包括全局性的画面及其与特定国家和地区的关系画面。

在本书最后，我们为那些对中国未来发展计划感兴趣的读者附上了中共十八届三中全会的相关内容介绍。

中国：改变非洲格局

2006 年，中国政府在中国日报网站上正式发表声明，阐述了中国未来对非洲政策的指导思想："新世纪的最初几年见证了国际形势持续复杂和深刻的变化，以及全球化的进一步发展……中国，作为全世界最大的发展中国家，坚持和平发展的道路……非洲大陆，拥有数量最多的发展中国家，将成为维护世界和平与发展的重要力量。新形势下，中国与非洲的传统友好关系面临新的机遇。"

该文件勾勒了中非关系发展的总体框架。第一部分介绍了非洲的地位和作用，第二部分阐释了中国与非洲的关系，第三部分明确了中国对非洲的政策，而第四部分则是一个十四条纲要，制定了中非之间经济、教育、科学、文化和社会全面合作的基本原则。这份声明完全符合中国在国际事务中保持积极独立的姿态，并发挥越来越重要作用的一贯作风。

无论是过去还是现在，中国从来都不认为自己在这个地球上的位置是相对西方而言的东方。数千年来，所谓中国，就是"中央之邦"。在改革开放的第一个十年，中国重视跟西方的经济关系，并不是因为中国有意变成西方的样子。今天，中国的开放是全方位的，而且，在非洲，中国的存在感越来越强大。

2000 年，又一个跨国组织中非合作论坛成立的时候，西方世界并未予以过多的关注，这一点也不令人惊讶。而中非合作论坛的宗旨是："为建立长期稳定，平等互利的中非新型伙伴关系创造一个平台。"

中国与非洲的关系得到了广泛的关注，但是中国在地球极寒地区取得的进展却没有得到太多关注。

任何地区都不忽视：中国、北冰洋和南极洲

俄罗斯远极地研究考察船"绍卡利斯基院士号"被困于地球上最寒冷的南极冰区，中国船只"雪龙号"对其积极展开救援，全球媒体都对这一事件进行了密集的报道。之前，人们很少会注意到中国在南极和北极的整体存在。继建设了长城、中山和昆仑三个南极考察站之后，2014年2月，中国第四个南极科考基地——泰山站建成开站。而第五个南极科考站计划在2015年开始建设。

尽管当前中国的任务是进行科学研究，越来越强的存在感也是中国未来地缘政治角色的显著标志。在几十年以后的2048年，在修订《南极条约》的时候，各国对资源利用规则的内容将进行重新协商。中国国家海洋局副局长陈连增在接受《中国日报》采访时表示："未来，和平利用南极的资源将是一个造福全人类的事业。"但是，他并未提及具体要如何利用。

事实上，南极洲资源丰富，有引发地缘政治冲突的潜在威胁。南极大陆的石油储量估计可达2.03亿桶，居全球首位［艾莉·福格蒂（Ellie Fogarty），洛伊研究所2011年度政策简报］。到2030年，全球水需求量将超过目前可持续供应量的40%。据美国国家情报办公室2012年的报告，在南极洲发生"水战"的风险很高，因为南极大陆的淡水储量占全球淡水总量的90%。在南极研究方面，中国正在迅速迎

头赶上。南极是一片蕴含丰富发展潜力的大陆，中国很可能会努力增强其在南极大陆的存在，并努力确保在 2048 年到来的时候占据有利的位置。

中国新的地缘政治角色将不仅停留在冰冷的水域。在冰盖面积越来越小的北极，中国也将发挥越来越大的作用，而大家普遍认为该地区拥有丰富的矿产和能源资源，并且其航运意义也不容小觑。

2013 年 12 月，中国 – 北欧北极研究中心在上海成立，来自中国、冰岛、丹麦、芬兰、挪威和瑞典的 10 家研究机构共同签署协议，愿意在北极科研领域加强合作。新成立的中国 – 北欧北极研究中心副主任张霞表示："作为后来者，中国有很多功课要做，以更多地了解这个瞬息万变的地区。"

瑞典伦丁石油公司在挪威辖北冰洋地区发现了迄今为止储量最大的油田，这充分印证了北冰洋地区自然资源储备丰富的说法。伦丁公司的管理人员和分析师们都为这 4 亿桶石油和 1.25 亿桶天然气的发现而欢欣鼓舞，认为这有可能改变世界能源格局。

中国与东南亚：从黄金十年到钻石十年

中国的海上丝绸之路经济计划昭示着它对东南亚地区的兴趣以及它在该地区的地位。作为全球第一大出口商、第二大进口商，中国对于建设和扩张海洋航运基础设施很感兴趣。中国是世界第一大船舶生产国，并且控制着世界上 20% 的集装箱货船，还拥有诸多世界级的集装箱运输港口。2013 年 10 月，习近平主席在印度尼西亚国会发表演讲的时候第一次提出了海上丝绸之路的构想。其目标是加强中国同东盟国家的海洋合作，建设港口，并在印度洋沿岸国家建立自由贸易区，以巩固中国在印度洋沿岸地区的经济和外交利益。

为了进一步完善海上丝绸之路，2014 年 5 月，中国划拨了 16 亿美元的预算来建设港口和完善基础设施，以连通东南亚和印度洋沿岸国家。巴基斯坦的瓜达尔港位于拥有丰富石油储备的西亚、人口稠密的南亚以及资源丰富的中亚之间，拥有极其重要的战略意义。中国计划在马来西亚投资 20 亿美元用于关丹港的升级改造。中国还将为中国 – 东盟合作基金投资 4.8 亿美元来维护双方共同的海洋权益。双方非常看好未来的前景，李克强总理甚至说，如果说 2000 年到 2010 年这十年是黄金十年的话，接下来的十年将是钻石十年。

看来，中国未来几年的外交工作重点之一就是周边国家，因为新一届领导集体致力于将中国打造成为地区强国。仅仅从经济上考虑，这也是非常有意义的。据说，习近平主席曾经一再强调："远亲不如近邻。"

北京大学国际关系学院杨宝云教授说："新海上丝绸之路计划将为沿途的邻国带来实质性的利益，也将成为整个东亚地区繁荣发展的重要助力。"

印度并不认同这种观点。中国在该地区影响力的逐渐增强，作用越来越大，尽管总的来说中印关系是得到了改善，莫迪总理还是提出了一项"季节计划（Project Mausam）"来抗衡中国的海上丝绸之路。在许多亚洲语言中，"Mausam"这个词的意思是气候或者季节，那个时候印度洋沿岸各国会先后迎来季风雨。印度的目标是重新同古老的贸易伙伴们建立联系，并沿着印度洋沿岸一直延伸到东非、阿拉伯半岛、伊朗、南亚的斯里兰卡和东南亚建立一个印度洋世界（《外交官》2014 年 9 月 18 日）。《外交官》的报道还说："这是抗衡中国的外交政策中最有代表性的一项计划。"不过，这个项目的具体细节还未公布。

中国已经在南环经济带中发挥着领袖的作用，它的海洋扩张计划旨在更进一步加强经济纽带，同时也方便中国产品进入其他国家和地区的市场。我们希望中国与邻国之间的海洋领土争端只是其前进道路上的小插曲。

中国在东南亚的投资一直在以两位数的速度增长。据英国《卫报》2012 年 3 月的报道，2011 年和 2012 年，中国六大对外投资目的地包括印度尼西亚、越南、菲律宾、马来西亚、泰国和新加坡。2013 年 10 月，李克强总理访问泰国期间，向泰国大力推荐了中国的高速列车，希望说服泰国国会批准与中国合作建设高速列车铁路系统项目，这有助于确保中国在东南亚拿到更多基础设施建设项目。

2014 年 5 月 28 日，美联社巴基斯坦分社报道说："中国 - 巴基斯坦经济走廊通过相互支持与合作进一步深化和拓宽两国关系。"中国的方针是，"与周边国家通力协作，实现共同发展和经济一体化"。Dawn.com 2014 年 6 月 2 日的报道称，中国已经在巴基斯坦投入了约 520 亿美元进行重大项目建设。巴基斯坦总统马姆努恩·侯赛因（Mamnoon Hussain）称，中方援建的水电项目是"本世纪的丰碑。不仅有利于巴基斯坦和中国，也是造福整个地区数十亿人口的好事"。（《外交官》,2014 年 2 月 20 日）

中国同亚洲其他经济体之间的投资是双向的。2013 年，排名前

10 位的亚洲经济体对中国的外商直接投资同比增长 7.1%，达到了 1,025 亿美元。中国吸引外国投资的金额紧随美国之后，排名第二，而且正在缩小差距。2012 年，中国金融及非金融行业吸引的外国投资已经上升到 1,270 亿美元，仅仅比美国少 320 亿美元。（联合国，2014 年 1 月报告）

　　中国通过加强与俄罗斯的外交关系来抗衡美国的全球影响力。中俄两国金额高达 4,000 亿美元的天然气合作协议正是中俄合作的重要一步。而欧盟和美国的制裁也促使中俄两国进一步加强纽带以维护双方的共同利益。

中国的“新丝绸之路”

　　南环经济带亚洲各国之间的经济联系日益紧密，因此中国希望让古老的贸易通道重新焕发生机。新丝绸之路，又称为丝绸之路经济带，是西部大开发计划的一部分，但是它不仅仅是“向西开放”政策的一部分，更是新的全球经济战略的重要组成部分。该项目将覆盖包括新疆、西藏、四川、陕西、甘肃和重庆在内的多个省市和自治区。而渝新欧国际铁路会穿越哈萨克斯坦，并途经俄罗斯、白俄罗斯和波兰，将原来靠水路运输五周的航程缩短为两周。（《中国日报》，2014 年 3 月 7 日）

　　中国的新丝绸之路连通了中国、亚洲各国和欧洲，开创了新的发展机遇。《如今，杜伊斯堡也在丝绸之路上了》，这是报道习近平主席访问德国杜伊斯堡的文章的题目。杜伊斯堡位于德国北威州，该州的国民生产总值占全德国的 22%。习近平主席受到北威州州长汉内洛蕾·克拉夫特（Hannelore Kraft）的热情迎接，陪同习近平主席参观的是德国政府副总理兼经济和能源部长西格玛尔·加布里尔（Sigmar Gabriel）。当地的钢铁和煤炭产业日渐衰落，结构性转型已经势在必行，而新丝绸之路能够助力该地区的结构性转型。在过去十年间，中国对北威州投资激增。从 2003 年到 2014 年，该州中国公司的数量从 300 家增加到了 800 家，其中包括多家跨国公司，这些公司创造了 8,000 个工作岗位。中国商务部部长高虎城对中德之间的经济、科技和文化合作给予了高度评价。连接重庆和杜伊斯堡的货运列车有 750 米长，50 节车厢，每个车厢都配备了 GPS 定位系统。每个车厢的货运费用是 1 万欧元。完成整段航程需要 16 天，是原本水路运输时间的三分之一，而费用又大大低于空运的费用。

中国在对南环经济带大力投资的同时还十分重视同欧洲的经济伙伴关系。在欧元区危机期间，中国收购欧洲资产的步伐也迅速加快，收购的资产当中包括著名旅游度假机构地中海俱乐部（Club Méditerranée），希腊的芙丽芙丽饰品连锁（Folli Follie），德国混凝土泵生产商普茨迈斯特机械（Putzmeister），还有葡萄牙的主要电力供应企业葡萄牙电力公司（Energias of Portugal）。

新华网评论说，李克强总理 2014 年 3 月对德国几座城市的访问为中欧关系注入了新的活力。中国国际问题研究院欧洲研究所所长崔洪建认为，2014 年 10 月在米兰召开的亚欧峰会是"一个新的机遇，中国可以利用这个平台将丝绸之路经济带和 21 世纪海上丝绸之路的理念引入亚欧合作的框架之内"。

相当长的一段时间里，外界对中国在欧洲投资的力度都有所低估。在欧债危机最严重的日子里，几乎是神不知鬼不觉一般，中国的公司展开行动大量收购受到了沉重打击的欧洲公司。根据德意志银行2012年的报告，中国当年在欧洲的股票投资几乎增长到了2011年的四倍，达到了270亿欧元。

2014年10月7日，《金融时报》头版重要位置发表了一篇题为《中国改变方向，巨额押宝欧洲资产》的文章。文章指出："分析家们发现，这场收购狂潮彻底改变了中国的对外投资模式。而中国对外投资在未来几十年里还会稳步增长。"该文同时指出："一方面，这是一种投机购买，因为这些资产目前价格比较便宜；而在另外一方面，这也标志着中国对外投资的结构性调整——中国的投资重点从获取发展中国家的自然资源变成了获取发达国家的品牌和技术。"

中国在欧洲的惊人投资及投资意向：

英国：236亿美元

法国：106亿美元

意大利：69亿美元

德国：59亿美元

希腊：55亿美元

葡萄牙：54亿美元

西班牙：24亿美元

包括瑞士在内，中国在欧洲直接投资以及达成投资意向已经增长到了820亿美元（德里克·希瑟斯《美国传统基金会出版物摘要》2013年7月22日）。

中国 – 欧洲：日贸易额十亿美元

《欧盟 – 中国，顺其自然》是欧洲议会新闻网站 2013 年 10 月 8 日发布的标题文章。欧盟是中国最大的贸易伙伴，而中国是欧盟第二大贸易伙伴（仅次于美国）。因此，2013 年 3 月李克强总理上任伊始，就展开了对欧盟的旋风经济之旅，希望能够刺激海外商务合作。李克强总理解决了与欧盟的太阳能贸易争端，签署了多项基础设施建设合作协议，并推动了大型能源项目的合作，其中包括在中欧和东欧建设核电站的项目。

2013 年 11 月，李克强总理谈成了在罗马尼亚建设高速铁路的项目。他促成的几笔交易的总金额已经高达 100 亿美元，都是由中国提供贷款来对这些国家进行基础设施更新改造的。一直以来，中国致力于建立经贸关系，解决实际困难，推动中国经济的转型和改革，并进一步确立其作为全球投资者的地位。英国首相戴维·卡梅伦在 2013 年 12 月初访问中国时说，过去 18 个月中国在英国的投资超出了过去三十年的投资力度，涉及从电信到基础设施，从核电到高速列车等各个行业。

为了给双方投资者提供一个更简单和更安全的法律框架，欧盟与中国开始谈判，希望能够在欧盟 – 中国峰会上达成一个综合性的欧盟 – 中国投资协议。该协议的目的是逐步实现投资自由化，消除市场对对方投资者的限制。这个时机的选择还是很恰当的，因为，作为欧洲发电所的德国在 2014 年 8 月出口减少了 5.8%。因此，对德国 2015 年经济增长的预期也被从 2% 调整到了 1.2%，这使得德国有了更多的理由积极寻求新的出口市场，特别是亚洲市场。

中国和德国有共同的利益需求。中国希望德国能够支持它的新丝绸之路计划，而德国则特别看重中国汽车市场的需求。2014 年 10 月，中德第三次高层会谈过程中签署了价值 180 亿美元的交易合同，涉及的领域包括农业、汽车、通信、卫生保健以及教育等。李克强总理对加强中德贸易和投资协作，以及深化中德创造性伙伴关系的目标表达了最热切的支持："双方都深度合作，就好像相互咬合的齿轮，以建立'你中有我，我中有你'的利益共同体。"（《中国日报》，2014 年 10 月 10 日 ）

中国会奖励盟友，也会惩罚对自己怀有敌意的国家

中国政府当然不会公开表达这样的态度。这不是中国的风格。不过，即便口头上否认，对各种人和运动的分类定性，以及划分友好国家和敌对国家的作法也是客观存在的。中国需要以这样或者那样的方式解决的问题仍然很多。我们称这些为"中国的灰色地带"，如果解决不好这些问题，就会导致社会动荡和经济后退。当然也会威胁到中国在国际社会的权威性。

中国和美国：逐渐适应新角色

中国的新角色以及其在国际社会的自信姿态使得我们不得不讨论

一下全球两大经济体——美国和中国之间未来关系的问题。习近平主席出访拉美国家可以被解释为中国结盟活动的一部分，但是，在他上任后两个月的 2013 年 6 月与美国总统奥巴马在美国加州进行的非正式会面却是前所未有的，这至少暗示了中国新一届主席对中国和美国关系的定位。

毫无疑问，国内利益和国际利益经常会发生冲突。随着中国的发展，国际社会都认同它在经济方面的成就，但是中国并未赢得它所期待的国际认可。

十年之前，美国完全料想不到自己会有今天的处境：它在经济领域的绝对优势和世界领袖的权威地位都受到了挑战。即使是在过去最辉煌的时刻中国的国际影响力也相当有限，因此，它完全可以好整以暇慢慢争取国际社会的认可。但是，作为世界唯一超级大国的美国，发现自己的牙齿不再锋利而不得不让出世界之巅的宝座，这无疑是痛苦得多。作为异军突起的力量，中国正在改变世界格局。尽管众说纷纭，但是我们认为，中国社会目前正在经历转型，在这样的时期，维持经济和政治的稳定要远比取得今天的地位更加困难。

毫无疑问，中国和美国将成为 21 世纪上半叶最具国际影响力的两个国家。但是，我们还不清楚它们各自将如何发挥自己的作用。口头上，世界上最大的两个经济体的领导人都表示有意打造新型的双边关系，并开拓史无前例的新局面。尽管如此，双方必须进行平等对话。中国外交部部长王毅在会晤美国国务卿克里时表示，尽管中国致力于和平解决中国东海和南海的争端，但是，没有人能动摇中国维护国家主权和领土完整的决心。现在，该地区的局势还不明朗。2013 年，美国国务卿约翰·克里第五次亚洲之行时，就向中方官员和领导人表示，美国绝对无意遏制中国，而中国是美国的重要合作伙伴。

2013 年 2 月 20 日，约翰·克里在就外交政策发表的第一次讲话中说："每出口 10 亿美元的商品和服务，我们就能够创造 5,000 个就业机会。"由此我们可以算出，"2012 年，美国对中国出口共计 1,484.5 亿美元的商品，这已经为美国创造了超过 74 万个就业岗位"。以上结论来自清华大学中美关系研究中心高级研究员周世俭 2014 年 1 月 7 日在中美焦点网站发表的文章。

全球经济大变局

从 1980 年到 2013 年 10 月底，中国实际利用美国投资的总额为 727.8 亿美元，排名第四。2013 年 1 月到 10 月，美国对中国出口额为 1,313 亿美元，相当于美国对外出口额的十分之一。中美相互投资额也大幅增长。

在 2013 年，中国对美国直接投资的增长速度超过了美国对中国投资的增速，在 2013 年的头 11 个月就上升了 28.3%，达到 800 多亿美元。中国对美国的投资增速 232%，对欧盟投资上涨近 90%，而对澳大利亚投资增长了 109%。

中国对全球市场放开的举措还包括逐步放开其货币政策。自 2005 年以来的 8 年中，人民币已经升值了 35%，并加快了国际化进程。在 2013 年 9 月 5 日的 G20 峰会上，习近平主席说，要建设稳定、抗风险的国际货币体系，改革特别提款权货币篮子组成，加强国际和区域金融合作机制的联系，建立金融风险防火墙。中国将努力深化利率和汇率市场化改革，增强人民币汇率弹性，逐步实现人民币资本项目可兑换。

建立上海自贸区的目的是将上海打造成国际金融中心，也释放出了中国加快金融改革和开放的又一个信号。2011 年 5 月 17 日，世界银行发布了一份报告，题目是《全球发展视野：新全球经济》。该报告预计美元目前的主导地位将在 2025 年之前走到尽头，并被基于美元、欧元和人民币的多币种体系所取代。

中国以前所未有的力度收购美国公司

在全球市场各个领域，中国的存在感都是非常强烈的。根据 Dialogic 的报道，2012 年，中国买家通过 49 笔交易，斥资 115.7 亿美元收购美国公司或美国公司的股份。2005 年，中国海洋石油有限公司试图以 185 亿美元的价格来收购美国的优尼科公司未果。不过，中国公司收购美国公司的努力并未因此而停止。之后，中国公司双汇国际以 71 亿美元的价格成功并购了美国猪肉巨头史密斯菲尔德食品公司，这是截至 2013 年 9 月，中国公司收购美国公司当中最大的一家。

中国对美投资的首选目标是美国的金融行业。这方面的投资及投资协议高达 570 亿美元，加上对加拿大的投资，总额高达 1,069 亿美元。美国传统基金会亚洲研究中心的高级研究员威廉·威尔逊（William Wilson）发现中国的投资重点开始从发展中国家转移到发达国家，而 2014 年上半年的主要目标就是美国。他认为，几年之内，中国将从一个外国直接投资净盈余国家变成一个资本输出净盈余的国家。几年之前，中国对外投资的主体还是国有企业，而现在私营企业已经成为中国对美国投资的主体了。"私营企业投资占总交易数量的 80%，总交易金额的 70%，而中国对美投资已经超出了美国对中国投资。"

中国已成为美国全球经济扩张的主要对手。世界银行 2011 年的报告《多极化：新的全球经济》当中写道："世界经济正处于转型变革之中。而这场变革最明显的结果之一就是，许多有活力的新兴市场国家异军突起，开始左右全球经济发展的方向。"

中国积极同各方磋商筹建一家新的国际性投资银行——致力于为欠发达国家建设项目提供资金的亚洲基础设施投资银行来同世界银行竞争，对此，美国极力反对。《纽约时报》2014 年 10 月 9 日援引美国政府一位不愿透露姓名的官员的话说："美国财政部认为，这家新银行无法达到世界银行和亚洲开发银行一直以来采取的环境保护标准、程序要求以及其他投资安全保证措施的要求。因此，这家新的机构能增添什么价值呢？亚洲基础设施投资银行要如何构建才能够不引发银行业的恶性竞争从而降低整个银行业的水准呢？"

该报道还援引了曾经在 2005 年到 2009 年间担任财政部高级官员的克雷·洛厄里（Clay Lowery）的观点，他认为奥巴马对此项目的反对其实是欠缺依据的，而中国的计划大有可为，"这可以视为一种积极的发展，其实是个帮助亚洲国家通力协作来满足当地金融需要的极佳方式"。

位置互换

未来十年，拥有五千年历史的中国和仅有二百多年历史来自新大陆的美国将会有一番龙争虎斗，以确定各自在这个多中心世界的位置。2013 年 2 月，因担任吉米·卡特总统的国家安全事务助理而广为人知的兹比格涅夫·布热津斯基（Zbigniew Brezinski）在《纽约时报》发表了一篇非比寻常的专栏文章，表达了其对中美关系的关切，同时也表达了他对中美关系未来的乐观态度。他的基本观点如下：

- 在后霸权主义时代，国家之间爆发战争来争夺全球控制权的可能性不大。
- 既然现在谁也当不了全球霸主，美国和中国之间就没有必要发生冲突了。
- 如今全球经济各个方面紧密联系，片面追求国民经济的胜利，会让所有经济参与者遭殃。
- 不管是美国还是中国都已经不再围绕敌对的意识形态行事了。
- 尽管两国政治制度差异很大，但是两国都是开放型的，只是方式不同而已。

2014 年 2 月，习近平主席会见美国国务卿约翰·克里的时候，双方就有争议的问题阐述了各自的立场，双方都综合考虑到了国内局面和全球局势。无论考虑中美关系，还是考虑中国在南环经济带新兴经济体国家中发挥的榜样作用，维持稳定都是重中之重。

在经济上，中国正在重新调整其经济增长模式，投资者们看起来都信心满满，相信该经济体将保持稳步增长的势头。习近平主席和李克强总理不断调整更新着他们的目标："构建开放型经济新体制。"

2014 年 3 月 5 日，在第十二届全国人民代表大会第二次会议上，李克强总理做了一场掷地有声的演讲，开启了中国改革新阶段的序幕。据《中国日报》报道，李克强总理在他 100 分钟的讲话中 77 次提到"改革"。他说，改革符合中国人民的最大利益。改革是本届政府工作的重中之重。必须充分依靠人民，破除精神枷锁，突破固有利益格局，深化各层次的改革。

国际舞台聚光灯下的中国企业家

最开始，中国只是在改变着本国境内的格局。后来，它渐渐成长为世界格局的改变者。中国的许多企业家成为百万富翁，乃至亿万富翁，但是他们很少受到国际社会的关注，也没有什么国际影响力。而阿里巴巴轰轰烈烈的上市行动为国际社会敲响了警钟，让他们认识到棋局正在发生变化，美国创新实业家们的绝对领先地位正在受到挑战。

在中国，明星经济人物不断涌现，对此，我们将逐渐习以为常。中国年轻的企业家们同欧美这些企业家是不一样的吗？是，也不是。说他们是一样的，那是因为尽管文化背景千差万别，但我们在中国、美国、欧洲、非洲或者拉美遇到的那些年轻人都有一个共同的目标：事业有成并找到理想的人生伴侣。说他们不同，是因为中国人做生意的方式与西方人不同。我们在酒店内设的酒吧里常常会遇到一些人在谈生意，所以我们可以观察到中国商人和西方商人不同的身体语言。西方商务人士总是摆出居高临下的架势，喜欢指导中国人该干什么、该怎么干，而中国人通常比较含蓄、安静和友好。而我们后来却知道，这笔生意没有谈成。

在此，我们无意教导诸位如何在中国做生意，不过，可以给诸位一句忠告：建立信任并表示尊重。中国人都很热情，但同时很关注自己的目标。如果你有能让双方获益的东西，那么很好。如果没有，免谈。废话少说，这就是 21 世纪的生意经。

人们总是说，到目前为止中国人还没能实现中国创造从中国传播到世界这一关键性突破。因此，2013 年，马云当选《金融时报》年度人物时，许多西方观察家和评论家都大吃一惊。这位颇具人格魅力的亿万富翁是世界上最成功、规模最大的电子商务公司阿里巴巴的创始人。阿里巴巴成立于 1999 年，该公司处理的在线交易额相当于 eBay 和亚马逊两家公司交易额的总和。

2014 年 9 月 22 日《福布斯》刊登了一篇题为《超额配售之后，阿里巴巴创全球最大 IPO》的文章。阿里巴巴共筹措 250 亿美元，超越中国农业银行在香港股票交易所创下的 221 亿美元的纪录。诸位可以比较下面一组数据：2013 年，阿里巴巴经手的在线交易额达到 2,480 亿美元，并处理了其中 70% 的包裹快递业务，而这些业务都是在中国境内进行的。排名第二的亚马逊交易额是 1,000 亿美元，而第三名 eBay 的交易总额是 760 亿美元。（《福布斯》，2014 年 6 月 27 日）据《福布斯》估计，"阿里巴巴的 IPO 有望成为史上规模最大的技术板块 IPO，也许能够成为纽交所有史以来最大的 IPO 之一"，并认为其市值将会在 2018~2019 年度增长到 6,000 亿美元。《金融时报》称赞马云是"敢打敢拼的中国创业教父"，还说，"他的故事充分说明，在中国鼓励创业的新环境中，即使出身寒微，也可以凭借坚忍不拔的精神成为举足轻重的人物"。

就在阿里巴巴 2014 年 9 月 19 日初次亮相纽约证券交易所之前，马云说，这一天将改变阿里巴巴 2 万名员工的命运。因为纽约和杭州时差之故，那天晚上，阿里巴巴的雇员和杭州的其他市民在杭州的不同地方一起通过超大电视屏幕见证了这一改变命运的事件。阿里巴巴为员工提供了丰厚的股权奖励，1.1 万名员工分享了市值 448 亿美元的股份，人均所得超过千万元人民币。马云个人净资产则高达 218 亿美元。十年前，资产超过 100 亿美元的中国人只有一位，而今天已经有 176 位了。以年度中国富人排行榜闻名的《胡润百富》杂志董事长胡润（Rupert Hoogewerf）说，更惊人的是"中国上上下下的创业热潮完全没有消退的迹象，有 8 位白手起家的 80 后创业者进入榜单。任何国家都该为这样的情况而感到骄傲"。

《金融时报》选马云的原因是："48 岁的他于 2013 年 5 月宣布辞去阿里巴巴首席执行官的职务，交棒给继任者陆兆禧，从此全身心致力于解决中国面临的一些严峻问题——特别是迫在眉睫的环境灾难。"

马云告诉《金融时报》，他关注的第二个问题是："人民的文化与教育。如果我们不重视文化与教育，那么中国的年青一代长大后就会只有财富而没有内涵。"

马云出生于浙江省杭州市，浙江称得上是中国创业精神的中心之一。孩提时代的马云数学成绩很差，但是对英语很着迷，所以他致力于学习语言。这是一个在中国众所周知的故事，为了练习英语口语，他九年如一日，每天一大早就起床，骑着自行车到他家附近的一家酒店免费向外国游客提供导游服务。他两次高考落榜之后，终于考上了杭州师范学院，并于 1988 年毕业，获得学士学位。他一度在杭州电子科技大学任教，教授英语和国际贸易。

后来马云在美国朋友的帮助下建立了一个为中国企业服务的网站。在那个时候，他必须首先说服这些企业相信互联网确实存在。1999 年，马云和他的团队创立一个公司，这个公司后来发展成为今天我们所熟知的阿里巴巴。

要跟政府谈恋爱，但不要嫁给他

当《金融时报》问及马云如何应对与政府打交道这个难题的时候，马云回答道，在中国，甚至可能是世界任何一个地方，都还从来没有过任何机构能够大过阿里巴巴。它拥有超过 6 亿注册用户，每天有约 1 亿消费者。"一开始我以为政府会担心的。但我们专注于商业活动，并创造了诸多就业机会。所以，现在政府对我们并没有那么忌惮。"他经常对员工说，"阿里巴巴应该跟政府谈恋爱，但永远不要和他结婚。"他曾多次拒绝国有企业提出的合资邀约。

在马云就上市问题致阿里巴巴员工的公开信中，他说道："我们必须让时间和我们的业绩来为我们说话。"这句话很大程度上也适用于中国。

中国，改变全球研究与开发格局

如今大家普遍的看法还是，美国或者德国研发，中国制造。但是，近些年这种情况已经悄悄发生了改变。其中一个这种转变的例子是我们几年前得知的，而且偏偏是在维也纳咖啡招待酒会上知道的。顺便说一下，这场酒会被认为是维也纳最有趣的舞会。在那里我们认识了 café+co 国际公司的首席执行官杰拉德·施特格（Gerald Steger），正是因为他的努力我们才能在新建的高速公路服务区喝上新鲜的煮咖啡。他的公司管理着 7 万台咖啡售贩机和浓缩咖啡机，是中欧和东欧地区机器食品贩售市场的领头羊。

有趣的是，café+co 公司的合作和研发伙伴 Ad Maas 完全颠覆了中国的世界加工厂模式："在欧洲雇佣一名研发工程师的钱在中国可以雇佣好几个研发人员。"因此，他在中国组建了研发团队，而机器的组装工作则在德国完成。结果就是，他们在中国开发出了一项特别节能的新技术，而这项技术被用在了服役于中欧和东欧地区多部高质量 café+co 咖啡机上。

这当然只是经济附加值链条倒转的许多例子中的一个。如今许多中小企业都采取了中国研发、德国生产的模式。《华尔街日报》2014年 1 月 16 日发表了题为《中国创新机器的崛起》的文章，其中就指出了这样的事实。该文总结说，几年之内，"中国研发部门的技艺、人才和经济实力等各方面都会积蓄足够的力量，最终实现全球技术领域力量的重组"。早在 2012 年 12 月 24 日，《计算机世界》就曾警告说，美国可能会在 2023 年失去其研究与开发领域老大哥的地位。

如今，中国拥有大批富有创新精神且富有远见的企业家，而很快，它将拥有大批具备远见卓识的发明家。2014 年 6 月，中国公布了一项雄心勃勃的计划。中国将完成一条 52 公里长的超级粒子对撞机，它将"让地球上其他加速器相形见绌"（aljazeera.com，2014 年 9 月 20 日）。

该网站援引了曾在 1999 年获得诺贝尔物理学奖的杰拉德·特·胡夫特（Gerard 't Hooft）的观点，他认为，中国的对撞机项目"将吸引世界各地数百名，甚至数千名术业各有专攻的一流科学家到中国去，这些人当中有理论物理学家、实验物理学家也有工程学专家"。

欧洲核子研究中心的科学家们也在探讨建立超级对撞机的可能性。但是他们初步完成概念设计的最后期限是 2018 年，比中国晚了 4 年。

普林斯顿高等研究院的尼玛·阿卡尼 – 哈米德（Nima Arkani-Hamed）教授说："毫无疑问，中国将成为物理学研究领域的领跑者。"

中国：美国互联网公司的噩梦?

《时代周刊》2014 年 2 月 27 日刊登一篇题为《为什么中国是美国互联网公司的噩梦》的文章，文中写道："美国各大互联网公司或多或少都把在全球范围内取得行业主导权当作是自己的目标。"但是，对美国公司而言，进入全世界最大的互联网市场却是非常困难的。新闻审查制度、物流和中国的法规都是阻碍美国公司进入中国的因素。而以"联通全世界的专业人才"为己任的领英网（LinkedIn）是少数几个能够在中国开设官网的美国互联网公司。

在美国公司想方设法接触中国网络用户的同时，中国公司已经进入了美国：新浪微博已经在测试其英文版了，而几乎我们所有的中国朋友无论走到世界的哪个地方都在使用中国的社交网络——微信（WeChat），如今，微信也开始有世界各地的用户了。

　　当我们在 CCTV 上看到美国鼓励观众"通过 Twitter 和 Facebook 继续关注我们"的时候，不禁觉得有些好笑，也有些讽刺。

　　尽管仍存在许多矛盾，但是中国的互联网公司已经迈出了国际化的步伐。成立于 1998 年的腾讯公司以及其旗下的社交网络工具 QQ 和微信服务拥有上十亿用户，用户数量很快就会超过 Facebook。

　　中国已经有不少企业家得到了全世界的关注，不过，在西方，很少有人熟悉顾志诚这个名字。然而，这位出生于 1985 年的男子已经是千万富翁了，他与人合作创立的公司酷盘（Kanbox）是中国顶尖的云存储和分享服务提供商。他的成功故事听起来很像人们津津乐道的美国式成功故事。他 15 岁成立了论坛，一年后，他的网站日点击量达到 20 万。2003 年，他开发出了暴风影音播放器——中国最流行的多媒体播放器之一。这个播放器是他与一位在网上认识的朋友共同开发的，两人在几年之后，暴风影音风靡全国之时才首次见面。"互联网是为数不多的，我们可以白手起家而且年纪轻轻就能够功成名就的业务领域之一。"顾志诚如是说。

　　除了天赋，他成功的另外一个简单秘密就是他有梦想。"有一天，我们讨论了是否应该每天工作 14 或 16 小时的问题，而每个人认为连轴转的工作作风就是我们的第二天性。我们很高兴能够成为云存储服务行业的先锋。"（《中国日报》，2013 年 8 月 12 日）

　　陈欧是中国顶级化妆品电子交易平台聚美优品的创办人之一。这个帅小伙充当了公司的形象代言人，据他自己说，"为自己代言"系列广告推广计划为公司节省了上亿元人民币的广告费用。在 2010 年创办该网站之前，他和另外两名联合创始人都没有电子商务或者销售女性化妆品的相关经验。

在中国之外没有几个人知道的又一个名字是蒋磊。他是个天才儿童，读书跳级，16 岁就被保送上了清华大学。20 岁时，他创办了自己的公司——铁血科技。铁血网成为中国最大的军事垂直门户，2012年点击量达到了 3 亿。跟那些美国的天才少年没有太大的不同，他放弃了自己在清华的博士学业，而且瞒了父母两年。2012 年，公司营业收入达到 1 亿人民币，而且销售额还在不断增长。他说："互联网产业的门槛较低，青年创业者可以在这里开创自己的事业。对于那些喜爱军旅知识的人来讲，铁血网的吸引力经久不衰。"

商业模式迁移方向逆转

长久以来，出版界有个说法，书籍只会从美国流向欧洲。而成功的商业模式似乎也是单向流动的。有人说美国人负责创造，中国人只会跟在后面抄袭。而《福布斯》2014 年 8 月 7 日的一篇文章题目则是《照搬中国商业模式已经成为新创科技公司的金科玉律》。Curse 公司的首席执行官休伯特·蒂埃布洛（Hubert Thieblot）就从中国新创公司 YY 语音那里获得了不少灵感。"蒂埃布洛感兴趣的是 YY 的社交娱乐方式"，受其启发，他创办了 Curse 语音，一个新的交流平台，这个平台的活跃用户数量在 2014 年 6 月突破了一百万人。

许多中国青年的梦想并不是成为下一个扎克伯格（Zuckerberg），而是成为新的陈欧、顾志诚和蒋磊这样的人物。许多资深的中国杰出企业家和体育健将如今已经登上了国际舞台。随着阿里巴巴、百度、腾讯和小米这样的中国企业开办得越来越成功，中国企业在福布斯500强企业榜单上的排名也越来越靠前。2013年9月在纽约召开的美国交互式多媒体大会上，全球领先的营销和传播服务集团WPP的首席执行官马丁·索雷尔（Martin Sorrell）说："大家都说未来大势属于移动通信和数据行业，但是我要说，未来大势属于中国商业模式。我们西方人总认为自己垄断了这种智慧，但其实我们并没有。"

中国梦：国家愿景和个人理想

今天，中国已经为年轻的企业家提供了各种有利条件。我们在《中国青年报》开办了一个专栏，收到了上千封邮件，讨论的基本都是他们对个人发展以及激烈竞争环境的担忧。首先要成为最好的中学和大学里最优秀的学生，然后要成为自己所处行业的翘楚，这就是他们的目标、愿望和梦想。而他们对政府的要求就是，希望它能够创造使他们能够不断进步的有利环境。

习近平主席呼吁中国人民进一步开放，努力实现中华民族的伟大复兴。这样的号召是在中国不断进步，中产阶级不断发展壮大而年轻人对成功的渴望越来越强烈的背景下提出的。中国改革和复兴的下一阶段是自上而下精心筹划的，与此同时，它也是一个广泛调动民众积极性自下而上展开的复兴过程。作为教育程度更高同时也更加成熟的中国公民，同世界联系紧密还致力于满足世界需求的青年人希望自己的个人权利得到更多的尊重。几千年来，中国人民的个人理想总是要服从于国家利益，而现在个人理想正越来越受到尊重。正如我们在

《中国大趋势》中写的那样，中国是否能够保持稳定取决于能否在自上而下的指导和自下而上的要求和积极性之间达到平衡。习近平主席实现中华民族的伟大复兴的号召瞄准的就是热爱祖国但是又更具备全球思维的一代人，作为一个国家愿景的中国梦需要同个人的解放齐头并进。

西方人在谈论中国梦的时候总是习惯性地加上个"可是"。我们也有个"可是"：正如在世界其他国家那样，并非每个中国人都对中国政府满意，"可是"这并不妨碍他们过自己想要的生活、做自己想做的生意和享受他们现在能够负担得起的所有东西。安永战略性高增长市场业务新全球副主席玛丽亚·皮内利（Maria Pinelli）在 2014 年 5 月 21 日的那一期《福布斯》杂志上对想要在中国做生意的人给出了下列忠告："我们中的大多数人对自己不喜欢的政府政策直言不讳，而大部分中国企业家不会在这些他们无力改变的事情上浪费时间和精力，他们会努力适应这些政策。未来的亿万富翁都是天生的乐观主义者，他们不会让自己有被政策毁了的一天。"对此，我们深感认同！

中国在国际社会中的新角色

经济起到了决定性作用。无论是在西藏、新疆维吾尔自治区或者中国的任何地方。当今中国的发展，首要考虑的都是国内因素。然而中国的进一步开放却必须在全球关系转型的大背景下进行。

西方经济持续疲弱，南环经济带兴起，中国与许多新兴经济体的经济关系紧密，这些都使得中国未来的外交政策意义更加重大。而西方国家最关心的问题之一就是中国是否会坚持和平发展的道路。

　　本书第二章中，我们引述了清华大学国际关系学系主任阎学通在《世界邮报》上发表的文章，而在此，我们想要重新引述一下他的话，因为这句话非常切题，也非常重要："二十多年来，中国一直在这样一个外交政策框架之内运作——既没有朋友也没有敌人。除了少数例外情况之外，中国对待其他国家的态度基本上都是一视同仁的，优先考虑的都是如何创造最利于中国自身发展的外部环境。而习近平主席就任以来，中国开始区别对待朋友和敌人了。对于那些愿意在中国的崛起中发挥建设性作用的国家，中国会设法让他们从中国的发展中获得更大的实际利益。"

　　2014 年 10 月 9 日，国际货币基金组织的数据估计，以购买力平价的计算方式来衡量，中国已经成为世界第一大经济体。2014 年 10 月 11 日的《经济学人》说："从历史上看，中国只不过是稍稍恢复了一点点过去的辉煌。1820 年的时候，它的国民生产总值几乎占到了全球经济总量的三分之一。美国的光芒压过它的历史只是一段插曲，而如今，这首插曲已经播放到了结尾。"

Global Game Change

How the Global Southern Belt
Will Reshape Our World

第四章

治理：执政环境持续改变

过去两个世纪以来，西方一直是国际社会的绝对中心，也是全球政治和经济联系的枢纽。西方世界创造了现代民族国家，而且世界上的各大国际机构都是由西方在"二战"之后创办并为西方利益服务的。半个世纪以来，它们一直把持着全球政坛。西方民主两个世纪以来一直是创新和进步的驱动力，在人权和经济两个方面都具有巨大的潜力，但是在政治领域的潜力已经日渐式微。

　　当今世界已经不是联合国、国际货币基金组织和世界银行建立时的样子了。金砖国家正在发挥领导作用，达成了各自的双边贸易协议，并为建立新的开发银行、开发自己的货币稳定基金和贸易争端解决机制制定了路线图，这些新的机构可以行使过去由世界银行、国际货币基金组织和世界贸易组织所垄断的各种职能。

　　而这绝不是因为表彰南环经济带成就的奖章。南环经济带的许多国家还没有建立值得信赖的、稳定的执政模式。在所有新治理模式中，最小的国家，20世纪的新加坡，和最大的国家，21世纪的中国，都高度重视和依靠经济和教育这两大法宝，打破了20世纪盛行的只有实行西式民主才能实现繁荣富强的神话。

　　互联网的普及以及新一代的社交网络服务将公民联系并组织起来，支持了网络民主的发展。互动式的网站使得人们有机会发泄自己的怒火，而政府也能靠这个工具来了解人们的心声。这样的变化引发了一系列新的动态和发展，对此我们的认识还不够清晰和完整。但是，寻求新治理模式的过程没有终点，关于民主到底应该呈现什么样的面貌，是不存在标准答案的。我们的答案是，民主只存在于政府与人民互信的社会。

什么是"善治"？我们有一个简单的答案：善治就是政府信任人民，人民也信任政府的治理。而大部分的人衡量本国政府善恶的标准就是其治理是否能够让自己得到实惠。简单来讲，治理一个国家就像是管理一间公司，而政府同人民的关系就像是雇主和雇员的关系。雇员们评判雇主的主要依据就是雇主的行为和表现对自己会产生何种影响：公司是否赚钱，工作中的自主性如何、公司内个人发展进步的渠道是否通畅，还有工作环境优劣等都是评价的重要指标。为了达到这个目标，公司管理的模式已经经历了多次调整。五十年前我们对领导者素质的界定与今天截然不同，公司内部雇员和上司之间的相处模式也发生了许多变化。

另外，公司运作的大环境也已经发生了显著的改变。外部和内部环境的变化迫使公司不断地调整和创新自己的运营模式。企业如此，国家也该如此。国内外局势都已经发生了改变，要成功治理一个国家，就必须考虑这个情况。不过，在商界，大家普遍认同创新运营模式是企业生产和发展的必要条件，但是许多政治统治集团却拒绝承认执政模式创新的经济、政治和社会必要性。然而，在寰球变局的大气候下，如果故步自封不肯变革的话，不管是历史悠久的民主国家还是处于不同发展阶段的各种新执政模式，都会为此付出惨痛的代价。

尽管民主是国家治理最佳基础的观念早已深入人心，但是对于到底该如何实施民主这个问题，不同国家的理解却不尽相同，甚至会像朝鲜民主主义共和国和美国对民主的看法那样南辕北辙。在此，我们有必要来追溯一下民主的本源。

把民主制度当作是善治模式的看法由来已久，可以追溯到古希腊时代。公元前6世纪，希腊陷入了一场社会经济危机。为了应对这场危机，雅典人建立了一种让民众可以参政议政、维护社群利益的体制。尽管，只有一部分人可以真正参政议政，妇女、奴隶和外国人都被排除在外，但是，雅典的民主形式却成为现代民主制度的鼻祖。在希腊语中，"民主"这个词是由"人民"和"统治"两个词根构成的，意思就是"人民的统治"。

意识形态第一的日子已经一去不复返了

在乡村生活中，宗教发挥着举足轻重的作用。这一点我们深有体会，因为我们都在乡村长大。就算我们的父母不知道我们的脑子里有什么坏念头，我们信仰的神明也会知道的。他制定各种规则，而我们的行为必须以此为准绳。

在大部分宗教体系中，万能的神明充当了最高权威的角色，然而，民主政体中从来都没有绝对权威的存在。西方的优越感却同宗教的绝对霸权息息相关，因为西方人认为自己才是上天旨意在世间的代表。教会不但给予世俗的统治者以祝福，还给了他们"上天赋予"的使命，这些皇帝和国王获得了侵略他国的权力；征服之外，还要迫使这些地方的"异教徒"们皈依自己的宗教，让他们完全接受自己宗教的信仰、原则和价值观。

神圣罗马帝国是存在于公元962~1806年间，由罗马教皇加冕的德意志帝国的名字。这个名称的依据是它继承了古罗马帝国的优良传统而且其政权的合法性是"符合上天意志"的。直到今天，"我们信仰上帝"成为美利坚合众国的官方信条，这一信念甚至还被印在了美元纸钞的背面，而西方许多国家的领导者也有着与美国人同样的信仰，因此，他们认为"我们信任美国人"也应该成为全球信条。

西方人视让"异教徒"皈依西方原则和价值观为己任。可事实上，正如不是每个人都愿意信奉天主教一样，也不是任何人都希望被烙上"西方的"或者"美国的"印记。这样说并不是要贬低西方民主的成就，而是说西方人也应该敞开心胸，认识到在不同的文化中，民主化过程所遵循的根本原则是不同的。

洒泪挥别西方优越论

西方人的优越感由来已久，根植于西方人的情感，也是西方民主自我定义的基础。西方人一直认为自己是阐释民主制度的最高权威，对于如何将民主制度融入治理模式也最有发言权。

一切都从美好的古欧洲时代开始，在启蒙运动的光辉中，以欧洲为中心的世界观和将欧洲看作是思想和行动的唯一中心的观点开始生根发芽。所有的文明都必须以欧洲的理想、价值观和规范为基础。1741 年出版的体系最完整的综合性德国大百科全书将欧洲称为"世界上最小的大洲"，但却"因为各种原因，是其中最值得推崇的"。

不到一百年之后，久负盛名的德语百科全书《布罗克豪斯百科全书》中对欧洲的介绍变成了："五大洲中在文化、历史和政治方面最重要的大洲，不但在有形世界中影响力巨大，占据统治地位，在知识领域更是如此。"

以欧洲为中心的世界观是西方优越感的基础

用以欧洲为中心的世界观来考察整个世界的做法如今在所谓西方社会还是非常普遍的。美国是继承了欧洲血统的新世界，一般认为，它在 18 世纪建立了第一个可持续的民主制度体系。美国成长为军事上和经济上最强大的国家，这进一步强化了西方具有全面优越性的观点。而 20 世纪下半叶，意识形态领域的冲突也以民主制度的胜利而告终，它俨然成为经济和社会领域最成功的治理模式，而美国则是最重要的典范。

在长达一个世纪的时间里，西方世界在经济、军事和文化领域都占据了主导地位，这使得它习惯了从自身的角度来看待和评价世界上任何一个国家的任何一种执政模式，并始终采取由外而内的方法。但是，西方的模式是否放之四海而皆准，这本身就是一个值得质疑的命题。即使是在西方世界内部，也不能用同样的模式来成功解决所有问题，北欧和南欧国家之间越来越大的差距就很好地证明了这一点。新兴经济体国家，还有那些部落、民族差异性非常大的社会中，能够保证经济可持续发展和社会稳定的治理模式建立在完全不同的基础之上。

除了各国不同的历史和文化背景之外，善治的标准还要考虑21世纪需求的变化。让今天的世界泾渭分明的主要因素不再是意识形态的差异，而是越来越宽广的社会和经济鸿沟。

民主的根本原则是人民当家做主

少数应该服从多数。而问题是，大多数人并不一定会投票支持造福全体公民的举措。而且，这个"大多数"有很多时候是可以被买通的。在西方国家，统治的合法性是由是否当选来决定的。因此，一切以选举为中心的思维泛滥。这种情况的一个潜在危机就是，在欧洲，那些从整个体系中获益的人的数量远远超过了为这个体系提供资金的人的数量。

人民当家做主已经成为这个体系面临的最大挑战。刺激选民投票的因素是：谁许诺要做那些目前对自己最有利的事。人们并不能从战略的高度来进行决策，选择那些最符合长远利益的政策。那些暂时有困难的措施很难被民众接受，即使这些措施从长远上来讲是有好处的。在古希腊，柏拉图就拒绝接受雅典的民主制度，他所担忧的就是，民众的参政议政能力是有局限性的，因为他们是"一天一天过日子的人，更看重的是眼下的愉悦"。

为了当选，也为了能够维持政权，政客必须讨好每个选民。而当选之后，日益高涨的债务和不断缩水的预算却使得他们很难信守承诺。要推行必要的改革就势必会让自己失去选民的支持，而这些人却会大肆指责之前被自己敲诈勒索过的这个政府没有能够兑现自己的诺言。从2008年的金融危机之后，我们开始认识到靠债务支持的民主制度从长远来说是不具有可持续性的。可是，如今，牺牲并无视长远利益，靠举债来满足短期需求的做法已经成为许多民主国家习以为常的做法。

与此同时，社会不平等现象正在加剧。对不同的人，社会不公有着不同的含义。在美国，共和党人提出的那些纠正不平等现象的措施带有阶级利益和财富再分配的意味，而民主党人则大肆叫嚣实现机遇均等。但是，如果善治就意味着人人拥有同等机遇（也许还得加上一句，在能力和野心等因素基本一致的条件下），那么实现这个目标的意义何在呢？

于1861~1865年间任职的美国第十六位总统亚伯拉罕·林肯（Abraham Lincoln）说过："你不能够通过让强者变弱来变强，你不能够通过毁掉工薪阶层的衣食父母来让他们获益，你不能靠挑起阶级仇恨来建立兄弟情谊，你也不能靠歼灭富人来帮助穷人。代替别人做那些他本来应该自己做，也能够自己做到的事情并不是一个持续帮助他的好办法。"

全球动态以及错失的机遇

德国有句谚语，付钱的人说了算。全球大变革有两个相辅相成的方向：西方的衰落和南环经济带新兴经济体的崛起。引领这场变革，中国也有许多需要解决的棘手问题。然而，各种机构和不少专家学者一次又一次预言中国危机的爆发，这些预言却一次次落空。一次次荡涤之后，中国的经济地位反而越来越稳固。作为西方世界的领袖，美国确实一次又一次证明了自己绝地逢生的能力。那么，现在美国的情况到底有多么糟糕呢？美国前总统演讲撰稿人佩吉·努南（Peggy Noonan），曾经出版著作七部，话题涉及政治、宗教和文化等方面，现在是《华尔街日报》周专栏作家。在一次访问中，她问新加坡前总理李光耀："美国正在经历体系性衰退吗？"李光耀的回答对美国人来讲犹如天籁："当然不是。美国现在确实面临着严重的困境，但是在未来二三十年里，它仍旧是全世界唯一的超级大国。"（《华尔街日报》，2013 年 4 月 8 日）

话虽如此，李光耀还是警告美国说："如果你固守欧洲的思想方式不肯变通的话，你就完了。美国和欧洲各国政府认为，他们总是有能力扶持穷人和需要帮助的人：寡妇、孤儿、老人、无家可归者和未婚妈妈。他们的社会学家侃侃而谈，说困难和失败是由经济体制自身的缺陷造成的。因此，享受福利变成了天经地义的事情；人们不再以不劳而获、接受慈善资助为耻。福利成本增长速度飞快，而政府又不愿意以这样的幅度提高税收。他们采取了最简单的方式，靠借贷来为当前选民提供高福利。其结果则是财政赤字和危险的巨额公共债务。"

有史以来最大的经济协议最终达成，还是白忙一场？

"百足之虫死而不僵"，欧洲与美国的实力仍然不容小觑。趁着经济形势还比较好，欧洲和美国可以通过建立经济同盟来推动双方经济的增长。然而，尽管在 1990 年、1998 年和 2005 年进行了多轮谈判，双方仍旧未能就建立自由贸易区的问题达成协议。随着美国和欧盟经济增长脚步的放缓，双方签署超级贸易协定的热情再度高涨，而以美方尤甚。欧洲委员会的成员以及美方代表在 2013 年 7 月又开始了新一轮谈判，进一步磋商协议的相关细节性问题。

然而欧盟还没有拿定主意。2014 年 9 月 9 日的《华尔街时报》载文敦促欧盟在同美国进行自由贸易谈判时放弃让双方产生巨大分歧的投资者保护规则。美国各大社交网络上疯传的说法是，美欧跨大西洋贸易与投资伙伴关系谈判就是"十年来最大的公司权力空谈"。2014 年 10 月 11 日的《今日俄罗斯》（Russia Today）撰文指出："各种抗议活动的主要目的是'重建民主'，具体到这一次，就是要停止美欧之间的贸易协议谈判。"

"我们能够得到什么？"《时代周报》（2014 年 6 月 26 日）发表了一份篇幅长达几页的报道，提出了这样的疑问。文章总结说："一方面，这能够促进盈利和经济增长。但同时，它带来了一个问题——是否有些事情比增长更重要？比如说，某个政府、议会或者国家可以自主决定有激素的肉有危险，或者某种金融交易会妨害公众安全吗？"美国允许贩售转基因食品，但欧盟禁止。美国利用生长激素来促进生猪和牛的生长，还允许使用以食品安全缺失而备受诟病的，包括中国在内的世界 160 个国家都禁用的莱克多巴胺。欧洲市场禁止使用这种激素的肉类进入，而该协议将对此类商品敞开大门。同样的情况也发生在汽车零件、药品和化学品准入规定上。

振兴中小企业，还是空洞的场面话？

美国的自以为是对自由贸易协定的签署并无任何助益，尽管该协议的初衷是消除关税和减少官僚作风。尽管对经济学家而言这些都是好事，但是，谈判的代表们却必须要小心应对美国，因为美国人似乎知道欧洲比美国更需要这项协议。谈判困难重重、旷日持久。2014 年是无望达成最后协议了。即便几年后，除了友好的话语和积极的意向声明之外双方谈判并未取得任何实质性进展，也没有什么可奇怪的。

史蒂夫·福布斯（Steve Forbes）认为："美国和欧洲都采取了许多愚蠢的经济政策：过度税收、货币供应不稳定、令人窒息的法规还有臃肿的政府机构，这些都对他们的经济产生了无谓的伤害。"他认为，美国 2014 年中期选举是一个复苏的转折点，而欧洲虽然不情愿，也只能紧紧跟随（2014 年 6 月，《福布斯亚洲》）。在 20 世纪，不抛弃那些自己无法照顾自己的人，是一个了不起的成就。但许多欧洲人过度依赖社会福利，不愿依靠自己的勤奋工作生活，而政客们则不得不做出许多其政治体系根本负担不起的承诺。

> 欧洲的福利体系是在俾斯麦的主导下建立的，
> 当时民众的平均寿命是 50 岁左右。

从奥托·爱德华·利奥波德·冯·俾斯麦公爵（Otto Eduard Leopold von Bismarck）执掌德意志帝国的 19 世纪下半叶起到现在，人民的平均寿命已经达到了 80 岁，而我们期待政府将同等水平的福利多支付三倍长的时间。要判断某个系统是否合理，我们只需要问两个问题：它奖励了什么？它惩罚了什么？当工资增长停滞，而通货膨胀和税负攀升又使民众的购买力不断下降之时，人们创业的劲头也变小了。欧洲有健全的福利制度，其目的是由国家来保护那些不能照顾自己的人。但是，这种制度也织就了一张社会保护网，给了那些社会寄生虫挖社会墙角谋求个人利益的机会。在许多国家，社会福利的存在使得人们对社会扶持的界定变得过于宽泛。要进行必要的改革，你就会丢掉选票，即使从长远来看这样的改革其实是符合选民利益的。

《是时候冒减少民主的风险了！》这是德国《世界报》2012 年 7 月刊登的一篇文章的题目，文中提到："历史给我们的教训，核心就是，西方福利国家只有在完成比它实际可承担的程度更多的任务时，才能够维持稳定。也许这样做有充分的社会理由，但是，即使你不是经济专家，你也能够看出来，这种做法是无法长久维持的。"

西方治理陋习：遇到问题就踢皮球

西方国家重塑民主的呼声越来越响。正如马丁·路德的时代一样，反对政府劣政和日益加剧的不平等状况的抗议活动越来越频繁。对金融市场凌驾一切之上的现状、肆意掠夺资源破坏环境的做法和腐败现象的愤恨之情空前高涨，而所有这些问题的根源都是政府机构陷入瘫痪、无所作为而引发民众普遍对政治人物和政党缺乏信任。在几乎所有西方国家，政客们都给选民开出改革空头支票，其实无意真正实施各种改革措施，经济发展也停滞不前。遇到问题就踢皮球俨然成为执政标准操作规程。千万不要触及问题的核心，因为那样做可能会导致你失去选票。

2014年5月21日，大卫·布鲁克斯（David Brooks）在《纽约时报》专栏上写道："现在已经很清楚了，苏联的解体带来了西方民主自以为是的时代。失去了检验民主政府执政能力的对手，西方的民主政府都已经腐败不堪了。在美国，政坛分歧严重、死气沉沉、无所作为；只有区区26%的美国人还相信他们的政府能够做出正确的抉择。在欧洲，民选官员已经脱离了选民，面对欧债危机束手无策，还加剧了就业形势的恶化。"

西方民主寻求无痛解决方案

2014年3月1日出版的《经济学人》杂志上用篇幅长达六页的文

章来分析了"西方民主怎么了"这个问题。该报道称:"欧洲七个国家超过半数的选民已经不再信任其政府了。"德国《时代周报》2013年11月刊登了德国前总理赫尔穆特·施密特(Helmut Schmidt)与德国前外交部长约施卡·费舍尔(Joschka Fischer)就"(欧洲)如何走出危机"话题所进行的讨论,文章的标题是《欧洲需要一个妙招》。

吉迪恩·拉赫曼在欧洲议会选举结束后发表了一篇题为《封杀容克,拯救欧洲民主》[让-克洛德·容克(Jean Claude Juncker),欧元集团推荐的欧盟委员会主席候选人]的文章。他在文中写道:"民主能够凌驾于一切国家之上生存和呼吸。正因为如此,欧盟才陷入如今这种荒唐的局面,据说选民们'选择了'一个他们从来没有听说过的人来当自己的领袖。"(《财富周刊》,2014年6月7日)

CNN评论员法里德·扎卡里亚(Fareed Zakaria)在接受亚马逊网站采访时说:"美国的经济和社会还是充满活力的,其政治体制却已经千疮百孔。首先要找准问题的症结。不要再叫嚣什么'我们的民主很伟大'之类的空洞口号了。如今美国的政治体系已几近瘫痪,腐败不堪了,我们需要修复它。"

自下而上的改革要求并非质疑西方民主本身,挑战的也不是言论自由、人权和法治等基本原则。人们质疑的是领导者的资格、执政表现和政客们的诚信缺失,这些问题正在动摇西方民主两百年的根基。正如大卫·布鲁克斯在其《纽约时报》专栏上写的那样:"我们的当务之急并不是弄清楚国家到底有哪些职责,而是寻找到让民主恢复活力的办法。"西方的民主亟需重塑自我。

中场休息：战局会被彻底扭转吗？

守着满满一盘食物，你会饿死吗？当然会！不管是从字面上的意思理解，还是从比喻的意思上讲，都有可能。目前，西方主要国家正在做的就是这个。他们都坐在摆满了食物的餐桌前，却快要饿死了。餐桌上摆着的都是些营养丰富的菜肴：技术领先地位，悠久的发明和创新历史，高生产力水平，自然资源丰富，人口多样性的诸多好处，大把的人才，全世界最好的大学，还有全球最高的人均收入水平。最重要的是，西方的政治结构是建立在成熟的民主制度柱石之上的。

那么，问题出在哪里呢？

西方世界崛起的重要基石是敬业精神、勤奋和进取心。但是，现在却忙着争取更短的工作时间和更好的社会福利，完全无视严峻的现实——新兴经济体，特别是亚洲的那些受过良好教育、积极进取又任劳任怨的年轻劳动者在劳动力市场上的竞争力越来越强。西方人可能不喜欢这种情况，但是，必须要面对现实了。

面对现实

在《资金枯竭之时：经济成长的终结》（*When The Money Runs Out The End Of Western Affluence*）一书中，史蒂芬·金警告说，西方世界对未来经济的预期与目前停滞不前的现实严重不相匹配。在他看来，要避免大规模的政治和经济动荡就必须采取严厉的措施。

而国际货币基金组织的首席经济学家奥利弗·J. 布兰查德（Oliver J. Blanchard）的话并不会给我们太多的安慰，这位有着多年危机处理经验的经济学家说："我们并没有一个所谓的最终目标。我们到底会在哪里结束，我真的理不出什么头绪。"（《纽约时报》,2013 年 4 月 25 日）

伊恩·戈尔丁在其作品《诸国分裂：全球治理为何失败，我们能为此做些什么》中这样总结说："今天，全球治理呈现出的是重复、模糊、重叠和混乱的状态。"

"欧洲顶级政治人物组成了一个懒人俱乐部，谁知道他们的头脑中到底都装了些什么？总是做出错误的诊断，每次会议后提出的解决方案不是力度不够就是已然太迟。"这是荷兰著名的公众人物、历史学家黑特·马柯（Geert Mak）在其作品《要是欧洲败了呢？》（*What if Europe fails?*）中做出的评价。在西班牙、希腊和葡萄牙，失业率高达 27%，其中有一半是年轻人，而这些年轻人真的是"迷惘的一代"，不得不面对经济停步不前的严峻现实。2000 年 3 月，里斯本会议上，欧盟成员国的首脑们承诺，到 2010 年，欧盟将成为最具活力、最具竞争力的知识驱动型经济体。这早已被证明是一句空话。欧元是缺乏内心和灵魂的货币，人们曾经盲目乐观地期望它能够成为团结欧盟的黏合剂。欧盟不但陷入债务危机，还失去了信誉。28 个成员国都关注自己的利益，劲儿往不同的方向使，而设在布鲁塞尔的那个不招人待见、不民主又霸道的官僚机构笨手笨脚地把这些国家草草捆绑在一起。

欧盟有 28 种思维方式和两颗以不同频率跳动的心脏

欧洲有许多亟待解决的问题：摇摇欲坠的银行业，北方和南方国家之间越来越大的差距，南方国家 25 岁以下青年人当中失业人口的比例自从 2013 年 2 月达到最高值之后，一直居高不下。从成为欧盟轮值主席国伊始，希腊总统就提出希腊的改革进程是成功的保证。然而，2014 年 1 月，希腊的失业率又创下 27.8% 的新高。其他各项经济数据也没有什么可以让人感到乐观的。2013 年 11 月，希腊的人均工业产值下跌了 6.1%。德国《世界报》计算，从 2010 年到 2011 年，欧洲青年失业人口蒙受的经济损失高达 760 亿欧元。

2014 年 10 月 8 日，彭博社发表了一篇题为《在长达十七年的失业困局中，欧洲牺牲了一代人——失意的不光是年轻人》的报道。2010 年，前法国抵抗运动英雄斯特凡·海斯尔（Stéphane Hessel）已经 93 岁高龄了，那年他出版了一本只有 21 页的袖珍书《愤怒的时代》（Time for Outrage），对欧洲政治发展的多个方面提出了严厉的批评。今天欧洲的局面同那时相比并没有多少改观。这部呼吁政治抵抗的作品非常畅销，在欧洲销售了数百万册。在西班牙、法国和希腊进行的抗议运动以及占领华尔街运动都受到了海斯尔作品的鼓舞。

2014 年，形势并没有好转。原本估计法国的经济增长率将微涨到 3.6%，然而，2014 年 6 月，法国审计法院却表示，其担心经济会出现 4% 的负增长。2014 年 4 月，奥朗德总统的支持率下降到 18%。在欧洲议会选举期间，四分之一的法国选民把票投给了极右翼政党国民阵线

（Front National），这是另外一记警钟。奥朗德总统督促欧盟采取措施促进经济增长，然而，法国当局首先要做的是自救。如果没有胆量采取有效措施，例如将每周工作时间从目前的35小时提高至37小时（估计该措施可以将国民生产总值提高3%）等，一切关于改革的讨论就都是浮云。

2014年5月22日，法国历史学家、人类学家及前总统顾问埃马纽埃尔·托德（Emmanuel Todd）在接受《时代周刊》记者采访时提到了德国"不懂自我批评"的问题，也警告人们要警惕"德国的效率疯狂"。他认为，欧洲正在走向灾难。"欧元和紧缩政策正在摧毁欧洲的南部社会。行业精英纷纷移民出逃，而年轻人找不到工作也不再生儿育女。"托德认为，从人口学角度来讲，这些人移民到德国几乎同战争和对人才的大肆掠夺一样糟糕。

如今，人们对"腐败政治阶级"的愤怒情绪越来越高涨，其中西班牙主流媒体《每日国家报》的论调非常有代表性，它强烈呼吁打破银行体系和政客之间的鬼鬼祟祟的相互勾结。《时代周刊》2014年6月号发表了一篇题为《迷惘的一代》的文章。文章主要介绍了南欧各国青年的绝望处境，这些人不但要面临高失业率的问题，即便找到了工作，收入也不如他们的父辈高。"出生在20世纪60年代初的这一代法国人、西班牙人和意大利人将不再能够从本国经济增长中获益，国家积累的财富都被上一代人挥霍了。"

2014年10月6日，法国总理曼努埃尔·瓦尔斯（Manuel Valls）对伦敦商界领袖们坦陈："我很担心欧元区同世界经济脱节。如果找不到支持欧元区经济增长的有效战略，我们将遇到更大的麻烦。"

形势严峻，但是并未到绝望的地步

最近媒体上关于欧盟经济衰退的报道铺天盖地。然而，欧元区还有一个国家以实际行动证明，即使是在欧盟内部情势极其不利的条件下也可以交出亮眼的经济答卷。这个国家就是波兰。1989 年，面对飞涨的通货膨胀率和居高不下的联邦赤字，波兰别无选择，只能采取行动。波兰总统莱赫·瓦文萨（Lech Walesa）指定团结工会成员塔德乌什·马佐维耶茨基（Tadeusz Mazowiecki）担任政府总理。而当时被任命为波兰经济部长的莱谢克·巴尔采罗维奇（Leszek Balcerowicz）在 20 世纪 80 年代就提出了解放经济体制、厉行改革的理念。因为执政党的青睐和团结工会的支持，许多艰难的改革得以顺利实施。生产力落后的国有公司大量关停，人民生活成本也增加了，一开始的时候这确实造成了社会成本增加，还导致了农业合作社的消亡和高失业率。不过，从 20 世纪 90 年代开始，波兰经济开始复苏；而自从2004 年加入欧盟之后，波兰就成为明星选手，甚至在 2008 年都没有出现经济衰退。其人均国民生产总值从 1990 年的 1,900 美元增加到了2013 年的 13,400 美元。人口平均寿命也从 2009 年的 70 岁提高到了2012 年的近 79 岁。

波兰还需改进基础设施、商业环境，改革税制，同时放松过于严格的劳工法。目前，其经济年增长率只有 1.6%，谈不上激动人心，不过，其强大邻国德国 2014 年第一季度经济总量萎缩了 0.6%，跟这个成绩相比，波兰的表现也算是差强人意了。最重要的是，尽管因为欧盟对俄罗斯的制裁而受到了一定影响，波兰民众的士气还是非常高涨的。

波兰并非一枝独秀。还有一个欧洲国家证明了，即便如一座孤岛一样被包围在一派萧条的欧盟海洋当中，也可以保持经济的稳定和可持续发展。这个国家是瑞士。我们还记得当欧盟还在憧憬着光明的前景，希望成为全球经济的主要驱动力量之时，迫于尽快赶上这班车的压力，瑞士对自己的经济体系进行了巨大的调整以同欧盟保持一致；毕竟，它的出口商品有一半都是销往欧盟的，但是它一直拒绝成为欧盟的一员。如果你要问我们到底要不要加入欧盟的话，我们的回答还是一样的："既然你可以成为世界的一分子，为什么要加入欧盟呢？"如今，已经没有人再问这个问题了。

瑞士法郎一直非常坚挺，而邻居欧盟也施加了许多压力，瑞士不得不修改了公司税体系，这样一来，瑞士的各个州都可以对在瑞士境外进行贸易活动的公司征收不同的税率。欧盟把欧元汇率的最高值（对美元汇率最高达到 1.64）看作是对欧元荣耀的一种肯定，瑞士则不然，它尽可能避免自己的货币升值，甚至在 2011 年设定了 1.20 的欧元对瑞士法郎汇率限制，其目的是为了保证瑞士工业和服务业企业的竞争优势。美国还有各大国际组织都在向瑞士施压，迫使其改变其严格的金融保密制度和方便企业和个人逃税的各种规定。

尽管如此，瑞士却始终坚持走自己的道路。2014 年 7 月 1 日，瑞士同中国签署的自由贸易协议开始生效。这是继冰岛之后，欧洲第二个签署这种协议的国家。中国迅速膨胀的中产阶级群体成为奢侈品消费的主要市场，2013 年瑞士手表出口总额达到了 14.5 亿瑞士法郎。中国进口关税大幅降低有效保护了瑞士制造的各种商品的知识产权，这是协议签订的一大利好。有些分析师认为这项协定的生效并不会对向中国出口奢侈品钟表产生多大影响，不过瑞士钟表协会的主席让－丹尼尔·帕什（Jean-Daniel Pasche）表示，这份协议的签署更重要的意义在于它宣告了瑞士同金砖国家做生意的决心和计划。

考察整体经济运行，瑞士的表现在全球范围内都算得上是凤毛麟角。2014 年 9 月，它在世界经济论坛经济体竞争力排行榜上第六次荣登榜首。瑞士吸引了来自世界各地的人才，而且该国的雇佣和解聘手续都非常简洁，所以其劳动力技术水平、创新能力和生产力水平都相当高，而且它还创造了全球最稳定的宏观经济环境；该国的人均国民生产总值高达 47,303 美元。瑞士对欧盟的出口也有所减少，由此可见它也免不了要受到全球经济放缓的影响，但是，它的确很好地发掘了自身的潜能。

竞争力排行第二的是另外一个小国新加坡。而第三名是名次比 2013 年上升了两位的美国。

一国的竞争力水平并不等同于该国各公司的竞争力。公司的竞争力主要靠远见卓识和洞察先机的能力。德国当然是一个创新驱动型的国家。但是，在全球大变革中，有些市场萎缩，而有些市场则在兴起，消费者行为也发生了改变，还出现了许多新的竞争对手，所以任何一家公司都不能躺在过去的功劳簿上睡大觉。

当然，德国商业银行股份有限公司在非洲的利益也受到了影响，因此，2013 年，它发布了题为《撒哈拉以南地区的复兴》的报告，对德国商界发出警示并表达了合作投资的意愿。德国商业银行指出，在该地区，新的中产阶级正在兴起，对高质量商品和服务的需求也在增加。德国商业银行相信服务行业，特别是金融服务领域将会受益于这种发展变化的趋势。"建筑行业注定要急速增长，因为这一地区的基础设施扩建，同时也会新建许多住宅。技术领域各种创新和发展层出不穷，为可再生能源、信息和通信技术的发展提供了机遇。（2013 年12 月）

德国投资和发展协会（DEG）指出下列两个地区非常有发展潜力：印度尼西亚以及东非五国。全球销售额最高的德国化学公司巴斯夫股份公司（BASF）在 20 世纪 90 年代撤出了非洲，如今，其首席执行官科特·博凯慈（Kurt Bock）则急于在撒哈拉沙漠以南地区的国家扩张："如果说我们的版图上存在空白的话，这个点就是非洲。这是唯一一个从零开始并取得高速发展机会的大陆。"而制药行业巨头拜耳制药公司认为非洲是特别有发展潜力的市场。

卫浴巨头汉斯格雅也看好非洲市场，将饭店、机场还有私人住宅都看作其潜在市场，因为非洲中产阶级人口越来越多，可以消费昂贵水龙头的地方也多了。

然而，大部分德国企业家还对在非洲投资持观望态度。多哥驻德国大使考马拉·帕卡（Comla Paka）说，他的国家需要外国投资来进行基础设施建设，来修建道路和机场，但是感觉两国之间的合作还是非常少。许多非洲国家都感觉进入欧洲市场非常困难，所以更愿意同中国和印度等国家做生意。德国同撒哈拉沙漠以南地区非洲国家的贸易额更能够说明问题：只有 266 亿欧元，相当于其邻国荷兰的六分之一。

新兴经济体各个领域的需求都增长了，这为中小企业提供了巨大的商机。奥地利因泰克公司（INTECO）就是个很好的例子。该公司坐落于人口只有 1.2 万人的小镇布鲁克安德莫尔，专攻钢铁特种冶炼技术，哈罗德·霍尔茨格鲁伯博士（Dr. Harald Holzgruber）将因泰克公司变成了特种钢冶炼设备领域全球领先的企业，产品出口率高达90%。

这个例子证明西方具备成功所需要的一切条件，但是其以自身利益为驱动的、运行不畅的思维模式总是成为它的绊脚石。尽管盘子里装满了美食，它却在忍饥挨饿。

在新格局下运作

无论是主动抑或被动，西方世界都要洒泪挥别以西方为中心的思维方式。2009 年，奥巴马总统就职演说中"是的，我们能行！"的口号点燃了新的希望，数千名支持者热情欢呼，期待他重振美国精神。"我们能行"堪当美国扭转战局的主心骨。但是，如果没有周详的战略，这根主心骨就只是一根没有肌肉的骨头。还是回到我们治国如经营公司的比喻，要是一家公司的董事会成员离心离德，要把一半的精力用在证明彼此的错误上，那这家公司能经营好吗？发展停滞、资源浪费的现状还是没有让西方世界警醒并放弃过去的自我认识。而当奥巴马总统开始他的第二个任期的时候，发表的讲话颇有些意思，他说："我们已经重整旗鼓，我们已经艰难回归，在内心深处，我们知道，美国最好的时代还在等着我们去创造。"

美国最好的时代必然要同全球霸主地位联系在一起吗？抛开全球

霸主的责任与义务，转而好好利用多中心世界的种种好处，美国是否能够过得更好呢？为什么我们就不能把霸权的逐渐消失看作是一种释放，看作是在变革后的 21 世纪的世界更新和重组的机遇呢？

我们不得不承认，美国对其未来的定位并不是这样的。一年多以前，美国国家情报委员会的 16 个情报机构共同发布了一份评估报告，展望了 20 年后的世界格局。简单概括一下，该报告预测到 2030 年中国将成为世界最大的经济体，但美国仍将是国际体系"平等伙伴中的第一名"。欧洲、日本和俄罗斯将继续相对颓势，而在经济和军事实力方面，亚洲会让世界其他地区相形见绌（这无疑不利于美国继续保持"平等伙伴中的第一名"的地位）。

"平等伙伴中的第一名"是对平等的一种新阐释。而这个说法似乎即使是在美国也少有人买账。如今，对这个曾经看似不可撼动的国家的经济前景，人们也有诸多的担忧。

致力于解决国内矛盾

大多数父母都认为自己的孩子是最棒的孩子。与此同时，大多数家长都知道其他的家长也相信自己的孩子是最棒的，所以不会认同自己的这种非常个人的观点。很多时候，人们对自己祖国的态度也是这样的。这本身无可厚非。因此，每个美国人都认为自己的国家是"地球上最伟大的国家"。但是，美国人不应该忘记，这样的情感同样适用于韩国人和巴西人，当然也适用于中国人——对大部分中国人而言，中国才是世界上最伟大的国家。

美国想要走出多年的经济和政治停滞不前的状态，书写新的辉煌，这也没有什么不对的。可是，要是美国的目标从国内发展延伸到加强美国的全球霸权以及强化其国际社会规则和规范监督者的角色上，这就是另外一回事了。尽管不少西方的规范和规则是有价值的，但是确定目标的时候我们必须要充分考虑 21 世纪全球大环境。不管这一目标是否站得住脚，前提是先解决自己家里的问题。

《世界报》2014 年 3 月 13 日刊文指出："美国社会正每况愈下，阶级分化日趋严重。下层阶级的相对繁荣化为乌有。几十年来工资不断下降，大规模的裁员和经济衰退已经为美国精英的神话画上了句点。"越来越多的紧缩措施在几个州引发了大规模的抗议活动。沃尔玛员工要求的最低工资提高到每小时 15 美元，而许多快餐连锁店的员工也开始罢工。

每日野兽（Daily Beast）是美国的一个新闻和评论网站，由《名利场》和《纽约客》前编辑蒂娜·布朗（Tina Brown）创立，活跃于这个平台的新一代政治人物们的观点比起以前的民主党人士要更加左倾。从 1989 年至 2000 年，毕业生平均工资涨幅是 11%；而从 2000 年至 2012 年，这一指标却缩水到了 8%。无薪实习工作已经成为常态。不应该低估美国重振雄风的能力，但是不可否认，社会革命的定时炸弹如今正滴答作响。

美国皮尤研究中心进行的一项全国性采样调查表明，尽管美国经济正在缓慢复苏，"美国成年人中自认是中产阶级的人的比例已达到历史最低点 44%（2014 年 1 月），在 2008 年大萧条的头几个月这一比例还有 53%"。

适应大变革

尽管其经济停滞不前，但是我们也不应该由此而草率认定西方，尤其是美国，在全球的影响力已经消失了。美国仍然是无所不在的。在商业、文化生活和私人生活等领域，西方思维方式已经渗透到所有国家。它俨然已经成为非西方文化生活的一部分，虽然从表面上并不总能够表现出来。而提到文化影响力，在相当长一段时间内，美国将保持"平等伙伴中的第一名"的地位。而且以西方为中心的思维在一定程度上是受到认同，甚至是受到欢迎的。但是西方一定要根据世界格局的变化及时调整，其中一项举措就是留出空间，不要试图凌驾于其他文化的自我认同之上。特别是不要在那些因为近来的经济和社会发展而重新拥有民族自豪感的国家面前摆出一副高高在上的架势。

> 要开车，你得有驾照；要投票来决定一个国家的发展方向，你得接受政治教育。

想要驾驶汽车就需要通过考试。拥有驾照，你就可以在所有可通行道路上自由行驶。但是，你有责任服从交通信号，遵守交通规则，并保证不侵犯他人的权利。只有每个驾驶员都尊重其他驾驶员的权利，所有驾驶员的个人自由才都能够得到保障。正是这个凌驾一切的共同利益使得交通体系能够作为一个整体顺利运行。

在西方民主体系当中，每个有资格的公民都拥有选举权。但是，并非每个西方国家的教育体系都对其下一代进行恰当的政治教育，来帮助其担负这个特权所附带的责任。民主意味着人民当家做主。既然"我们人民"是说了算的人，那么该为这个体系的完善负责的就也是我们这些人民。要对关乎国家未来、通常非常复杂的问题进行决断，至少要接受一些基本的教育。而如今的局势则更加复杂，因为我们正处于一个政治本地化而经济却是全球化的时代。

选民们在一定程度上已经厌倦了给那些他们根本就不信任的未来政府投票，所以也很少会支持政府。在美国，政府的选民支持率只有 30% 左右。而在英国，62% 的选民认为"政客们总是在说谎"（YouGov2012 民意调查）。但是，正是这些大失所望的"我们"作为多数派要求政客们做出那些他们根本就兑现不了的承诺。这就像是猫追自己尾巴的游戏。

> 要吸引最优秀的人参与政治，就得创造能够吸引他们的环境。

只有出色应对 21 世纪的经济挑战才能够保证"善治"的实现。要做到这一点，对外，要能够应对全球性的政治和经济危机；对内，要能够在确保体系稳定的前提下推行不受欢迎的措施。然而，目前政客们最关注的则是如何避免任何会危及自身当选的举措。

此外，今天的政客需要跨国公司 CEO 的资助，可他们领取的只是中层管理人员的薪酬，难怪他们中的许多人只是把自己的政治生涯当作是为后续事业做铺垫的前期投入。

中国：南环经济带的榜样

经济问题是西方民主危机的核心问题。经济上的成功使中国受到了全世界的关注。20 世纪盛行一种理论，认为只有采取西方式的民主，才能够创造出财富；而中国的成功使得这种理论不攻自破了。

人口最多的民主国家印度并没有打破西方国家对繁荣的垄断。世界上有这么多国家，最终打破这一垄断的却是人民民主专政的中国共产党领导的中华人民共和国。在美国发展势头最好的时候，人民生活水平平均每三十年会翻一番。可是，每十年，中国人民的生活水平就会增长一倍，由 1971 年的 150 美元增长到了 2013 年的 6,900 美元。2013 年《美国皮尤全球态度调查报告》显示，85% 的中国人对自己国家的发展方向"非常满意"。而这样的表态是处于这样的大背景之下的——政府宣布要采取必要的措施来稳定经济和应对环境过度开发的情况。同时，经济增速将保持在 7% 左右。在探索新执政模式的过程中，中国也趟出了自己的路了。

中国的经济成就引发了激烈的争论——中国的执政模式是否适合南环经济带的新兴经济体？中国能够充当榜样吗？我们的答案是，然，却又不尽然。继续我们中场休息的比喻。中场时，球队确实可以考虑一下另外一支队伍的有效战法中有哪些是能够借鉴的。而且，中国的确有些策略是在任何一种治理模式之下都可行的，甚至可以说是放诸四海而皆准的。比如说，中国会学习他国的经验，取其精华，去其糟粕。而且，在进行改革的时候，它不是一下子就全面铺开，而是先开辟一个小的区域进行试点，之后再总结经验教训进一步铺开。

仅仅这些就足以形成一种模式了吗？不，这还不够。但是这些可以被当作指导原则，有时候只要根据当时当地的情况稍加调整就可以发挥作用。

中国以开放的姿态吸纳了西方的许多先进经验来发展经济和技术，那么中国的政治发展进程能够反过来为我们所用吗？要回答这个问题，我们就要停止评判中国，要尝试理解中国。

中国变革的支柱

无论从哪个角度看待中国，整个中国体系的支柱中最显眼也最遭西方人指摘的就是共产主义。但是，很显然，对这个问题，中国人跟西方人的理解是不同的。

恩格斯对共产主义社会的定义是："有条不紊地利用强大的生产力……同时因为产品极大丰富，人民能够平等享有各种生活所需，提高生活质量。"也就是马克思所说的"各取所需""各尽所能"。我们可以把中国的马克思主义理解为实现最终目标的指导原则。简而言之，共产主义社会就是一个按需分配的社会。结合"实践出真知"的理论，对"中国特色社会主义"的定义就是：这只是一个临时性的名称，因为它所定义的社会尚未完全进化，无法最终定性。"中国梦"就是生活在这样的一个社会。在当今世界，"反对不平等的斗争"已经成为诸多政府的口号，用简单的语言传达出这些意思应该能够引起广泛的共鸣。

理解中国人对马克思主义的理解是理解中国共产党的作用及其组织结构的前提。中国共产党在内部实施精英选拔制度并定期对党员进行政治教育以确保该党执政能力不断增强，如果不理解这些做法的内在指导思想，外界就容易把这些理解为"定期洗脑"。西方人并未意识到中国共产党党员身份同西方政党党员身份的根本区别——西方政党必须要讨好选民，而中国共产党总是选拔最优秀的人才加入其党组织。

中国是与众不同的。几年前在上海发生的一件小事让我们清楚地认识到它有多么与众不同。一位年轻学生想要应聘担任我们几个女儿的伴读。她带来了各种求职文件，成绩单、各种证书及其他成果文件，让人印象深刻。最后，她停顿了一下，预示着她将要说的是一件很重要的事情，然后，她说："这是我的党员证。"当时我们完全不知道她为什么要那么郑重其事地说这个。

截至 2013 年底，中国共产党共有近 8,669 万名党员。与西方政党想方设法拉拢人来加入自己的情况截然不同，在中国，大家都想方设法成为中国共产党的一员。这个体系有些地方类似古代中国的科举制度。那时，只有被选拔出来的生员们才有资格成为科学家、法官和行政人员。只有在接受多年精英教育之后才有机会成为生员。严格的选拔制度能够确保只有最优秀的人才能进入体系之中。而且，这些人的行为也受到严格的监控。最低一等的生员是秀才，可以当老师，而最高级的进士则可以当谋士、科学家、官员以及皇帝的信使和御史。

申请加入中国共产党也要经过层层选拔。党员教育是一种终身教育。不管你从事什么行业，中国共产党的终身教育对党员的事业发展都非常有帮助。同时成为一名中国共产党党员也是对你个人品质的认可。在我们参观过的所有中国省份和城市，那里的政治领导人都凭借扎实的教育功底给我们留下了深刻的印象（其中也包括那些如今已经锒铛入狱，颇具犯罪能量的人）。中国管理层的很多人曾经在美国、英国和德国的大学求学。想要在政治领域青云直上，就必须在实际工作中表现出过硬的领导素质并交出漂亮的经济发展答卷。

在世界各地研究并培训企业领导者的斯蒂芬·莱因史密斯说，以他的经验来判断，中国的私营企业和国有企业领导培养方法是最好的。他的说法勾起了我们的兴趣。莱因史密斯还告诉我们，一位北京大学的著名学者告诉他，未来中国的商业教育当中将包含行政管理的内容。这位学者的原话是："不理解政府的运作方式私营企业就很难取得成功。"我们只能对此表示认可。未来成功的商界领袖不但需要MBA的教育，还需要拥有MPA（行政管理硕士）的最基本知识。

民主需要发展，而不仅仅是推行

俄罗斯、委内瑞拉、埃及、伊拉克、叙利亚、利比亚、乌克兰以及其他一些国家近来的局势已经证明，民主的种子并非一经播种就能够茁壮成长。在许多文化中，并不存在民主生存发展所必不可少的文化土壤。在贫瘠的土地上，再好的种子也没法生根发芽。

西方的民主经过了很长的时间才逐渐成熟。回顾历史，某些事实可能会让你感到吃惊。21世纪以前，在西方民主制度框架之内，投票这项基本权利常常要同资产、地位、纳税金额、受教育程度和性别联系在一起。美国在 1776 年宣布脱离英国独立的时候，这个年轻的民主国家的 13 个州内共有超过 46 万名从非洲运到这里的奴隶，他们的劳动推动了美国经济的发展。但是，直至 20 世纪中叶，非裔美国人还没有享受到同白种人一样的平等权利。瑞士直到 1971 年才赋予了妇女选举权；而作为全球富有经济体的列支敦士登，是在 1984 年！

要建立一个可持续的民主制度，需要选民和被选举者双方的逐渐成熟。在非洲、亚洲和欧洲，都有许多通过民主选举当选的领导人用他们的所作所为证明了权力会带来腐败。

一场选举并不会自动建立一个健康的民主制度，却往往变成腐败领导人的踏板，方便他们建立专为他们自身利益服务的体系，得以傲慢地凌驾于宪法和独立的机构之上。除非是创造出有利于提升政治自觉的环境，否则没有什么别的办法能够引导一个国家朝着公正平等民主的方向发展。教育在促进政治自觉这方面扮演着重要的角色，与其在实现经济目标方面的作用不相上下。我们将在本章的后半部分对此问题进行具体阐释。

在与中国有关的报道中，西方习惯性挥舞着红黄牌

要寻找新的治理模式，就一定不能不看中国。它保持了经济领域的多项世界纪录。然而，充斥于媒体的关于中国的报道多是关于西方如何制裁和惩罚中国的新闻，很少有真正关于中国的报道。2013 年11 月 24 日，德国颇具影响力的报纸《法兰克福汇报周日版》上发表

的一篇横跨两版、标题为《中国试验》的文章是个例外：

"西方仍然没有理解中国。因为其不寻常的政治风格，该国拥有超强的创新能力和应变能力，能够很好地应对我们这个时代的挑战……社会主义市场经济的联系以及在实践中不断调整和完善国家发展规划的做法。它设定了发展目标和优先事项。不断创新方法手段，调整工具机制，将中央的权力下放到地方，促进了地方的积极性，同时也创造出了不断进行实践创新的氛围。这些做法使得一个原本很笨拙的系统产生了意想不到的活力。中国特殊的政治形态使得它可以以一种持久而又灵活的方式来充分利用全球化的机遇。改革开放之初，谁也没有预料到能够出现今天这样的局面……我们是否正在见证一个成功的新社会模式的诞生呢？"

在为《创新中国》收集资料的过程中，我们曾同奈斯比特中国研究院的另外一名董事斯蒂芬·莱因史密斯有过紧密的合作。莱因史密斯曾在多家跨国公司培训高管和提供咨询服务，对于中国这种强调集体主义的文化与其他国家文化之间的差别有着深刻的体会。他发现："这种文化的人上下级观念更强，更愿意为了安稳的生活而效力，这跟笃信个人主义的西方文化截然不同，在那里，每个人可以为了自己的需要随时跳槽。"如果要理解中国的政治、文化和经济发展就必须充分考虑文化差异。

网络民主就像威腾堡教堂的大门

正如我们在导言中写的那样，今天的互联网正在发挥马丁·路德时代威腾堡教堂大门的作用，成为传播不满情绪的媒介。在这个语境之下，融合情报学、社会学、经济学和心理学的社会信息学将有越来越重要的地位。

我们曾经请教过在俄克拉何马大学图书馆与信息研究所教授社会和社区信息学的柯林·莱恩史密斯博士，问他这门相对较新的课程在未来会发挥什么样的作用。"在16世纪，当路德将他的论纲贴到威腾堡教堂大门上的时候，当局很容易就可以把论纲从门上撕掉。而今天的政府则选择关闭大门——它们可以关闭互联网来阻碍交流。但是人们很快就找到了后门，并利用起了创新移动技术，在没有手机通信网络或者无线网络的时候他们也能够相互联系。"

莱恩史密斯教授相信："社会信息学对于我们理解信息技术如何塑造社交方式有着极其重要的作用，同时还能够帮助我们理解更广阔的社会、政治和经济力量将如何改变工作、学习或者娱乐时使用的信息系统。社会信息学能够帮助我们理解技术的那些常常被人忽略的特质。我们可以利用这些知识来更深刻地认识信息技术是如何影响我们的生活，从而更好地掌控我们的生活。"

当然，互联网的沟通作用是双向的，人民可以用它来向政府请愿，政府也可以利用互联网来向民众剖白自己。在中国，上至习近平主席和李克强总理，下至地方各级政府，都参与到了交互式网站，这样的渠道，不仅为人民群众提供了一个反映问题、发泄情绪的窗口，还有助于政府了解普通百姓所思所想。正如我们在《中国大趋势》中写的那样，"在这样一个权力高度分散的社会中，领导层从整个社会的高度构建了一个宽泛的概念体系，这个体系反映了基层的心声、倡议和要求。自上而下以及自下而上的能动性都被充分调动起来，而且还鼓励人们根据条件和情况的需要进行灵活多样的调整。而所有的调整都要在领导层确立的共同目标框架之下进行"。

互联网是这个垂直结构的一部分，支持思想和经验在等级体系内部向上和向下持续流动。在这个体系的内部，中国正处于创造一个适合中国历史和思想的民主模式的早期阶段。诚然，这种垂直的民主进程有它的弱点，不过，它的主要优势在于它把政治人物从选举驱动思维中解放了出来，并为长期战略规划创造了条件。

在西方人眼中，一国政府是否拥有合法统治地位就只有它是否是民选的这样一个评价标准；在中国人眼中，一国政府是否胜任的评价标准就是它取得了什么样的政绩。根据这一标准，中国政府无疑表现良好。

自 1949 年开始，中国一直由中国共产党领导，但是，在过去 30 年里，虽然国家政权一直牢牢掌握在中国共产党手中，其治理国家的理念和手段却发生了翻天覆地的变化。中国共产党的领导模式是一种基层广泛参与的运行良好的一党执政制度，中国也变成了一个决策和执法越来越透明的垂直民主社会组织。

西方人热衷于创建各种委员会，而中国人则相信反复试验

与众多非洲、亚洲和拉丁美洲的国家不同，中国治理模式是一个把中央的权力不断下放到地方的过程。

中国的改革是一场自下而上的改革，第一步就来自于实践。小岗

村的农户们私下达成协议，将公社的土地分割成十八块，分配给十八户村民。定这样的协议是要冒很大风险的，它打破了几十年来束缚农民和农业的那个体制的所有规则。这项大胆的举措得到了时任安徽省委书记万里的支持，而且，众所周知，后来也得到了邓小平的支持。因为邓小平相信群众的积极性和创造力一旦释放出来，将会是推动中国实现宏伟目标的主要动力。

回首自 1978 年以来的几十年，中国作家吴晓波如是分析道："政策制定者们发现，他们的任务就是如何顺应时代潮流，并强化最终的结果。除了必要的勇气和精神之外，他们只需要弄清楚如何引导人民自己的创造力沿着正确的道路发展。"邓小平理解并推广了那些因为绝望而生出勇气的普通老百姓所发起的农业改革。他参考这些人的做法来制定国家的改革开放政策：中国开始尝试将有限的区域当作试验田，反复试验寻求改革的途径。

《法兰克福汇报周日版》的文章是这样描述中国做法的："中国尝试了一些做法，他们在处理不确定性和非线性发展问题方面成效显著。中国的制度具备了良好的适应性，这是因为它建立起了在实践基础上不断自我改进的机制。"

西方承担不起误读中国的代价

可以预见，由西方来制定全球规则的时代正在走向终结。在这样一个时代，了解中国发展的驱动因素还有其特殊的改革技巧这些使得该国如此生机勃勃的诀窍应该是个合情合理的做法。它不理会特殊的政治决策准备规程，因为它根本就不是一个静态的中央统治体系。《法兰克福汇报》写道："描述中国正在创新的体系并非易事，部分原因是与其他正处于发展演变过程中的时代一样，新体系需要一定的时间才能准确命名。中国的领导层经常称自己的方法是'中国特色社会主义'，而西方则把它称为'社会主义市场经济'。"

我们认同托马斯·库恩（Thomas Kuhn）的说法："你不能使用旧模式中的词汇来理解新的范式。"我们也曾经在 2009 年写作《中国大趋势》的时候提到："新的范式发展得越充分，能够更好定义它的词汇就越充足。"

将西方民主的原则作为终极政府模式，并以此为出发点来考察中国的治理模式只能让人感到失望并生出不切实际的期望。真正的答案不在于意识形态，而在于执政表现。吉迪恩·拉赫曼曾引述邓小平的英文翻译张维为的话：中国人相信，执政表现决定正当性。只要政府的政绩好，它的执法地位就被认为是正当的。

"阿拉伯之春"

在所谓"阿拉伯之春"运动当中，民众因为社会与经济的种种原因而发出了对改革和民主化进程的呼唤，然而，阿拉伯民众并未因此使其生活得到切实改善，却为这种"自由"付出了不菲的代价。曾经在短时间内滋养人们为争取更平等和更美好的生活而奋斗的希望暖流，却被现实的寒风驱散得一干二净。叙利亚陷入内战泥沼；利比亚的民兵武装为了争取政权也陷入了争斗；埃及走上了军事独裁国家的道路。

教育程度低，还有因此而造成的工作机会缺乏等问题是阿拉伯社会的年轻人揭竿而起反对统治当局的主要原因。但是，另外还有两个非常重要的问题：尊严和生活的意义。撒哈拉沙漠以北国家的年青一代失去了安身立命的根本。宗教价值观和部落传统文化的影响力日渐薄弱，再加上疲弱的经济制造出了一个信仰真空，而如今填补这一空缺的正是宗教极端主义诱人的欺骗性承诺。很多人打着神圣使命的幌子自立为王，这些人与统治阶级沆瀣一气，煽动无辜的群众去攻击那些被定性为"异教徒"的人。在这种情况之下，情感不再听从理智的指挥。这种情况无法在一夕之间被彻底扭转，也不能通过军事手段来消除。健康的社会环境、家庭与社区的纽带作用是有效的防止情感真空出现的自下而上的手段，只有这样，才能让极端分子无机可乘。

"伊拉克和黎凡特伊斯兰国（ISIS）"组织最危险和最可怕的地方就在于它对青年人有很大的吸引力。它同过去的那些组织并没有本质的区别，运作的模式也是一样的：许诺给人们以力量和认可。也是以宗教或者种族为标准来树立一个敌人并把一切罪责都推到这个敌人身上。我们可以看到这样的画面：一名"伊拉克和黎凡特伊斯兰国"的战士站在夕阳的余晖中，手中的旗帜迎风招展，他的卡拉什尼科夫冲锋枪随意地斜挎在肩上。这样的图片很巧妙地迎合了人们的情绪，而西方媒体在报道的时候无意间就将这样的形象给宣传出去了。

多年来，西方世界一直经历着这样的威胁，期间也犯了许多错误。如今，它们要为此付出代价。奥地利内务部部长约翰娜·米克莱特纳

（Johanna Mikl-Leitner）在 2014 年 10 月的一场电视辩论《哈里发的孩子：是我们的错吗？》当中明确地指出了这一点。第二天，我们又专门与她探讨了这个问题。她向我们强调说："二三十年前才出现真正意义上的种族融合问题（那个时候奥地利的穆斯林移民数量开始迅速增加）。我们当时就应该意识到，到我们国家来的许多人受教育水平不高，几乎不会说德语。正因如此，他们几乎只在自己的小圈子中活动。他们生活得如此与世隔绝，又没有多少机会改进自己的生活条件，这使得他们很容易被激进团体蛊惑；而这些激进团体总是会说它们要完成的是上帝赋予自己的使命。我们肩负着打破这样恶性循环、提供建议和引导的社会责任。而且这绝对不是一个部门的问题，而是应该由几个相关的责任部门通力协作才能够完成的任务。奥地利全国上下都应该关心不同社群、城市和省份融合的问题。"

我们对此深表认同，而且，我们认为，这个说法不仅仅适用于奥地利。指责和囚禁并不能解决深层次的社会问题。在大多数情况下，人们被极端主义思想吸引并非没有理由，他们甚至有时会被鼓动着去杀害自己身边的民众。打击各种极端势力的斗争要想取得胜利不能仅仅依靠惩罚，重要的是消除那些滋生极端思想的环境因素。致力于推动切实行动的米克莱特纳部长同时警告说，要警惕各种行动可能引起的恐慌："我们需要有所防范也需要复兴。但是，我们必须要承认过去的疏失，我们不能只埋怨社会，而忽视了每个人都该为自己的行动负责。"

这其中当然也包含了伊斯兰世界所肩负的远离伪宗教激进犯罪团伙的责任。但是，伊斯兰世界没有几个领袖能够做到这一点。如果伊斯兰世界不能够同这些恐怖分子坚决划清界限，那么国际社会对伊斯兰世界的看法就会更加负面。

像"伊拉克和黎凡特伊斯兰国"、基地组织和塔利班这样带有宗教色彩的组织还会继续制造问题，是颇具破坏性的因素。但是，他们无法阻止这个世界变得更加平等、参与度更高的整体趋势。

这一代人就这样成长起来了，很少有或根本就没有希望过上他们梦想中的美好生活。在突尼斯，紧张局势一触即发，社会矛盾终于因为水果商贩穆罕默德·布瓦吉吉的自焚而迅速升级。布瓦吉吉引火自焚，以抗议市政官员没收他的商品并对他本人进行羞辱的做法，这是点燃燎原大火的火花。此事件在突尼斯激起轩然大波，事态迅速扩大，在整个非洲北部蔓延。这场社会革命被称为"阿拉伯之春"。不过，我们现在知道了，这场革命真正生根发芽还需要很长的时间。

所有的迹象都表明，突尼斯将会一马当先。该国正在开创一个多种族和平共处的新境界。虽然因为布瓦吉吉的死一怒而起的那些为自由而战的底层民众确实实现了巨大的飞跃，但是建设现代化突尼斯的硬仗则是在推翻了本·阿里（Zine al-Abidine Ben Ali）总统之后才正式开始的。

"阿拉伯之春"相关国家所取得的最显著成就就是：突尼斯在建立有效可行的民主制度方面取得了很大进展。而这个制度的基础是一部团结了突尼斯各族人民的宪法。

在 2014 年 1 月，经过两年的艰苦磋商，突尼斯党派间最终达成妥协，突尼斯的新宪法在国民议会通过，216 名代表中有 200 名投了赞成票。新宪法是阿拉伯世界颇具自由主义色彩的宪法，并得到了占主导地位的伊斯兰政党和代表世俗主义反对派党派双方的支持。该文件承认伊斯兰教是突尼斯的国教，同时也确保突尼斯仍然是一个独立的国民政权，还保证公民享有普遍的自由和权利，还特别考虑到了在地方政治结构中保证青少年和妇女的平等权利。宪法还规定，未来的政府不可以对宪法进行修正。来自朝野双方的压倒性支持证明突尼斯是最有可能实现向民主制度平稳过渡的国家。

政治体系变革必须从本国发起

试图在文化背景不同的国家推行西方民主就像是用一个人听不懂的语言跟他说话一样。振兴一国经济绝非易事，然而，事实证明，在许多国家，要建立一个大家都能接受的政府，最大的障碍还在于要消除许多信仰有根本性差异的宗教和世俗团体之间的分歧。

对大多数北非和"近东"国家而言，"阿拉伯之春"并没有带来政治气候的真正改变，不过，它至少已经启动了寻找新的治理模式的探索过程。教育将是关键，无论是对于促进经济发展还是解放人民的思想，使之能够切实担负起民主制度中人民应该承担的责任。民主发展必须自下而上进行。尽管西方的政客自诩为民主导师，到处鼓吹西方式民主制度，然而，美国在阿富汗和伊拉克发起的战争已经证明，即使抱着最美好的初衷（当然是否如此还值得商榷），也不应该，更不可能迫使那些自身的文化和历史与西方诸国几乎没有什么共同之处的国家接受西方民主制度。

在追求民主执政模式的过程中，进化式变革是必由之路

《人民希望能够有更大的发言权》，这是《经济学人》2013 年 11 月 18 日刊登的关于中东和非洲问题的文章的标题。沙特阿拉伯和阿拉伯联合酋长国也不例外，统治者和人民之间的关系正在悄悄发生转变，这是"阿拉伯之春"在民众中激发出来的新政治需求。海湾阿拉伯国家的领导者们不可能放弃他们手中掌握的权力，不过似乎他们都在竞相改善自己的执政表现以证明自己领导权的合法性。

如果你不通过选举而获得领导权，那么实行精英政治、任人唯贤就是维持政权非常关键的因素。如今政府控制的主流媒体在控制舆论走向方面已经力不从心了，控制舆论的通常都是社交媒体。YouTube、Facebook、Twitter 以及其他网络平台提供了一个广阔的意见交换空间，人们可以自由地交流观点、对政治领导人和国家发展思路进行评价。沙特阿拉伯社会是相当封闭的，如今却拥有全世界很活跃的社交媒体。在阿拉伯国家，就像在其他国家一样，领导者的不端行为再也不能被掩盖起来，而是会很快通过互联网被传播开来，引发人们的不安，或者娱乐大众。阿拉伯联合酋长国的政府官员在出了车祸后殴打对方司机的蛮横行径，还有中国富二代开着他的法拉利造成交通事故的恶行，都因为无处不在的摄像手机而被传扬得路人尽知。

互联网打开了通往另一个世界的大门，同中国或巴西的年轻人一样，阿拉伯的年轻人也想进入这个世界。当年轻人问我们如何才能改变自己的国家时，我们的建议是，尽量不要跨越"革命"这条红线。

在大多数情况下，不断发展演变才是应该要走的路。

> 世界越来越紧密的联系迫使专政政府不得不允许人民更多地参与政治。

如今，许多专制统治体系都日益开放，鼓励人民更多参与。阿拉伯联合酋长国政府媒体《国家》在其 2013 年 12 月 4 日发表的社论中报道了一个过去人们连想都不敢想的做法。该文的主人公是迪拜酋长、阿联酋总理和现代迪拜的总设计师，谢赫·穆罕默德·本·拉希德（Sheik Mohammed Bin Rashid），他制定了本国后石油时代的发展战略，将迪拜建成了一个旅游胜地以及金融和工业中心。他在自己的 Twitter 上发表了一篇文章，向自己数以百万计的追随者发出呼吁：“人人都行动起来，参与这场有史以来最大规模的全国性头脑风暴，找出医疗卫生和教育事业发展的新思路。”

政治更加透明、明确领导人的责任义务，实行精英政治路线似乎是一条可行的道路。创新不再局限于技术领域，必须扩大到社会和文化领域。政治表现越好，其执政的合法性越是得到强化，就越是要寻找新的方法来保持其面对市场对手时的竞争力。改善和发展教育是最根本的手段。为了衡量政府的做法到底是成功还是失败，迪拜和阿联酋的各级政府都制定了关键绩效指标（KPI）。

迪拜政府设定了 2021 年的发展目标。各个部门都必须达到关键绩效指标的要求，无论是发展教育还是改善营商环境。要向公众发布年度报告，并每月对谢赫·穆罕默德·本·拉希德报告，46 个部委和监管机构当中没有一个希望自己的成绩垫底。

阿联酋被认为是中东地区最廉洁的国家之一，在今后较长一个时期内，它将会致力于消除传统的自上而下治理方式同人民更多参政议政需求之间的矛盾。

实验纪事

为了找到一种适合自身的执政模式，有时候也可以采取大胆的举措。而在所有国家中，拉美的贫穷国家洪都拉斯在 2011 年因为其进行的一项政治实验而给世界带来惊喜。它将要从无到有建成一座城市，这座城市拥有自己的政府、法院、警局和税务制度，没有腐败，没有有组织犯罪。它将成为财富和进步的源头，对于那些经济具有一定发展潜力却无力改变不合时宜治理结构的国家而言，它将会是一个光辉的榜样，也会是一种激励。

洪都拉斯国民党成员奥克塔维奥·桑切斯（Octavio Sánchez）和美国经济学家保罗·罗默（Paul Romer）成为该项目的负责人。桑切斯梦想着进行教育改革，繁荣经济，并实现妇女解放。他认为，洪都拉斯的问题不是因为极端资本主义而造成的，而是由政治家不能以方便人们创造财富的方式来进行社会组织管理造成的。

在洪都拉斯以北数千公里之外的科罗拉多州，保罗·罗默则相信迄今为止的大部分发展模式都已经失败了。对他而言，解决方案是中国的香港模式。在那里，英国规范和制度成功地创造了经济发展的良好环境。后来，它成为邓小平在中国经济改革中采取的模式之一。

2010 年，罗默借助 TED 演讲这个平台提出了自己的理念，数百万人在互联网上收看了他的演讲，其中一个就奥克塔维奥·桑切斯。罗默需要的是一个愿意实施自己想法的国家。而他也找到了这个国家，它就是洪都拉斯。

当你陷入谷底，这说明你的双脚已经踏在了坚实的基础上

这次合作的出发点其实很简单，反正洪都拉斯的情况已经糟糕到不能更糟了。这里的谋杀率是全球首屈一指的。几乎每两个人当中，就有一个每天仅靠不到 1.25 美元生活。其 790 万居民中，只有 25 万人纳税。不过，确实也有些行业非常红火，95% 走私到美国的毒品是通过洪都拉斯转运的。尽管方式各异，奥克塔维奥·桑切斯和保罗·罗默拥有同一个梦想：利用中国的香港模式将财富带给一个破败的国家。桑切斯听到保罗·罗默 TED 演讲的当天就联系到了他。就这样开始了一项基于简单原理的大胆实验：找一块足够建立容纳几百万人的城市的荒芜土地，根据经过实践检验的原则来治理它，让那些喜欢这个主意的人搬到那里居住。

2011 年 12 月《经济学人》杂志载文指出："在洪都拉斯建一个香港。这个雄心勃勃的发展计划，其目的是帮助一个中美洲国家走出经济困境。它切实可行吗？"一切都从头开始，不必受僵化社会结构的负累，还有来自外国的专家监督城市的运转。在罗默所谓的"宪章城市"，财富将会有条不紊逐渐积累。一切都从无到有，拥有自己的政府、自己的法律和自己的货币，直到足够成熟能够举行选举之前实行专政统治。为了进行这项"特别发展区"项目，洪都拉斯还专门通过

了一项宪法修正案，该特区的"宪法地位"允许其建立独立的法律框架。2011 年 1 月 19 日，洪都拉斯议会以 124 票支持，1 票反对，通过了对宪法进行修正的决议。2011 年 12 月 6 日，总统波菲里奥·洛沃（Porfirio Lobo）任命了"透明委员会"的第一位委员，其职责是监督这个新实体的诚信度，并确保其廉洁性。

该项目一步一步稳步展开。各大国际媒体，包括《纽约时报》、《华尔街日报》和《经济学人》都对这个前所未有的实验进行了报道，罗默被塑造成了英雄。随着国际社会对其关注的渐渐加强，项目内部却出现了矛盾。罗默希望在洪都拉斯东北部远离犯罪和腐败的偏远地区建城，而桑切斯则想将城建在洪都拉斯最现代化的港口科尔特斯港附近。而纽约企业家迈克尔·斯特朗（Michael Strong）一直在等待一个在拉丁美洲投资的机会，他支持桑切斯的想法。斯特朗计划在 10 年内为新城投资十亿美元。而且，他同那些有兴趣外包生产的美国企业家们建立了良好的关系。向中国外包生产的成本低，但太远；而洪都拉斯就在隔壁。

洪都拉斯即将开始对贫困和落后宣战的激进实验

记者们都把罗默当作故事的主人公，而洪都拉斯人则不这么看。就在梦想要变成实现的关键时刻，就在人们几乎可以嗅到成功的味道之时，它却变成了一场争夺威望和成就自我的战斗。罗默称该项目为"宪章城市"，而桑切斯则喜欢"RED"（特别发展区的西班牙语缩写）这个说法。罗默同加拿大政府磋商，想要加拿大政府托管这座城市，请加拿大总理任命一名市长。而桑切斯却不愿意把本国领土的主权移交外国。不到半年的时间，罗默和洪都拉斯政府之间的合作就出现了裂痕。经济学家罗默希望改变现实来适应自己的理念，而政治家桑切斯则想要改变罗默的理论来适应本国的现实。

洪都拉斯国内，对该项目的批评之声也甚嚣尘上。左派称其纯粹是使富者愈富的新殖民主义。有一群律师称该项目违宪，并将诉讼书提交给了高等法院。一开始支持该项目的反对派的态度也来了个一百八十度大转变，加入了抗议团体。跟通常的情况一样，原本具有划时代意义的一次实验变成了政治斗争的牺牲品。设在特古西加尔巴的洪都拉斯高等法院随后也宣布该项目是违反宪法的。

洪都拉斯发布公告宣布政府已经与迈克尔·斯特朗签署了谅解备忘录，从而宣告了原计划的破产。被打了个措手不及的罗默黯然退出项目。而斯特朗则开始了小规模的基础设施项目试点。奥克塔维奥·桑切斯还希望能够实现最初的构想，"但是，在政治动荡的条件下，我们需要创造合适的条件。只要不让外国人来统治我们的领土，其他问题都好说"。

"让罗默加入是一个错误。我们应该通过自己的力量来实现这个项目。而这正是我们现在要做的。"现在，国家对这个城市的控制权增大了，城市的独立性减少了，还建立了一个由 21 名专家组成的新委员会来指导项目的进行。桑切斯还是希望他在 1991 年 15 岁时写下的对洪都拉斯的梦想能成为现实，他还有时间。在他的梦想里，故事的结局发生在 2050 年，到那个时候，繁荣富强的洪都拉斯将会主办世界杯足球赛。

只是我们现在还无法确定，2050 年，洪都拉斯会不会变成桑切斯所希望的样子。

新加坡：用一代人的时间实现经济转型

我们经常这样比较：西方人总是试图教化社会，而亚洲人则向社会学习。无论在什么情况下，他们似乎都会问："我能够学到什么？"在参观苏州工业园的时候，有人提醒我们，中国和新加坡正是靠着这种态度渡过了经济难关。工业园的博物馆展示了从 1992 年起这个小镇是如何开始工业化进程的。那场变革，中国正是学习了新加坡的经验。

学习并随时进行必要的调整是李光耀的人生信条，他从殖民时代新加坡的一位明星学生成长为新加坡的领导人。20 世纪 70 年代，他发现空想社会主义毫无意义，甚至成为英国经济衰退的罪魁祸首。约翰·米克尔思韦特（John Micklethwait）和阿德里安·伍尔德里奇（Adrian Wooldridge）在他们的作品《第四次革命》中写道："李光耀拿来了西方为现代国家开出的菜单，参照英国哲学家、现代绝对国家主义理论创始人托马斯·霍布斯（Thomas Hobbes，1588—1679）以及英国哲学家、当时最具影响力的古典自由主义思想家密尔（John Stuart Mill，1806—1873）的观点对此进行删减，同时还融入了亚洲哲学的元素。"

在改革开放之初，邓小平就访问了新加坡，并把它当作中国对外开放中的榜样之一，这绝非偶然。新加坡的例子说明，可以利用专制统治模式的高效率来发展经济，同时赢得较高的民主认同度。新加坡的成功公式：睿智的长期战略再加上看重结果的精英政治体系。新加坡的人均国民生产总值从 1965 年的 511 美元增长到了 2013 年的 51,709.45 美元（世界银行）。

高效率专制体系效果显著

新加坡，面积只有约 716 平方公里的弹丸之地，在一个家族的专制统治之下开始了它的崛起之路，这一片沼泽密布的土地居然发展成了一个蓬勃发展的经济体。当李光耀在 1959 年成为新加坡总理的时候，他面对的是一个失业率居高不下，住房缺乏，耕地稀少，完全没有自然资源的烂摊子。而仅仅用了一代人的时间，新加坡华丽转身，从发展中国家一跃而成发达国家。而且，自 1959 年以来，新加坡人民行动党赢得了每一次大选。

如今，新加坡是世界上最廉洁的国家之一。根据 2012 年 PISA 教育研究报告，新加坡公民的数学和文字能力在全世界排名第二，而阅读能力和科学技能素养位列第三。要说基于计算机的计算和阅读能力，新加坡人在全球排名第一。提到人均收入，新加坡在国际货币基金组织排名中排第三，世界银行排名中排第四，美国中情局排名中排第六，在全球竞争力指数排名中排第二。每六个家庭中就有一个家资过百万，新加坡是世界上百万富翁比例最高的国家。其境内开设有超过 7,000 家跨国公司，其经济被认为是最自由、最具创新力和竞争力，并最具商业友好性的经济体系。世界银行把它称为"顶级商务天堂"。

新加坡的生活水平、学校教育质量和医疗服务水平已经超越了其前殖民统治者英国。为了保证教师和公务人员敬业的工作态度，他们的收入水平很高，达到每月 4,500 美元。

尽管在新加坡赤贫非常罕见，但其收入不平等程度在所有发达国家和地区当中，却紧随中国香港和美国之后排名第三。好在其人口中超过 15 岁拥有劳动能力的人，失业率只有 2%。

坐在浮尔顿酒店的户外餐厅里，你经常可以看到各种国籍的人熙来攘往。新加坡是个多种族的国家，其民族文化就像其饮食文化一样丰富多彩。西方思潮、中国的儒家思想、马来文化、伊斯兰和印度文化并存于新加坡社会，却并没有导致社会文化摩擦，反而共同构成了一幅引人入胜的多民族、多元文化画卷。

尽管新加坡并不符合西方民主的所有条件，但是据我们了解，其民众对政府的表现是满意的。我们曾多次访问新加坡，在那里的新加坡朋友和外国人都告诉我们，他们没有什么可抗议的。"时不时地会有人号召大家去抗议，但是没有人会响应。"

非洲国家经济上逐渐恢复元气，政治发展上还处于初级阶段

前文我们写道，西方人守着满盘的食物却饿得前胸贴后背，非洲的情况更是如此，尽管表现形式不尽相同。这片大陆本该有何等的辉煌啊！李光耀把敌人关进监狱，对新加坡实施了三十年独裁统治。如今的非洲人民情愿付出同样的代价，只要他们的领导人也拥有足够的决心和能力来扭转非洲的局面。

过去数年间，腐败、效率偏低的体制、失业和城乡之间的巨大差距阻碍了非洲的进步。许多非洲国家的基础设施和教育状况比非洲殖民时代刚结束的时候还要糟糕，那是人们第一次群情激昂，期待看到

非洲迅速发展的时代。可是，在那个时代实现财富大飞跃的不是非洲，而是日本和韩国带动下的亚洲。时至今日，非洲的国民生产总值仍然只占到全球国民生产总值的百分之三。不过，现在全球环境发生了根本性变化，这是属于非洲的机遇。

要实现可持续发展，非洲国家必须进行政治改革。目前，善治在非洲依然鲜见。掌握国家政权的通常是有争议的政治人物和独裁政府，国家政治不透明，法治不兴，腐败大量蔓延。在总统穆加贝（Mugabe）的统治下，津巴布韦创造了一系列"奇迹"——63 个选区选民的数量超过其居民数量，有 116,195 名百岁老人选民；2009 年百分之六千万的通货膨胀率更是堪称世界奇观。津巴布韦实施了一场土地革命，剥夺了 4,000 名白人农民的土地，在那之前，津巴布韦是非洲的粮仓，现在却必须进口玉米。不过，曾经富饶、繁荣的农业是可以恢复的。无论以什么方式，穆加贝的时代终将结束，津巴布韦终会有一个新的开始。2013 年 12 月发表于德国《明镜周刊》的一篇关于非洲的由三部分组成的文章中写道：毕竟，在"冷战"结束后，在非洲 53 个国家中，只有 3 个勉强算得上是民主国家。而今天，这一比例已经大幅提高。

解决非洲遗留问题是充分发挥其潜能的第一步

目前非洲国家之间的边境线都是殖民时代留下来的，根本就不能够反映出民族多样性的自然历史变迁，也没有按照种族和经济集群的标准进行划分。它们更多的是 19 世纪末前殖民国家谈判划分势力范围的结果。非洲的地图，同拉丁美洲的地图没有太多不同，都是殖民历史的产物。任意划分的民族国家成了唯一的组织模式，而这些国家间的边界往往被视为非洲根本性弊病之一。他们分开同属一个部落的大家族，切断了贸易通道，并使得食品以及其他资源的交换变得更加不便。原本，建立一个民族国家首先得由世代相传的血统、宗教信仰和语言逐渐形成共同的民族认同而开始，而人为划定领土边界的做法则将这个过程翻了个个儿，完全的本末倒置。因此，非洲国家面临的主要挑战之一就是寻求民族认同，建立民族意识和民族自豪感。

这些国家的人民因为经济原因而成为一个整体，但他们表现自己独特性的愿望却越来越强烈。非洲国家面向世界敞开大门，并致力于应对越是全球化就越凸显地方特色的矛盾。他们同本民族和本部落的联系越紧密，就越是坚持自己独有的特性。这种坚持可能会通过暴力的方式体现出来。在寻找适应非洲文化、历史和经济现实的新治理模式的时候，经常会遇到文化和伦理上的障碍。许多非洲国家仍然无法建立一个有效的治理体系来维持政治秩序，保护人们不受身体暴力伤害，实施法治，提供基本社会保障、基础设施，以及解决水、能源和粮食供应等问题。

许多非洲国家仍是世界上非常贫穷的国家，人均年收入低于 1,036 美元。据联合国统计，在索马里有近 3 万人需要靠救济才能活命。联合国援助索马里项目负责人菲利普·拉扎里尼（Philippe Lazzarini）称："5 万名儿童正由于严重的营养不良而在死亡线上挣扎。"2014 年，联合国需要 9.33 亿美元的捐款才能够顺利实施所有最基本的援助项目。

据路透社报道，国际捐助者已经削减了他们在索马里的捐款，因为叙利亚、苏丹南部和中非共和国当前的需求更为迫切。如今，在许多非洲国家，还是无法依法建立正常的政治法律秩序和基本福利制度。法官和法院往往是腐败的，"法律面前人人平等"只是一句空话。警察收入极低，职业培训水平同样低下，所以许多警察都监守自盗，参与各种犯罪活动。

然而，在许多非洲国家，政府执政模式正在发生改变。

印度新总理莫迪无暇"度蜜月"

一些所谓的民主国家其实是为统治阶级和国际资本服务的，而不是为它的人民服务的。一些非洲国家就是这样的，印度的情况则略有不同。印度被西方世界誉为世界上最大的民主国家，外界对它的前景总是会过度乐观。2007 年，麦肯锡的一份报告预测说印度的中产阶级将成为"未来最大的消费群"，但是，直至 2014 年，印度的人均收入水平还没有达到预言中的水准。许多印度人都抱怨说印度国大党和甘地家族已经执政太久了。

如今空气中充盈着变革的气息，至少理论上如此。实际上，国会已经在批评总理莫迪还在抓着"他的竞选说辞"不放。国会议员们奚落莫迪的博客，说总理现在亟须跳出竞选模式。印度主流商业报纸《经济时讯》引述莫迪本人在就任一个月后的 2014 年 7 月发表的博文："之前的政府可以享受将蜜月期延长一百天甚至更长的奢侈，而我却不行。不要说一百天，上任不到一百个小时我就开始面对各种诘难了。"

《华尔街时报》在 2014 年 6 月 16 日报道了莫迪总理六月初进行

的第一次出国访问。那一次，作为就职仪式的延伸，他访问了不丹，并邀请了所有的地区领导。文章援引了与不丹接壤的锡金一位议员莱博士（P.D. Rai）的话：“尽管印度希望在南亚事务上，而不仅仅是贸易领域，享有更多发言权，但是，迄今为止，南亚地区的政治影响力还非常有限。从长远来看，莫迪政府希望把印度打造成南亚诸国最大的投资者和基础设施建设贷款提供方。而中国在亚洲的其他地方以及非洲采取的就是这种策略。”

至少，印度商界人士对总统莫迪执政的未来成就还是非常乐观的。根据 2014 年麦肯锡机构的一份调查，印度 96% 的企业高管都相信本国的经济形势能够在六个月之内好转，而且其中有 75% 的人认为印度经济已经在恢复了。不过，2009 年曼莫汉·辛格（Manmohan Singh）及其领导的国大党赢得印度大选的时候，也有 72% 的企业高管这么说。

到底会是印度还是中国——一个笑话

印度要走的路还很长。直到最近，我们还会听到这个问题“未来领导亚洲的到底是中国还是印度？”。一些评论家从来没有把这个问题当回事，而今，随着中国主导地位的确立，已经没有人关心这个问题了。盘根错节的繁复法规和税收牢牢束缚了印度，在今后许多年里将会限制其发展。

尽管印度臃肿的官僚体系会成为它追赶中国的一大障碍，但是它有人口年轻化的优势可以利用。中国人的平均年龄是 38 岁，而印度人的平均年龄只有 28 岁。印度数量超过 5 亿的青年人队伍蕴藏着无限潜力，它需要做的就是如何充分利用这一有利条件。然而，如果不能提高教育水平，就无法充分利用经济全球化带来的各种机遇。印度需要从根本上改变自己对待妇女和广大受歧视人民的做法。

2014 年 2 月 25 日 Gulfnews.com 上发表了一篇题为《千疮百孔的印度民主》的文章。作者沙希·塔鲁尔（Shashi Tharoor，印度人力资源开发部部长）首先称赞印度的民主"曾发挥巨大的作用，帮助一个古老的国家在 21 世纪书写成功的故事"，但是他也承认："长期以来，印度人称赞自己的议会是民主的圣殿，而如今看守圣庙的祭司们已经亲手玷污了这座神庙，印度民主迫切需要进行改革。"

2014 年 5 月，印度第 15 届人民院（议会下院）议会，也是印度实行民主制度 60 年来生产力低下的一届议会，已经成为了历史。该文写道："过去的五年是印度议会的五年，所有的会议都毁于反对派的破坏。2009 年 5 月当选为国会议员的这些人与之前的那些届国会相比，通过的法案最少，用来进行国会辩论的时间也最短。"

如果那些当选的人只会"喊口号，举牌子，撒泼骂街，还不断造成国会休会"，也就是说，除了该做的事不做，其他什么事都做，那么，人民除了抗议，还能做什么呢？

中国和印度齐心协力何如？

"中印合作就像一个只露出冰山一角、等待发掘的巨大宝藏，一座正在不断积蓄能量、等待喷薄而出的巨型火山，令人憧憬和向往。"

这是中国外交部部长王毅以轻柔的语气发出的铿锵有力的宣言。同许多其他国家的政治言论不同，中国的经济战略从来都是言出必行的。

2014 年 6 月初访问印度期间，王毅称中印关系是 "21 世纪最具活力和潜力的双边关系"。如果两国能够像中国所倡导的那样采取合作而不是对抗的态度，完全有可能掀起一场席卷亚洲的经济风暴。两国应对边界问题的策略是观望，这有可能成为发掘两国 "等待发掘的巨大宝藏"（王毅在 2014 年 6 月 8 日接受《印度报》书面采访的时候使用了这样的字眼）过程中的一道坎。

《中国日报》（2014 年 6 月 9 日）引述《印度时报》资深记者塞巴尔·达斯古普塔（Saibal Dasgupta）的说法："莫迪果断决策，在本届新政府同中国政府之间建立了平稳的联系。"据媒体报道，莫迪总理说，早些时候，他曾四次访问中国，获得许多促进印度工业发展的灵感。现在，印度经济体系中工业行业的比例是 15%，差不多是中国的一半（31%）。中国国务院总理李克强首次出访就曾访问印度，彰显了中国亚洲战略中印度的重要性。2014 年年底前，习近平主席也计划对印度进行国事访问。中国与印度的双边贸易额自 2000 年开始已增长了 20 倍。不过王毅说："对于拥有 25 亿人口的中印两国来说，现在合作还远未达到应有的规模和水平。"中印关系的火山正发出隆隆的轰鸣声。

俄罗斯：在外围舞蹈

彭博社驻莫斯科和基辅记者列昂尼德·波希德斯基（Leonid Bershidsky）发表了一篇题为《俄罗斯从假民主到伪专政》的评论文章。

俄罗斯的前任和现任总统弗拉基米尔·普京签发了限制集会自由和言论自由的法规，对非政府组织的活动范围进行了限制，并剥夺了外国同性恋者收养俄罗斯儿童的权利。不过，波希德斯基说："到目前为止，大部分的规定都没有人肯费劲儿去执行。"

另一种领导模式

俄罗斯的行动一向难以预测。随着苏联的解体，俄罗斯和欧洲建立了比较可靠的伙伴关系。但是，并没有因为建立伙伴关系而消除俄罗斯的不确定性和反复无常。2014 年 10 月，北约副秘书长亚历山大·弗什博（Alexander Vershbow）对一群记者说："很显然，俄罗斯宣布北约是它的敌人，所以我们也不能再把俄罗斯当作是伙伴了，而只能把它当作是敌人。"

2009 年，时任俄罗斯总统的梅德韦杰夫花费巨额资金邀请各国专家齐聚雅罗斯拉夫尔（Yaroslavl），坐落于莫斯科以东大约 160 公里外的一座历史上千年的古城。梅德韦杰夫主办的全球政策论坛与普京 2004 年在莫斯科北部瓦尔代湖发起的瓦尔代国际辩论俱乐部有异曲同工之处。他们的目标都是通过昭示软实力来改变世界对俄罗斯的观感。尽管莫斯科的知识分子圈子批评说，"大多数与会者都是受到蒙蔽的白痴，灌了一肚子龙虾美酒，回来之后就鹦鹉学舌似地忙着帮人家做政治宣传"，没能在论坛上大方说出来的话却反映出了俄罗斯的政治现实。

我们一共去雅罗斯拉夫尔参加了三次全球政策论坛，其中一次我们同俄罗斯总统梅德韦杰夫讨论的主题是，对于一个国家的发展，到底是民主化进程更加必要还是经济增长更必要。贫穷和民主能否共存？要建立可持续的民主制度，是否一定要具备一定的物质基础？俄罗斯两者都缺：真正的经济发展和政治改革。

是发电厂还是废物

对某些国家而言，自然资源储量丰富是件好事。只要政府得力，它可以成为改革和经济发展的坚强后盾。在全球经济的大背景之下，天然气协议并不能对从根本上解决俄罗斯的问题产生任何积极作用，史蒂夫·福布斯（Steve Forbes）在其社论中称这笔交易根本就"不值一哂"。

史蒂夫·福布斯坚信："尽管俄罗斯资源丰富，人口受教育水平很高，也拥有大量优秀的科学家和数学家，但是其经济规模却小得惊人，而且高度依赖石油、天然气和其他自然资源的出口。在这样一个高技术时代，俄罗斯本应是一座'发电厂'，而不应该是个废物。"（《福布斯亚洲》，2014 年 6 月）

普京总统的看法显然与此不同。他承认目前是世界第九大经济体的俄罗斯在登峰造极之前还有许多问题需要解决。在 2014 年 6 月 4 日接受法国 FT1 电视台和欧洲广播 1 台采访时，普京被问及他希望自己以什么形象被人们记住，他的回答是："我希望在人们心中，我是那个尽全力为自己的国家和人民争取幸福和繁荣的人。"

要赢得年轻人的信任，树立希望，俄罗斯"任重而道远"

2010 年春天，我们参加了斯科尔科沃创新中心的启动仪式。这是个建在莫斯科附近的技术和商业区，将会被当作科技创新的平台。在参加完官方安排的活动之后，我们有幸同一些年轻的学生讨论了该计划，他们本该是这个项目的受益者，因为这个项目将为初创企业和青年企业家提供支持和帮助。但是，没有一个学生信任这个项目。主流的意见是：最后得到财政支持的不会是我们，而会是那些政治宠儿。而我们观察到的一个最明显现象就是俄罗斯的青年缺乏希望。

与此同时，俄罗斯也在不断彰显实力。大部分国家都认为俄罗斯吞并了克里米亚半岛，而且对乌克兰全境虎视眈眈，许多俄罗斯人都支持普京总统赢回全球影响力的目标。俄罗斯的地位特殊，与中国之间边境线绵长，而且历史上两国也同属一个意识形态阵营。与此同时，它还有一只脚踏在欧洲，是欧洲的第三大贸易伙伴。俄罗斯的民主化进程很早就夭折了，你可以说普京就是一位后现代沙皇、一位独裁者，也可以说他是俄罗斯需要的强势领导人。

前美国驻俄罗斯大使斯蒂芬·莱因史密斯（Stephen Rhinesmith）认为：“普京最关心的是如何恢复俄罗斯在地缘政治领域的全球影响力。他可以通过经济手段来实现这一目标，而不是靠威胁中断石油和天然气供应。但是利用经济手段来达到政治目的是不符合经济规律的做法。普京同习近平签署的长期天然气供应条约其实就是把自然资源同时用作大棒和甜枣的做法。不管如何用，普京关心的都不是俄罗斯的经济发展问题，而是如何利用俄罗斯的资源来获得全球影响力的问题。”在俄罗斯占领克里米亚之后，奥巴马总统在一次新闻发布会上说，俄罗斯“只是一个重要的区域性力量，而不是全球性力量”。从某种意义上来说，这是对普京总统最大的侮辱，因为，他执政理念的最根本目的就是带领俄罗斯重返国际舞台，恢复苏联时期的国际影响力。

在我们看来，俄罗斯正在向南环经济带靠拢，毕竟它与南环经济带中最重要的国家中国比邻而居，这其实没有什么可奇怪的。欧盟和美国对俄罗斯的制裁，无论合理与否，都只能是加快俄罗斯向南环经济带靠拢的脚步。普京总统的确具备大部分俄罗斯人民想要的一切：铁腕的作风、坚挺的脊背还有重建俄罗斯帝国的雄心壮志。

改变格局的重要推动力：教育和经济

在导言中我们写道："自古以来，我们对世界的看法就受到时间、空间和环境的制约。"而在此，我们还要加上一条——教育。教育是我们看待世界和社会生活的透镜之一。在贫穷国家，数百万没有受过教育的人对自己国家的看法肯定不同于那些受过良好教育的幸运儿的看法。受过教育的人更有可能发现全球化提供的机会，包括他们的祖国能够从中抓住什么样的机遇。而且，他们不太容易被宗教激进主义或组织所蛊惑而成为其成员。

哲学家路德维希·维特根斯坦（Ludwig Wittgenstein）说："语言边界定义世界边界。"此言不虚也！欧盟的一项研究印证了这个说法。该研究发现，欧洲每四个孩子中就有一个受到严重阅读障碍的困扰。理解你读到的东西是最基本的要求了，仅仅凭这个能力还不足以应付专业培训。欧盟教育事务专员安吉拉·瓦西利乌（Androulla Vassiliou）说："我们现在进退两难。在数字化时代，读写能力比以往更加重要和有意义，可是我们的读写能力却跟不上数字化的脚步。我们急需采取措施改变这种局面。无论在任何时代，以提高阅读和写作能力为目的的投入都是具有积极经济意义的——长远来说，这样做可以为个人和社会创造的实际好处总价值高达数十亿美元。"

我们至今仍然秉承古希腊哲学家的智慧，这绝非巧合。接受学园（培养公共竞技体育竞争力、社交技能和学术素养的教育训练机构）教育是参与希腊社会文化的先决条件。修辞学是正规教育的重要组成部分。亚里士多德把修辞称为"寻找可行说服手段的艺术"。

史上最著名的女人之一，埃及女王克娄巴特拉七世，因其美丽而广受称赞。斯泰西·希夫（Stacy Schiff）为她撰写的传记《克娄巴特拉》（*Cleopatra A Life*）修正了这个画面。"克娄巴特拉，"她写道，"是一位精明的战略家，同时也是天才的谈判专家，也是古代世界格局的缔造者之一。"熟知她事迹的罗马人从不会对她的美貌津津乐道。她最了不起的事情不是出众的美貌，而是过人的口才。埃及教育的基础是希腊哲学，在埃及社会口才是非常受重视的技能。克娄巴特拉的教育从希腊单词开始，还包括诗歌和故事。她能够撰文写诗，熟知错综复杂的众神族谱，将各种史诗故事倒背如流。学习是件严肃的事情，需要不懈练习、掌握各种规则、付出长时间艰苦的努力。构思精巧的演讲需要很多努力、不断学习和各种练习。只有经验和智慧才能帮助你形成无往不利的战略思维。豆蔻年华的克娄巴特拉在亚历山大完成修辞和公开演讲训练之后，真正掌握了语言使用的诀窍。

在公元前 700 年到公元前 200 年间，中国家喻户晓的"百家争鸣"推动了学术和文化的显著发展。在这个时代，主要的哲学流派，如儒家、法家、道家都相继出现。中国最著名的哲学家孔子也非常重视口才的运用。

16 世纪宗教改革运动高度关注的一个问题也是教育。马丁·路德最杰出的成就就是他所发表的论文，同时，马丁·路德也是义务教育的坚决拥护者，而这个提法在当时是闻所未闻的。只有接受教育，才能让每一个教友都能亲自阅读《圣经》。

宗教改革与人文主义及教育改革密不可分。执掌德意志帝国的普法尔茨－茨魏布吕肯公国的约翰一世，在皈依加尔文主义宗教之后，于 1592 年在其治内实施了针对男孩和女孩的义务教育。这是世界历史上第一次实施义务教育。美国最早是在 1852 年，由马萨诸塞州实施了义务教育。

教育的目的是学会如何学习

中国成都的石室中学是世界上第一所公立中学，于 2150 多年前的汉代由蜀郡太守文翁创建。石室中学一直经营至今不曾间断，今天的石室中学是一所现代化综合体，也是中国教育改革试点中学之一。两年前，我们在石室中学听了一堂以英语教授的课程：关于气候变化的英语讲座和互动问答。

我们的女儿诺拉住在汉堡，在一次去汉堡看诺拉的旅途上，我们认识了斯蒂芬·萨克斯（Stephan Sachse）。当时我们正在撰写本书，双方一见如故，很快就聊起了教育体系以及数字化教育在未来将发挥什么作用的话题。我们发现，斯蒂芬日常工作中处理的就是这个问题。

他是 Datenlotsen 公司的首席执行官，而这家公司的主营业务就是为高校提供创新技术解决方案。

我们的问题是，如何运用数字化这个工具来提高教育质量，特别是高等教育的水平。如今数字化已经进入了我们生活的方方面面，孩子们从很小的年纪就开始接触它——我们的孙辈们根本就不相信我们小时候没有智能手机、iPad 和笔记本电脑。许多政府人士、教师和行政管理人员都没有做好迎接数字化时代的心理准备和知识技能储备，不知该如何将数字化很好地应用到学校和大学当中去。而这正是斯蒂芬找到的商机，他的工作就是为商学院和管理学院提供数字化教育解决方案。

斯蒂芬·萨克斯说："教育的数字化还处在起步阶段，但是已经产生了巨大的影响。它瞄准的是伴随移动通信设备、社交媒体和数字化内容长大的新一代年轻人，他们很快就接受了数字化教育的理念并把它分享给朋友们。因此我们可以在教育行业用颠覆性的商业模式来取代现有的技术、产品或者服务。"

iTunes U 平台建立才仅仅 6 年，就拥有了 5.75 亿活跃用户，还有 3.15 亿台移动终端经常使用其平台上提供的各种学习资源（以音频、视频或者文本形式上传的授课资料等）。而 2008 年创立的美国创业公司 2U.com 的口号是"没有后排（No back row）"。他们的目标是设计最好的在线课程程序。如今在线学习的学生已经不再是孤军奋战的了，他们可以能动地融合到在职培训和本地的教室授课课程的学习。每堂课的学生数量平均为 10.4 人，而且提供 9.7 万个由教师导引的在线课程。2014 年，2U 公司的股票市值达到了 7.2 亿美元。

"当然，这样的公司对传统的教育机构是个挑战。在欧洲，教育市场并未实现商业化。教育环境竞争性的理念并未形成，政府和教育机构对此也常常非常抵触。法国最近才放开了高校建设信息技术体系的限制。而在德国，为了能够拥有自己的软件系统，德国的多家高校在 2014 年组成了合作社。德国并未建立一个全国性的标准化大学管理体系，而这个例子说明，这样一个体系其实还是非常有效率的。德国这个盛产诗人和思想家的国度如今正在面临与国际社会脱节的危险。"

> 在任何时代，以提高阅读和写作能力为目的的投入都是具有积极经济意义的——长远来说，这样作为个人和社会创造的实际好处无法估量。

义务教育并不会自动转化成更美好的生活或经济增长。但是，许多国家都在骄傲地宣布本国的义务教育年限延长了一年或者两年，年限的增加并不意味着质量的提高。由经济合作与发展组织旗下评价世界各国教育系统水平的国际学生评估项目（PISA）每年的测试结果都在证明这一点。美国斯坦福大学的埃里克·哈努谢克（Eric A. Hanushek）和慕尼黑大学的 L. 沃斯曼因（L.Woessmann）在其"教育与经济增长"专项研究中发现："人们知道什么才重要……今天的政策简化并扭曲了这个信息。这些政策都承认了教育的重要性，但是把工作的重点放到了保证人人都进学校上，而不关心人们到底学了什么。"他们得出了令人震惊的结论："根据合理的计算，许多国家只有不到十分之一的年轻人达到了最基本的识字和算术要求，尽管这些地方的入学率数据要比这漂亮许多。"

无论采取何种执政模式，教育都必须是经济发展的头等大事

几乎地球上的每一个政府都把教育改革当成是势在必行的任务。21世纪，人力资源的竞争力将起到决定性的作用。尽管人们对此已经达成了广泛共识，但是实际上采取的行动并不是特别多。跟任何其他改革一样，要革新就必须要先除旧。各国政府都竭力捍卫自己对教育的垄断式控制权，这导致的直接结果就是更高的成本和更低的质量。

撒哈拉沙漠以南国家的排名清楚地表明，一个国家在医疗、教育和农业上的投入越大，它就更有条件达到联合国制定的新千年目标——到2015年，将生活在极端贫困中的人口数量减少一半。过去的几十年，义务教育在非洲国家的推行状况有所改善。但教师培训工作非常不得力，而且课程设置没有及时更新。许多地方必须露天上课，老师太少，许多学生挤在一个班里上课。许多发展中国家都在面临着同样的问题。要发展经济，他们需要一支训练有素的劳动力队伍。但教育是个大难题，尤其是在农村地区。

中国刚开始实行"西部大开发"战略的时候也遇到了这个问题。不过，它找到了一个很好的解决方案。

"上不了好学校，好学校来找你"

这是成都平衡城乡教育资源综合工作的口号。该项目的目标是建

立远程教育网络和城乡姊妹学校。石室中学和白马中学就是城乡共享优质教育资源的一个例子。

在成都农村地区调研的时候，有一次我们参观了淮口镇。真是很难想象，我们开车经过的这个现代化的小镇在几年前还是个又脏又穷的贫困村。过去这里的人们只能守着小小的几块地，勉强糊口，而现在当地新建的工厂带来了就业的机会。这个小镇下一代人的生活将会与他们的父辈有所不同。他们的学校建起了一座全新的教学楼，准确地说，是几座。

参观的时候，阳台上站满了欢迎我们的男孩和女孩，大声用英语喊着"你好！""你好吗？"，热情挥舞着手臂，让我们感觉自己像是摇滚明星一样。我们永远不会忘记这样温馨的接待，但让我们印象深刻的不仅仅是学生们表现出来的兴奋之情和乐观的精神状态。尽管对农村地区加大了投入，但是金融资源还是很有限的。为了给这些学生提供最好的教育，任教于成都市区最好高中的教师们会通过视频为这里的孩子教授某些课程。我们听了这样一堂课。

教室里挂着一个巨大的屏幕，好像进行远程授课的老师就在房间里一样。沟通非常方便，也非常直接。学生们都很严肃，似乎非常清楚对他们的父辈而言，这样的机会几乎是不可想象的。后来，有两个女孩来找我们，请求我们接受她们学校校报的采访。她们的英语非常流利。当我们了解到不少学生的家长都没受过多少教育，阅读和写作能力都一般甚至是很差的时候，她们的表现更是让我们刮目相看。但是无论父母现在有多么贫穷，现在成都正在推行一项教育援助计划，其宗旨是确保成都的每个孩子都不会因为家庭经济困难而失学。

教育和培训业将成为 21 世纪一个重要行业，同时也是各国相互竞争的新领域。

全面教育改革蕴藏着巨大的经济机遇。《福布斯》预测，突破性教育技术将会是"下一个万亿美元的机遇"。麻省理工学院这样的早期开拓者开始网络课程已经超过 10 年了。其免费开放课程的学生数量已经突破 1 亿人次，而且学生人数还在以每月 100 万的速度增加。

欧洲面临一个难题——失业率持续上升（在欧盟，失业率已经连升 22 个月了），而现有的训练有素的技术人员和管理人才的数量却远远不能够满足新兴高科技产业的需求。仅在德国，工程师和自然科学家的缺口就高达 5 万人。一方面德国生源紧缺，而另一方面，在德国受教育的门槛还很高，许多外国学生被拒之门外。与之形成鲜明对比的是，德国号称正在积极争取外国留学生，以应对低生育年龄人群减少的问题。因为德国的工程制造在中国久负盛誉，有 2.4 万中国人选择了德国的大学，占 30 万留德学生总数的 8%（其中包括居住在德国但是没有取得德国国籍的人）。德国的目标是把这一数字提高到 35 万人。

美国仍旧是各国留学生的首选，外国留学生数量也最多。拥有美国学生护照的中国学生数量达到了 25 万。2012~2013 年，有 819,644 名留学生，包括本科生和研究生，在美国各大高校报到入学（《美国世界教育报告》2013 年 11 月 11 日）。这是有史以来的最高纪录。这些学生中获得奖学金的人比例不高，其中有 49% 来自中国、印度和韩国。而在中国学习的外国留学生当中，韩国学生最多，有差不多 6.5

万人，其次是美国学生 1.85 万人和日本学生 1.5 万人。有来自世界
200 多个国家的 50 万名学生选择英国的大学或者学院来完成他们的学
业。另外，还有 60 万人专门到英国来学习英语课程（英国文化协会，
2014 年 10 月）。

在同我们交流的时候，斯蒂芬·萨克斯说："2013 年，有 27 亿人
能够访问互联网，而互联网在以年 16.1% 的速度增长，了解这些数字
你就能明白人们获取知识的能力有了怎样的发展。而且，移动设备也
越来越便宜了。仅仅中国就有十几种价格低于 100 美元的智能手机在
售，而且它们的价格还在持续降低。"

斯蒂芬还告诉我们，根据 GSV 教育报告，2013 年，美国大学生
中有 68% 的人相信，借助智能手机或者平板设备自己的学习效率能够
提高，而且有 38% 的美国大学生拥有平板电脑。对此，我们一点儿
也不惊讶。但是，之前我们不知道土耳其工业和贸易部部长扎福·萨
格拉岩（Zafer Çağlayan）在 2011 年夏天访问硅谷苹果公司总部的时
候曾经有过这样的宣言：未来几年内，土耳其将购买 1500 万台平板电
脑来支持本国教育事业的发展。他的目标是到 2015 年，土耳其学生
能够人手一台平板电脑。

尽管大家总是在说教育体系亟须改革，但现实是，很多情况
下，教育并不能满足工作需要。许多商机因此而出现了，前面提到的
Datenlotsen 利用的就是这样的商机。2012 年，在欧洲有 3,000 家，而
创业公司目录 Crunchbase 中登记有 2,300 家教育领域的新创公司，后
者中主要是美国公司。因为越来越多的教师和学生能够越来越容易地
随时随地获取信息，颠覆性的商业模式也因此成为可能。

巴西拥有全球最大民营教育公司 Kroton，2012 年其净收入高达 9.85 亿美元，同时利润率也很高。它始建于 1966 年，总部设在贝洛奥里藏特，提供从幼儿园到研究生各种层次的教育。Kroton 的学生数量约为 52 万，员工数量有 1.5 万名左右。

个性化教育还是千篇一律的教育

今天，有了数字化的支持，商品不但可以以低廉的价格大量销售，还可以进行个性化定制。就像是 iTunes，无须购买包含某个歌手所有歌曲的 CD，你可以选择并创建自己的音乐列表。正如数字化彻底改变了音乐产业，它也会彻底改变大学教育。一个已经存在了数个世纪的系统即将发生变革。

在这方面的先行者是慕课（MOOCs），也就是大规模开放式网络课程，它是以短序列形式向全世界传播知识的教学视频。不再是几百个学生坐在讲堂中上课，而是成千上万的学生参与的网络研讨会。有 500 万人使用加州的慕课平台。这是全德国在校大学生人数的两倍。德国的波茨坦职业学校吸引了 75,000 名在线学生。

能够免费同最忙碌的教授一起学习是个诱人的想法。2011 年，斯坦福大学教授塞巴斯蒂安·史朗（Sebastian Thrun）把自己关于人工智能的讲座放到了网络上，这个课程吸引了 16 万追随者。他自己的学生必须要修习他的课程，令人惊讶的是，600 名最优秀的毕业生当中居然没有一个是斯坦福大学的学生。他们中的许多来自新兴国家，如果没有网络课程的存在他们根本就无法接受学术教育，因为在他们的国家大学太少了，而他们也负担不起出国留学的费用。

慕课仅仅是个开始，并没有实现真正的变革。虽然学生们的起点和目标不同，但是大家学习的方式都是一样的。未来属于个性化的教育，而不是规模化教育。个性化开放式网络课程（POOCs）将取代慕课。

理想情况下，教授会为每一个学生制订一个教学计划。无须拘泥于任何标准的教科书，他可以推荐合适的学习材料。老师会对学生的学习状况进行不间断地监控，无论学生是厌倦了还是太急功近利了，他都能及时纠正。而在150名学生的大课堂上，这是不可能的。通过数字化教育，我们可以达到许多过去只有通过小班教学才能够实现的目标。智能软件能够根据单个学生的能力和学习速度来调整教学安排，而且，所有教学内容都有了更强的针对性。

美国Knewton网络培训公司就可以根据学生不同的学习水平而设计出不同的培训计划。所有人都实现了自己的目标，只是速度不同而已；而且，在学习过程中既不会感到无聊，也不会负担过重。

在纽约改革试点学校"新教室"（New Classroom），每天晚上，计算机系统会为每个学生量身打造好第二天的学习内容，而老师们则可以有更多的时间去关注学生本身。

当学生们遇到问题的时候，麻省理工学院波士顿实验室会主动干预。其程序会通过安装在学生笔记本电脑或智能手机上的摄像头来探测学生注意力是不是集中，并采取相应措施。在伯克利进行的一次运行测试中，通过分析毕业生的电子邮件，该系统成功地在一周内预测出了他们毕业作品的档次。

全球人才竞争带来了全球留学体制和交换生概念的转变

我们可以从欧洲足坛的局面来预习一下未来全球人才竞争的态势。英超球队挑选了世界上最好的球员，并不考虑其国籍。赢得队伍之间的竞争，才是压倒一切的考虑因素。然而，在世界杯比赛的时候，上演的是国家队之间的竞争，关注点变成了国籍，运动员只为自己的国家比赛。

在体育界，并不存在决定哪个运动员有资格进入某个俱乐部的基本原则。天才运动员并不总是遵循一般的行为规范。在争夺最优异生源的竞争中，培养创新思维远比在大使馆建立学术水平测试中心要重要。向外国学生开放本国教育机构不但有利于文化的发展和传播，而且经济效益也非常可观。

填补需求与实际教授内容之间的鸿沟

因为 Datenlotsen 有同上百家大学和教育机构打交道，为他们设计和提供数字化支持的经验，所以，我们问该公司的首席执行官斯蒂芬·萨克斯，他是如何看现在教育体系教授的内容同实际需要严重脱节的问题。

他的观点是："如今学生进入工业社会的道路已经不是单行线了。因为高素质专业人士严重匮乏，现在各行各业都开始使用新的办法争取高素质人才了。他们的工具就是数字化网络。通过它，各公司能够从学生们注册那一天起就积极为其提供支持，并且尽早为其提供专业选择方面的建议。"

发挥协同优势：二元教育

已经有些公司开始设计自己的课程体系以对初级职员进行甄选和认证。另外，有些大学开始接受某些公司的委派来开设硕士课程，根据这些公司的要求设计学习程序。大学则变成了内容提供商。

其中一个例子就是始建于 2009 年的巴登—符腾堡大学的二元教育体系。该大学拥有 3.4 万名学生，是德国最大的大学。目前有超过 1 万家合作公司将他们的员工送到这所大学来接受二元大学教育。这里开设的多门课程都非常务实且具有针对性，大学同公司之间也会经常交换意见，所以这里的毕业生都可以很快找到工作。而且该大学还借鉴了美国一所大学多个校区的体制。

这里的学生能够最大限度地利用网络化提供的各种机遇并找到新的办法来赚取学费和探索新的职业规划途径。而资格认证的透明度也会提高，认证的范围也更加广阔，不仅仅限于社交网络内部。大学计划建立资格认证和证书数据库，相关部门和群体可以按照程序申请访问这些数据。

学习是一个社会化过程。网络大学把学生们联系在了一起。无论是美国人与中国人，还是巴西人同韩国人，借助 Skype 以及社交聊天网络，在任何时间他们都可以互相帮助。在全世界范围内，总是有人会在线，并且能够回答问题。这是任何一个大学教授都提供不了的服务。同学互评这样一种由同学提供评价的方式其结果与教授的评价结果惊人一致，还能够鼓励学生积极参与。大学必须制定出教育数字化的战略。而政界人士必须制定措施保护数据安全，还要调整立法以适应中学教育的新需要。投资的新热点不是规模化教育而是个性化教育。

Global Game Change

How the Global Southern Belt
Will Reshape Our World

———

第五章

城市的天下

———

两百年前，世界上只有 2% 的人口居住在城市里。第一次世界大战结束的时候，该比例上升到了 16%。而今天，超过一半的人口在城市中生活。到 2050 年，全球八九十亿人口中将有 63 亿在城市中生活。城市将消化所有新增人口。在较发达地区，城市人口比例将高达 86%，而在欠发达地区，这一比例也能达到 64%。在世界范围内，经济、社会、文化和政治进程越来越多地在城市中开始和发展。

　　城市将创造出全球国民生产总值的 80%，同时也将努力打造宜居的环境。许多新兴经济体已经在筹建"智能化城市"，而许多这样的城市中会孕育出诸多逆转创新流新创意，成为老派西方城市学习的榜样。市长们渐渐成为左右一国乃至世界格局的重要人物，因为城市渐渐成为国际关系和城际网络中的重要节点。城市一直是也还将是各种新举措的试验田。经济特区以及高技术城市群将成为社会和技术进步的主要驱动力。城市会越来越多地担当起领导全球的力量和全球创新的主力的责任，因为，我们的世界将变成"城市的天下"。

200 年前，世界上只有 2% 的人生活在城市中。到第一次世界大战结束的时候，这一比例就上升到了 16%。今天，全世界超过一半的人口生活在城市里。在未来的 20 年中，全球范围内，城镇人口比例将上升到 70% 左右。自古以来，城市就是权力的中心和变革的策源地。

　　城市，与自然界中的一切事物一样，要么生长，要么死亡。城市衰落的过程可能非常缓慢，就像曾经是欧洲教育中心和德国出版业中心的老城莱比锡。莱比锡大学始建于 1409 年。也有些城市一夕衰败，就像曾经是美国汽车工业中心之一的底特律一样，通用汽车公司的破产一下子就把底特律拖向了谷底，市政府在 2013 年宣布破产。

　　简单回顾历史，我们就可以清楚地了解到城市在政治、经济、文化和社会发展方面的重要性：雅典、罗马、亚历山大、洛阳、白沙瓦、帕加马、开封、吴哥、巴格达、北京、巴黎、杭州、伦敦、威尼斯、纽约、维也纳、东京、孟买、伊斯坦布尔还有上海，这些只不过是其中的一小部分。

城邦引领文明的发端。首先是在美索不达米亚，其次是在腓尼基和希腊。罗马从一个城邦转变为一个全球性帝国。像中美洲的玛雅和南美洲的阿兹特克这样高度发达的文明都依靠城邦来组织自己的文化。在黑暗时代，佛罗伦萨、威尼斯、比萨和热那亚都是闪亮的海上共和国。

城市是政治、经济、文化、创新甚至是衰退的策源地

攻占巴士底狱的狂潮是法国革命的开始，而马丁·路德·金（Martin Luther King）正是在华盛顿特区林肯纪念堂前举行的抗议活动中发表了著名的《我有一个梦想》演讲。大都市的中心区不但设立了各种行政机构，也是公民表达对经济或政治不满的主要舞台。

1989 年，在莱比锡的奥古斯都广场、柏林的亚历山大广场和布拉格的瓦茨拉夫广场爆发了具有深远历史意义的抗议狂潮，这股狂潮最终改变了欧洲的地缘政治格局。

2009 年，超过 100 万人在德黑兰的阿萨迪广场集会反对内贾德。2011 年，50 万人在开罗的塔利尔广场举行示威活动，这直接造成了埃及总统穆巴拉克的倒台。2013 年，在乌克兰政府拒绝与欧盟签署合作协议之后，超过 20 万人在基辅独立广场示威。相比这些数字，

2011 年，2,000 名美国人在纽约曼哈顿祖科蒂公园举行的抗议金融界主导地位的占领华尔街示威活动实在是小巫见大巫了。

城市：在有史以来最惊心动魄的人口流动中重塑世界格局

如今，世界政治、经济、社会和文化进程越来越多地在全世界各城市内部和城市之间展开。据联合国统计，到 2050 年，世界人口将增加至 91 亿，其中 63 亿将居住在城市。全球所有增长的人口都将被城市消化。

"到 2050 年，在较发达地区，城镇居民的比例能够达到 86%，而在欠发达地区，这一比例也能达到 64%，全球城镇居民的比例能够达到 67%。"（联合国《世界城市化展望》，2011 年修订稿）"因此，在很大程度上，人口增长主要集中在发展中国家的城市地区。"（《联合国世界水发展报告》，2012 年）"到 2025 年，中国城市中儿童的数量将会比今天多 700 万，但是中国全境内儿童的数量其实是比现在少的。"（麦肯锡）

无论是在发达地区还是欠发达地区，城镇化的进程都会继续。预计亚洲的城镇人口会增加 14 亿，拉丁美洲和加勒比海地区人口会增加 2 亿，非洲增加 9 亿。根据世界银行的测算，全球城市化比例已经达到了 51%（2011 年），城市化的平均增长率为 1.97%（2010~2015 年）。马里、马拉维和尼日尔等非洲国家创下了近 5% 的城市年均增长率，布基纳法索的城市化速度甚至超过了 6%。

在大开放的时代，竞争并不会在世界各国之间展开，而是在世界各地的城市与城市之间展开。企业家们都在寻找新的消费市场、最好的发展机遇、最优的基础设施、高素质的劳动力和以服务为导向的政府。随着生产分工的进一步细化，蓝领工种逐渐消失，未来的城市不是在竞争哪里的工资最低，而是争相成为高科技中心，互相比较谁的创新环境更适宜，更能够为各行各业在下一个发展革命进程中添加助力。

> 城市将贡献全球国民生产总值的 80%，而城市的地理分布能够反映出全球经济实力对比的变化。

麦肯锡在其研究报告《城市化的世界：城市经济实力地图》（*Urban world: Mapping the economic power of cities*）当中标注出了 600 个城市，这 600 座城市创造的国民生产总值占到了全球的 60%。总的来讲，城市创造了全球国民生产总值的 80%。该研究指出，到 2025 年的时候，国民生产总值最高的 600 个城市"将创造出全球 60% 的国民生产总值，但是那时 600 座城市的名单将会有很大变化"。到 2025 年，新兴经济体中，年可支配收入超过 2 万美元的家庭将会达到 4.35 亿个，比发达国家同类城市高 10%。

由于南环经济带新兴市场国家的发展速度将大大高于饱和市场国家，经济增长速度快的城市最有可能推动收入增长。人口的多元化以及中产阶级数量的不断增长最有可能推动城市在竞争中超常发挥。麦肯锡报告新的前 600 名城市中将有许多出现在中国，这其实也没有什么可奇怪的。今天，许多中国城市日新月异的变化和强劲的发展动力让到访者惊诧不已，比如成都、重庆、杭州、天津、哈尔滨还有武汉等，还有很多西方人根本就没有听说过的城市。

目前中国正在经历有史以来最大规模的城市化进程。到 2020 年，至少有 1 亿农村居民会变成城镇居民。30 年前，中国只有 20% 的人口居住在城市里，而今天，城镇居民比例已经达到了 50% 以上。根据牛津经济研究院的研究，在未来 16 年里，中国城市将是全球大都市中扩张最多的。到 2030 年，中国将有 9 座城市加入世界特大城市经济体的行列，而欧洲将有 8 座城市掉队。2013 年，上海的国民生产总值增长了 7.7%，达到 3,539 亿美元（《中国日报》2014 年 1 月 27 日）。同期，深圳的国民生产总值增长了 10.5%，达到了 2,370 亿美元，对外贸易额增长至 5,370 亿美元。（deltabridges.com，2014 年 2 月 12 日）

南环经济带城市化的领导者是拉丁美洲

2014 年 7 月在金砖国家峰会期间，本着互相学习的目的，中国和拉丁美洲各国举行了一次以城市化合作为主要议题的论坛。拉美国家有大约 80% 的人口生活在城镇地区，因此迫切需要实现城市的可持续发展，并在发展经济和保护环境之间找到最佳平衡点。

2011 年，麦肯锡的研究报告《建设具有全球竞争力的城市》（*Globally competitive cities*）称拉美城市是"拉丁美洲成长的关键因素"。拉丁美洲 198 座大城市（人口 20 万以上的）容纳了 2.6 亿人口，并贡献了拉丁美洲经济增长的 65%。到 2025 年，这些城市的人口数量将增长到 3.15 亿，而人均国民生产总值将上升到 23,000 美元。在这个过程中，要创造出足以支持拉美未来投资和可持续发展的财富，就必须为相对年轻的人口提供足够的就业机会。进行必要的改革并创造一个有利于创业的环境将是拉美各国政府必须要应对的巨大挑战，城市将在这一过程中发挥决定性作用。

在麦肯锡列出的前 25 名城市中，16 座是中国城市，4 座是其他亚洲城市，2 座是美国城市，2 座是欧洲城市，1 座是南美城市。

曾经，美国的城市建设几乎在各个方面都遥遥领先于世界其他国家，如今，也就只有纽约还硕果仅存。然而，即使是在美国，城市中心也是发展和增长的引擎。哈佛大学教授，《城市的胜利》一书的作者爱德华·格莱泽（Edward Glaeser）告诉我们，美国 18% 的产品产自其三个最大的都市区。同样，大伦敦地区的产能比英国其他地区高 50%。格莱泽谈到了经济学中的"集聚效应"，解释了为什么在人口稠密的地区人们和企业更具创造性，生产力水平也更高：在一个相对集中的区域内，商品、服务和思想都能够自由流动，各种力量能够共同发挥作用。

格莱泽说："城市生产力惊人，因为它们能够放大人类最宝贵的资产——我们能够向周围的人学习。"

在美国，80% 的人生活在城市；在欧洲，这一数字是 60%。美国城镇人口的平均收入比农村地区和小城镇高出近 35%。在欧洲，农村人口收入比城镇居民低 30%。2014 年 6 月，麦肯锡估计，2025 年，纽约还会继续保持城市国民生产总值全球第二的位置，仅次于日本东京。

《牛津经济》预测，"到 2030 年，中国将有 9 座城市跻身全球最大城市经济体 50 强，而在欧洲将会有 8 座城市跌出榜单。预计国民生产总值增幅最大的 10 座城市中有 7 座在中国，其中包括天津、北京、广州、深圳和苏州等。"我们强烈建议大家将视线放在那些在中国非常重要但是在西方鲜为人知的城市身上。比如说成都、武汉和杭州。武汉希望能够在 2018 年建成世界第一高楼，这座高楼的建成一定会让武汉成为国际媒体关注的焦点。武汉的凤凰双子塔设计高度是 1,000 米，建成之后不仅是全球最高的建筑，也会成为新生态标准的标杆。

印度是城市化进程最慢的国家之一

印度的城市化进程非常缓慢，这种情况清楚表明，即使是在新兴经济体当中，印度农村地区的发展也是远远落后于其他国家的。不过，麦肯锡仍然预计到 2030 年印度将会有 5.9 亿人生活在城市里，不过，要让这样的预测成为现实，"至少需要建设 7~9 亿平方米的商业和住宅空间，这相当于每年建设一个新的芝加哥"，除此之外，还有 25 亿平方米的道路"等待铺设"。新任总理莫迪责任重大，他所领导的政党必须努力创造促成这些建设的条件。该报告并不看好印度的未来。其中预计："即使新政府强力推进改革，印度经济也不太可能恢复到过去 7%~8% 的年增长率水平，因为需要解决的问题都是根深蒂固、盘根错节的。"而莫迪在应对官僚主义、腐败、种姓制度和教育及基础设施薄弱等问题时所面临的挑战也是不容小觑的。

印度非政府组织 Janaagraha 于 2014 年 6 月发布了一份调查报告，其结论是：印度的城市缺乏必要的资金和专业能力来应对席卷全国的快速城市化浪潮（虽然与其他新兴经济体相比，这速度绝对称不上是快）。这份调查报告还给出了一个让大家大跌眼镜的排名，公认城市化最差的城市加尔各答排在第一位，而公认为印度规划最完善的城市之一昌迪加尔反而排在最后。这份排名的依据有四项参数：城区容积和资源；城市规划和设计；政府透明度、问责制和民众参政水平；还有合法政治代表掌握权力的大小。（联合国人口司麦肯锡全球分析研究院，《华尔街日报》，2014 年 6 月 6 日）

麦肯锡在其 2014 年 10 月题为《理解印度经济地理》的报告中建议各公司"考虑在印度境内多点布置"，并瞄准城市集群。他们预测，49 个城市群"在 2012~2025 年之间，将贡献印度国民生产总值增量的 77%，居民消费的 72% 以及居民收入的 73%。"

印度最伟大的建筑师查尔斯·科雷亚（Charles Correa），在会晤《金融时报》建筑评论家埃德温·希思科特（Edwin Heathcote）时说："尽管城市有城市的问题，但是，一旦在城市中生活过，经历过城市化带来的便捷，你就无法再回到乡村生活了。"他还说，其实"大多数人生活在哪怕是丑陋的城市中都过得很幸福。一百年前，甘地说农村很重要，那时候他是对的。但是，今天更重要的是城市，他们寄托了人类过上更自由生活的希望。城市是印度最大的财富"。

"城市不是问题，而是答案。"

市长们：左右国内局势

全球经济格局如今正在经历一场变革，从过去以国家为单位变成了现在的以城市为单位。在这方面，前纽约市市长迈克尔·布隆伯格（Michael Blumberg）的话越来越受到大家的重视："我拥有自己的军队——纽约警察局（NYPD），还有自己的政务院，让雾谷（美国政府）非常恼火。纽约有来自世界各个角落各种类型的人，也躲不开这世界的任何一个问题。"当被问及要是美国政府对此并不乐见怎么办时，他答道："我可不会对华盛顿言听计从。"在布隆伯格看来，纽约市政府同华盛顿的区别就在于："政府的级别不同，但是，真正重要的行动都是在城市这个层面上展开的。"

"通过拓展和丰富现有的城市合作渠道网络，各大城市可以通力合作，成就一些国家间无法共同完成的事业。"本杰明·巴伯（Benjamin Barber）在其作品《如果市长统治世界：无所作为的国家，崛起中的城市》（*If Mayors Ruled The World*：*Dysfunctional Nations*，*Rising Cities*）中这样写道。

在当代全球竞争的舞台上，各国政府往往太过庞大笨重而无法积极参与竞争。政府的决策过程通常都繁复冗长，因此无法顺畅地进行一项非常必要的工作：国际合作。而城市领导者则被证明通常更加务实，更少关注意识形态方面的问题。国际城市网络体系正在形成，这个体系可以处理一些国际组织根本处理不了的全球性问题。

正如前面所说，城市已成为呼吁改革的大型抗议活动的主要舞台。"从本质上讲，这些活动都是伟大的都市剧，城市以及城市空间就是这些剧的主角。这些社会动荡为我们敲响了警钟：在第一个真正的城市世纪里，政治的主要舞台在城市，主要议题也是城市。"新城市基金会的主席约翰·罗桑（John Rossant）如是说道。

新工作重点：管理社会经济事务

本杰明·巴伯认为，要应对 21 世纪的挑战、全球性传染病、犯罪和恐怖主义等问题，最有希望的解决之道就是依靠全球城市网络体系，建立一个"全球市长议会"（市长议会听起来美妙，不过除非各大城市不断加强合作，扩大结盟，否则是难以实现的）。而谈到复兴美国经济问题时，在他们的作品《大都会革命》（*The Metropolitan Revolution*）中，布鲁斯·卡茨（Bruce Katz）和珍妮弗·布拉德利（Jennifer Bradley）也把希望寄托在了城市上。他们认为，美国城市和大都市正在"修复我们支离破碎的经济体系，而联邦政府和许多州的立法机构却陷入党争，无所作为"。

爱德华·卢斯（Edward Luce）也持有这种论调。2014 年 1 月 20 日，他在《金融时报》上撰文指出，值此美国联邦政府几乎完全瘫痪之际，城市才是美国未来希望之所在。美国各地成长中的一代城市领导人正在扎实推进自己的各种战略议程。

卢斯也批评了使美国联邦政府和各州政府几乎陷入瘫痪的政治僵局，并指出，"美国 21 世纪最重要的趋势正是在城市中才得以淋漓尽致地展示，也正是在城市中，最有趣的政治活动正在如火如荼地展开"。他在文中还引述了布鲁金斯学会的布鲁斯·卡茨的观点。卡茨也认为现在美国政府的作用越来越小了。

卢斯还认为城市对经济活动的参与度增加了。即使是通常会建在郊区的高科技产业，资本也逐人才而动，转战城市。Pinterest、

Twitter 和 Zygna 都选择了旧金山作为他们的总部，完胜硅谷。

在其作品《城市：城市时代指南》（*City: A Guidebook for the Urban Age*）一书中，P.D. 史密斯（P.D. Smith）写道，吸引人们涌入城市的正是热火朝天的城市生活，以及城市所提供的合作和协作机会。而涌入的人潮又"把城市变成艺术、商业、科学和进步的策源地"。这很好地总结了许多研究者的共识。现在越来越多的人正在经历这样的生活。

前高盛经济学家、现任城市发展委员会董事长的吉姆·奥尼尔（Jim O'Neill）说："考察世界上最成功的那些经济体，你会发现有许多城市发挥了关键性作用，这些城市在财政和政策选择上都享有一定程度的独立性，中国、德国和美国都有典型的例子。"

浓缩的能量

瑞安·埃文特（Ryan Avent）是《经济学人》经济记者，也是《安装了大门的城市》（*The Gated City*）一书的作者，他的论述相当精辟："城市一直是思想的孵化器和传播器；相应地，它们也是经济增长的驱动器。"埃文特说，城市确实有其令人闹心的问题，可是，使城市成其为城市的关键因素就是城市是拥挤的，单论经济增长和创造就业机会，"城市越拥挤越好"。

埃文特进一步说道："如果把同等技能水平的工人放到人口密度不同的城市中，那么在人口更稠密的地方，生产力水平更高。"因为高密度有利于合作互动。他建立了一个简单的餐馆模型：假设一百个人里有一个人愿意吃越南菜，并假设一家越南风味餐馆需要一千名潜在客户才能盈利。

"在居民只有一万人的城市，越南风味餐厅是开不起来的。而在一个人口达到一百万的城市，就可以开许多家越南风味餐馆。所以，大城市的居民不但能够享用到人口较少的地方吃不到的美食，还可以容纳多个同种美食的生产商，从而鼓励了餐馆间的竞争，既能提高产品质量又能降低产品的价格。结果就是，比起只能开一家越南风味餐馆、人口十万人的城市，或者开不起这种餐馆、人口只有一万人的城市，这里的餐馆更好、生产力水平更高、微观经济能力也更强。"

当然，缺乏人才的话，人口密度再大也没用。埃文特指出，人口密度并不是魔术，只是能够促进互动合作而已。人口密度加上包括人才在内的各种因素的混合物越庞大，就越能推动生产力进步和经济发展。

"简单观察一下世界上那些增长最快和创新卓有成效的地方，我们就会发现，是公有制和私有制共同发展，国际国内合作促成了奇迹的发生。他们都不是国家，而是'准国家'——或者更通俗的说法是，'经济特区'。"［《纽约时报》2013 年 10 月 12 日，保劳格·康纳（Parag Khanna）］今天，许多城市都在按照"经济特区"的模式运作。

改革开放伊始，中国决定建立最早的四个经济特区（SEZ）。其中，深圳从一座面积 126 平方公里的小渔村发展成了一座熙熙攘攘的大都市，也是今天中国最富有的城市之一。到 1986 年，世界 46 个国家先后建立了 179 个经济特区。到 2013 年，全球经济特区的数量更是达到了 3,000 个，分布在 135 个国家。拉丁美洲最大的经济特区是巴西城市马瑙斯，拥有 200 万人口。阿拉伯世界共有 300 个经济特区，其中一半，像世界上规模最大、效率最高的港口之一杰贝阿里自由贸易区一样，坐落于迪拜。保劳格·康纳在专栏中引述了布隆伯格不理会华盛顿的说辞，并补充说："然而，很显然，华盛顿却得听他的。世界其他地方的市长也是这样威风八面的，所以，现任各国领导人当中至少有八个人是当过市长的。"

《大西洋报》刊登了一篇题为《环顾四方，掌权的是市长们》的文章。文章写道："世界各国的大选中，新的格局正在形成：在各个地区和大洲，越来越多的市长当选为国家领导人，而且在许多全球性问题的探讨中，他们的观点也越来越具影响力。"当然，并不总是每个人都能创造辉煌的业绩，比如蒂勒前市长弗朗索瓦·奥朗德（Francois Hollande），或成为伊朗总统的德黑兰前市长马哈茂德·艾哈迈迪 – 内贾德（Mahmoud Ahmadi-Nejad）。

中国也有根据政绩逐级提拔官员的传统，许多官员都是从市长或者市委书记干起，然后担任省级领导，最后再到中央成为政治局委员乃至常委。

国际关系格局改写者

芝加哥市长拉姆·伊曼纽尔（Rahm Emanuel）正在行动。2013年 12 月，他访问中国，寻求商业机会。这是他两个月内第二次出访，而他出访的费用是由芝加哥经济发展局支付的。陪同出访的还有总部设在芝加哥的卡特彼勒公司，摩托罗拉系统和凯悦国际酒店集团等公司的代表。伊曼纽尔认为，"这将进一步巩固芝加哥作为旅游、商务和运输目的地的地位，并彰显了本届政府希望让芝加哥成为全世界对中国最友好城市的决心"。

这并非口惠而实不至的空头许诺。拉姆在北京访问期间，芝加哥与中国的 8 座城市签署了经济合作协议。"我们希望通过中国各城市与芝加哥的合作来改变贸易结构，并开拓在制造业、科技、新能源和医疗保健等领域合作的新路，而不仅仅是进行大豆和棉花的贸易。"商务部部长高虎城说道。他同时指出，2013 年中美双边贸易额将超过5,000 亿美元。1979 年中国改革开放之初，中美贸易额只有 24.5 亿美元。

芝加哥市长不仅到访中国。2013 年 11 月他第一次出访的目的地是墨西哥。芝加哥的墨西哥裔居民数量为 150 万，仅次于洛杉矶，在全美各城市中位居第二。在访问自 1991 年就同芝加哥结成友好城市的墨西哥城时，伊曼纽尔与墨西哥城市长米格尔·安赫尔·曼塞拉（Miguel Angel Mancera）共同签署了经济合作伙伴协议。双方同意在改进贸易和投资战略的同时，共同促进贸易与产业专业化、科研机构建设以及交流和学习。

2013 年，墨西哥城市政府将私营部门的创新基金增加到了 2.3 亿美元，相比 2012 年的 1.5 亿美元，增幅显著。无论在私营还是公共经济领域，科技迅猛发展都必需大量资金支持。

2012 年，全球从业者竞争力提升机构——国际发展合作与竞争力研究所（TCI）在具有高增长潜力的墨西哥城市蒙特雷召开大会。TCI致力于推动集群和创新方面的战略合作，并决定从协作、行业战略和创新三个方面支持拉丁美洲城市集群。蒙特雷本身就是经济转型的成功典范，如今已成为墨西哥集群和商业发展最重要的城市之一。

非洲在全球经济中发挥着日益重要的作用，提高竞争力已成为其巩固新地位的一个必要措施。第五届泛非竞争力论坛在莫桑比克城市马普托举行，该论坛的主要议题是"创新集群与创新体系……加快非洲工业发展"。该论坛在非洲联盟和 TCI 的支持下于 2008 年在亚的斯亚贝巴成立。第六届论坛将于 2014 年 8 月在坦桑尼亚举行，旨在通过推动以集群为基础的一体化进程和非洲国家间的贸易，从而促进非洲社会经济发展。（泛非竞争力论坛网站）

驾驭协同优势的主要力量

城市与城市之间结对子最早开始于所谓的"友好城市"项目。虽然这种合作的侧重点并非经济合作，但是，不同国家的城市之间由此开始了互访，有些城市之间还建立了长期合作关系。中国的许多城市都是这种城市联合的先行者。

武汉因其夏日酷暑而与重庆和南京并称为中国长江流域"三大火炉"。1979 年，中国改革开放之初，武汉就开始了它的友好城市项目。在所有抛出橄榄枝的城市中，武汉选择了日本九州人口最多的大分市，而日本则是 1937 年到 1945 年间中国最大的敌人。在 20 世纪 70 年代，大分成为重要的电子产品生产地，东芝和佳能都在这座城市建立了工厂。而在中国改革开放的最初阶段，新技术产业是重点发展的行业之一。

武汉并没有纠结于历史，而是积极寻求与其他城市结对子，进行学习和借鉴。几年后的 1982 年，武汉又同德国杜伊斯堡市签署了合作协议。钢铁制造业是当时一个非常重要的行业。正因为同杜伊斯堡的合作伙伴关系，武汉获得了优秀德国工程师的指导，建立了自己的劳动者队伍，进而建设了一座冷轧厂。自签署第一份友好城市合作协议以来，武汉已经与欧洲、美国、亚洲和非洲的 18 座城市签署了合作协议。

城市发展其实面临着各种各样的挑战——产业规划、吸引外商投资、开办学校、建设训练有素的员工队伍、让老百姓买得起房子、为人们创造良好的生活条件等。而目前，争取投资、贸易机遇和人才的全球化合作与竞争平台逐渐从国际关系转向了城际关系。比如成都现在直接同圣何塞做生意，而中国与哥斯达黎加之间的关系对此影响不大。

城市：试点策略主阵地

李克强总理曾肯定地说城市化是中国经济和社会改革的核心议程，也就是说，在未来 10 年，有 1 亿中国人将会离开农村进入城市。这是一场惊心动魄的变革。20 年前，中国的城镇人口比例还只有20%。

中国试图通过建立城市集群，加强合力以提高竞争力，此过程中的指导原则就是权力下放和全球化。麦肯锡将中国划分成 22 个城市群，这些城市群各具特色、各有优势。中国城市群发展速度之快再次令世人惊诧。得益于旨在发展陕西、甘肃、青海、重庆、新疆等西部12省、区、市的"西部大开发"战略，令这些过去贫穷落后的地方也迅速发展起来。

2011年，我们的作品《成都调查》出版。这个城市以繁育大熊猫而闻名，同时在吸引投资、创造就业机会以及在促进城市发展的同时坚持悠闲的生活方式等方面，它都表现不俗。单单美国计算机技术公司戴尔就计划2010~2020年期间在成都投资1,000亿美元。

按照中国的标准，遂宁是个小城市，如今像遂宁这样的小城市也已经跃入了成长的快车道。2013年我们到访的时候，遂宁的超级物流园正在建设过程中。根据《遂宁日报》报道，该项目的投资额高达60亿人民币。需要强调的是，在中国，中央政府制定改革的政策目标，而这些政策的真正实施者是地方政府。比如说，开放单独二胎的具体办法是由各省、自治区和直辖市来确定和执行的，而不是中央政府，当然某些地方政府完成任务的情况会比其他地方好。十八届三中全会上提出的一系列改革事项同样也要由地方政府具体组织实施。

中国有几千座城市，这些城市改革的成效存在巨大差距，但也没有什么可大惊小怪的。有一个城市一直非常积极地推行各项经济改革，这就是广东省中部拥有七百万人口的佛山市。

佛山在发展经济方面的表现已经非常突出了，而且它也积极响应十八届三中全会提出的新的改革号召。《经济学人》杂志将佛山选为中国经济发展模式的代表城市之一。

《经济学人》表示，首先，佛山的人均国民生产总值在 2012 年接近了 15,000 美元，比欧盟的某些成员国还要高。佛山是制造业强市，中国许多最成功的私营企业都在此设厂。其中就有家电制造商美的公司，其员工数量达到 13.5 万人，2012 年的营业收入超过 160 亿美元。

现在，佛山平均每 20 个居民就拥有一家民营企业。2012 年，这些民营企业的发展速度是硕果仅存的几家国有企业的两倍。十八届三中全会强调，市场在资源配置中起决定性作用。显然，佛山已经体会到了大力发展市场经济的好处。

创造宜居城市

Janaagraha 的印度问题研究报告中，印度最受诟病的地方就是城市规划缺乏协调机制。当然，这对世界任何国家和地区，特别是新兴经济体而言，都越来越重要了。

全球范围内迅速的城市化进程带来的最大挑战就是，我们需要找到经济发展的驱动力。但是，要想在建立高技术集群的时候避免睡眠聚居区的出现，并杜绝交通成本激增的情况，就必须要有全局观和正确的发展策略。

中国的各大城市都需要应对非常危险也很严重的污染。近来，它们的发展思路发生了变化，不再片面追求国民生产总值，而是在争当"最宜居城市"。

我们曾经在成都盘桓了许多时日来研究中国的城市化进程。成都在 2014 年被评为中国最宜居城市，实现了自己的目标。在我们到访的其他城市，如杭州、武汉、长春和苏州等地，我们听到了同样的计划。不同的城市不但会在国民生产总值这方面一争高低，还在拼最近被大力提倡的幸福指数。

我们在中国待的时间很长，但是我们的家在维也纳，这座城市在全世界宜居排行榜上仅次于墨尔本排在第二位。我们感觉维也纳的确是座不错的城市，不过还有其他一些城市我们感觉也很适宜居住。归根结底住在哪里纯属个人选择。吸引人们选择某个城市的理由可以是它的冲劲与活力，它的商业机遇，它的气候，它的生活成本或者它的文化底蕴。

2014 年 4 月，我们有幸在韩国昌源发表了一场演说。其时正赶上樱花盛开的时节。这些樱花大多是日本占领时期种下的。在日本人离开之后，昌源人并没有铲除日本人种下的樱花树，反而又种了更多的樱花树，把这段可怕日子的遗迹变成了复兴和成长的标志。成千上万株樱花树被种植在道路两旁，铁路沿线，一座座小山上栽满了樱花树，公园和庭院里也尽是摇曳的樱花树，昭示着这座城市成为宜居创新型城市的决心。

中共十八届三中全会的历史意义

每种文化都有自己的语言和文字。有时候，我们会提醒自己，中国思维同西方思维的差别就像汉字同拉丁字母的差异那样大。不同的不仅仅是文字。中国人擅长全局性思维，其发展策略高屋建瓴，可能超越了当前的立法周期，与此同时，又留出了足够的调整空间。可是，从西方思维出发来观察中国的做法，可能看到的是完全不同的景象。西方思维创造的是西式的画面，而这往往导致西方人误读中国的官方发言。中国通报三中全会结果的时候就发生了这种情况。

三中全会约每五年召开一次，主要议题一般是勾画中国的经济发展蓝图。

十八届三中全会是中国新一届领导集体召开的第三次中央委员会全体会议，而中国共产党的传统就是在三中全会上确定重大的改革举措。我们有理由相信，多年以后，应该有很多中国人会认为，2013 年的十八届三中全会的历史意义与 1978 年和 1993 年的两届三中全会同样重大。1978 年的十一届三中全会上，邓小平宣布要在中国实行改革开放；1993 年的十四届三中全会上，江泽民宣布要建设社会主义市场经济。

在 2013 年的十八届三中全会上，代表们规划并修正了中国今后十年的经济发展计划。这次会议的决议是非常重要的，因为：

- 中国将会进一步争取与其经济实力和地缘政治地位相称的国际地位。
- 中国各界达成了越来越强烈的共识，习近平是继邓小平之后中国最具变革性的领导人。

邓小平在中国实施了改革开放，并号召中国人民解放思想，这些举措使中国面貌发生了前所未有、翻天覆地的变化，中国也成为不容小觑的世界工厂。2014 年 3 月 14 日《南华早报》刊文指出："习近平总书记的讲话继承和发扬了邓小平早前的讲话精神，他说，如果不进行改革，中国的发展就会走进'死胡同'，我们应该分秒必争，进一步深化改革。"文章继续指出："习近平总书记和邓小平都是务实的人，其改革的目的都是要解决中国当前面临的社会和经济问题。"

- 邓小平的改革开放举措振兴了中国的国内经济。
- 习近平将带领中国人民实现中华民族的伟大复兴，使中国成为有全球影响力的大国。

- 邓小平的改革是在几乎没有被国际社会关注的情况下悄悄进行的。
- 习近平的改革则是在国际社会的密切关注下展开的。
- 邓小平的改革将先进经济体的成功模式引入中国。
- 习近平的改革则成为南环经济带的榜样。

2013 年 11 月，中国共产党第十八届三中全会上，习近平发表讲话明确指出，中国正在进入一个新的发展阶段，中华民族要"更加坚强有力地自立于世界民族之林"。

> 习近平总书记和李克强总理已经准备好让市场机制以前所未有的力度发挥作用了。

在竞选期间信誓旦旦做出各种承诺，在当选之后或违背誓言或不兑现承诺，这或许已经成为西方民主政治的常规模式了。2013 年奥地利大选期间，奥地利人民党的竞选口号是"放松经济束缚"。可是，奥地利的企业家们现在还在等待这些束缚被解开。所以，对西方选民而言，所谓承诺和表态不过是让人一再失望的玩意儿。然而，要判断十八届三中全会的承诺是否能够兑现，我们必须从中国的历史出发来考察。

这是中国政府第一次承诺向民间资本开放一些受保护的行业，包括金融和能源行业。这一举措赋予企业家许多他们之前可望而不可及的资本投资机会。当然,我们不能指望放开的步子一开始就迈得很大。中国将会逐步让市场来决定燃料、食品和医药用品这些重要民生物资的价格。中国向全球市场开放的必然要求就是不断推动生产力迅猛发展。

这同样也是对中国国有企业的要求。在应对全球竞争环境诸多不利因素的过程中,这些企业不得不对其运行机制进行整改。摩根士丹利投资管理公司新兴市场部负责人鲁哈日·夏尔马(Ruchar Sharma)估计,在过去的五年中,总体而言,新兴经济体民营企业的市值一直保持大致稳定,而国有企业的市值则下降了 40% 以上。他说,投资者又一次把国有企业看作是"呆头呆脑的大家伙,总是会过度投资和过度建设。政府开办企业的市场估值只有同行业民营企业的一半,不管是银行业还是电信业,情况都是如此"。

习近平总书记改革举措的一个更加关键的目标就是让现有的国有企业的经营模式更像民营企业(不涉及所有权问题)。同时,中国政府也开始鼓励探索建立新的民营银行。看来习近平总书记和李克强总理已经准备好要释放市场的力量了,这可是前所未有的。2013 年 11 月发布在《华尔街日报》上的广告中,中国展示了这样的形象:"积极进行自我变革……逐渐转变成为一个以非公有制经济为新发展动力、市场发挥基础作用的国家。"

2006 年,我们有一次有趣的经历。在一次会议中,我们同 400 名中国国有企业的 CEO 进行了交流。有人问我们,中国有多少国有企业应该私有化?我们的回答是:"几乎所有的。"回应我们的不是震惊,而是满场热烈的掌声。

加拿大律师和畅销书作者罗宾·夏尔马（Robin Sharma）说："要找回他们的魔力，新兴市场国家政府一定要算清楚国有资本越来越高的成本，并开始将越来越多的国有企业私有化。否则，这些公司将继续消耗国家财富，新兴国家经济的发展前景也因为它们而变得黯淡。"

> 中国对内改革的举措将会包括协调和监督现行法律的执行情况。

2013 年 11 月，国际贸易经济合作研究院研究员梅新育在《中国日报》撰文指出："通过进一步对外开放，中国致力于充分利用外部资源，争取在全球劳动分工和国际利润阶梯中获取更加优越的位置。"中国构建开放型经济新体制的新方向和新语言可以这样来解读：进一步对外国开放国内市场，同时也在全球市场争取更多的机会。十八届三中全会为中国未来十年经济发展奠定了良好的基础。

全面开放的第二步是在 2014 年 3 月跨出的。中国人民银行宣布从 2014 年 3 月 17 日开始，银行间即期外汇市场人民币兑美元交易价浮动幅度由 1% 扩大至 2%。这是人民币交易限制逐步放松的第四波，之前的日交易区间从 0.3% 微升到了 1994 年的 0.5%，2012 年，又放宽到了 1%。这是中国进一步展开内部全面调整改革和开放的又一标志。

改革措施的落实一直是改革的难点，为了有效监管改革措施的落实情况，中共中央将会成立一个新的领导小组来指导和协调各项政策并统筹各部委的工作。在法律方面，中国最大的问题不是法律条文的缺失，而是执法不到位。主要的问题包括外国人知识产权保护不力、征用农民土地时不能依法保障农民权益和补偿不合理等。因此，中央政府还将考虑设立专门的机构来处理知识产权侵权问题，并弥补其他漏洞。

中国未来发展蓝图

中国官方语言稍显刻板，而其英文译文又难以体现其精髓，但是，我们不能够因此就误认为十八届三中全会的文件只是泛泛而谈。不管从哪个方面来看，世界对中国经济振兴计划的反应都是非常积极的。十八届三中全会提出了继朱镕基市场经济改革方案之后最全面和最雄心勃勃的国家改革方案，勾勒中国未来的发展蓝图，并就政策导向、深化改革和扩大开放等问题确定了大致的方向。

2013 年 11 月 13 日的《法兰克福汇报》上也刊登了一篇持同样观点的文章，文中写道："中国共产党的十八届三中全会提出了十年来最全面和最振奋人心的改革方案。西方大多数人都没有把这当一回事，而只当作是简单的意向声明。这是严重的误解！"

2013 年 11 月 24 日，《福布斯》刊文指出："市场对此反应无疑非常积极，包括银行股在内多个行业的股票止跌反弹。该计划似乎取悦了许多人，可能是因为它足够详细，因此让人感觉可以相信。"文章结尾还说："如果能够采取合适的，有利于市场发展的改革措施，中国还能够有几十年的稳健增长。"

2013 年 11 月 15 日，《国际商业论坛》写道："习近平总书记带来的一系列翻天覆地的变化昭示了中国领导层进行社会和经济改革的决心。"它引述了《资本经济》的观点："具体实施还会是个问题，但是，我们已经看到了本世纪令人印象最深刻的改革决心。"

《经济学人》对中国共产党的新蓝图持审慎乐观的态度："（十八届三中全会）措辞是非常积极的。但习近平总书记将不得不应对来自国有企业、地方政府，甚至是城市中产阶级的顽固抵制。城市中产阶级虽然认同他社会公平的理念，但是害怕如果来自农村的人们平等获得医疗卫生服务和受教育的机会，自己的既得利益会受到损害。正如大会决议所指出的那样，改革已经进入深水区。"

《金融时报》写道："本次会议没有让人失望，因为习近平总书记领导的新一届领导集体发表了一份关于社会和经济改革的详尽蓝图。"不过，此文补充说："对于善于发现中国声明中的隐含意义的耳朵而言，这次会议更加关注国内改革，而不是通过进一步开放鼓励更多外国投资……进一步的市场化改革旨在消除政府对能源和土地等资源价格的控制，其目的显然是要提振经济……经历过艰难时刻的全球性企业看到了希望的曙光，相信自己就要转运了。"《金融时报》指责说，大会公报忽略了许多外界关注的重要方面："一些观察家曾希望本次全会拿出一些约束国有企业的具体措施，因为目前国有企业还是中国经济的主体；另外，他们还希望本次全会能够公布一些具体的土地制度和户籍制度改革措施，来切实保障 2.6 亿农民工的利益。"

《纽约时报》认为："有两个原因促使我们相信领导层的最新承诺是可信的，即将进行的改革将是重大的，甚至是历史性的。首先是因为习近平总书记拥有非常坚实的执政基础；其次，中国改革的动力前所未有之强烈。"《纽约时报》上这篇文章的作者史蒂芬·罗奇

（Stephen S. Roach），在耶鲁大学杰克逊全球事务研究所担任高级研究员，也是摩根士丹利亚洲区前主席，他得出的结论是："三十五年前，十一届三中全会给了邓小平一个机会，让他带领中国书写了现代历史上最壮丽的经济发展篇章。美国也到了需要自己的'三中全会'的时刻了。"

《中国日报》对十八届三中全会的报道

从西方的视角来看，诸如从让市场发挥"基础性作用"转变为让市场发挥"决定性的作用"这样语焉不详的措辞让人兴奋不起来。然而，从中国的角度来看，这意味着更广阔的适应和调整空间。在我们看来，通过强调权力下放，增加政府透明度和鼓励个人发挥更大的作用，这场改革的特点和领域已经得到了明确的界定。《中国日报》曾刊登了一系列关于改革细节的报告。下面我们将对中国下一个十年的一揽子改革计划进行简单的介绍。

深层次改革：简化管理，下放更多的权力到下一级政府，进行财税制度改革，全面规范、公开透明的预算制度，完善一般性转移支付增长机制，改革银行业，实现国有企业、混合所有制经济实体现代化。

扩大开放：扩大双边、多边和区域开放，开辟一个新的开放型经济体系，拥抱全球市场，提升出口和对外贸易，利用上海试点自由贸易区，扩大内陆沿边开放，同美国、欧盟、韩国、澳大利亚和海湾阿拉伯国家合作委员会等重要合作伙伴签署投资协议。

内需：扩大内需，消除障碍，统一全国市场，降低配送成本，增加政府公共支出。

农村发展：加快构建新型农业经营体系，赋予农民更多财产权利。

城市化：进一步推进产业化进程，更多地考虑公民利益，推进农业转移人口市民化，逐步把符合条件的农业转移人口转为城镇居民，改善基础设施，以及供水、供电和市政服务。

经济改革：科学技术管理制度，科技园区的改革政策试点，支持前沿技术和关键技术，加强知识产权保护，实现各个产业全面的信息技术集成。

社会公平公正：协调经济社会发展。提升教育质量，帮扶贫困地区的贫困学生，赋予高校更多的招生自主权，发展职业教育，开办更多民办学校，医疗改革和医疗保险。

人民福祉：建立健全社会保障体系，增加就业机会，公共住房保障，支持初创企业，劳资集体谈判，松动独生子女政策。

环保：通过改善工业结构，提高能源效率，减少汽车尾气排放，减少 PM10 和 PM2.5 排放，治理污染。增加非化石燃料的使用比例，推动水电和核电项目，实施重大生态工程，保护森林，节约用水和逆转沙漠化趋势。

最初对本书进行构思的时候，我们给它起的书名是《中场休息》。在足球比赛中场休息的时候，球员们会回顾上半场的得失，进而制定出下半场的最佳战术。

中场是预测战局变化并作出相应调整的时候。人们死死抓住自己熟悉的 20 世纪的情况不肯放手，犹豫着不敢去拥抱 21 世纪的新安排。正如我们在书中描述的那样，新球员们正在奋力驾驭全球经济和政治赛场，渴望着成功。既然正是西方国家给他们贴上了新兴经济体的标签，那么我们为什么会为他们致力于充分发掘自己的潜力并试图更多左右这场赛事的走势而感到惊讶呢？西方社会统治世界已经两百年了，所以要让他们给队友让出更多表现的空间，他们一时还适应不过来。

南环经济带的新兴经济体已经不再是以西方世界为中心的那个等级体系中被压在底层的次要球员了。而且，他们现在正在统一口径，建立新的同盟，努力在国际社会创造更平等的互动模式。在过渡时期，许多问题悬而未决，而我们处理问题的时候应该更加灵活机动。这是一个提出质疑的时代，也是一个发展新的战略，制定新目标的时代。

　　20世纪盛行的另外一种思维定式也在阻止我们认清主力队员已经换人，世界已经从以西方为中心变成了多中心的世界这一事实。中国在同当今世界唯一的霸主美国的对峙当中渐渐占据上风之时，西方媒体很快将新图片填入旧的框架当中，声称中美将取代美苏成为新的两极。但是，中国其实无意参与这场两极争霸。中国更愿意同各方势力建立同盟关系，与非洲、亚洲和拉丁美洲各国建立平等的伙伴关系是中国外交战略的根本指导方针。中国相信历久弥坚的联系——关系。中国人正在把他们的关系学推行到全球层面。

　　为什么不能将多中心与多前景联系起来呢？中国的一项明智的举措可以成为大家都接受的明智理念。我们的关系，我们的影响力网络必须建立在新的思维基础之上：当今世界正在经济、政治、社会发展和文化发展等各个领域展开一场声势浩大的赛场洗牌行动。生活着超过世界人口三分之二的国家和地区正在经历经济复苏，贸易路线和消费模式将会因此改变，国际货币金融秩序也会经历大洗牌。这就像是为了开始一场新的比赛而进行大洗牌一样。不同之处在于，打扑克牌的时候我们无法决定自己手中到底握有哪几张牌，而在这场综合性全球赛事中，我们可以调整自己手中的牌。

　　这场变革已经开始影响我们的职场生活了，现有的公司面临着新型竞争对手的挑战，工人们也面临转型的挑战。我们的下一代必须在全球人才市场上竞争，找到自己的位置，而大部分国家的教育体系是无法满足未来需求的。西方世界的崛起是建立在敬业精神、勤奋和进取心基础之上的；如今我们却忙着追求更短的工作时间、更高的社会福利，忽视了来自新兴经济体，特别是亚洲各国的那些受过良好教育、干劲十足又雄心勃勃的年轻人的竞争，所以我们节节败退。

如今，人们在大谈特谈不平等和社会财富的再分配问题，这些讨论纯属哗众取宠也毫无现实意义。收入的完全平等是不可能实现的，但是，我们可以努力实现教育的平等，这样才能让青年一代在求职市场上拥有更多机遇，因为，职场竞争中，决定成败的不外乎才干、勤奋和进取心。能够为经济可持续发展奠定基础的是教育而不是再分配。而且，现在的企业越来越倾向于在世界范围内招募有识之士和有能之士，因为商业世界的边界已经越来越模糊了。2010 年，全球有 2 亿人因为工作原因而移民。然而，很多国际组织和机构还是不够重视世界范围内的人员流动。流动性日益加强、经济联系日渐紧密，这需要国际法律界和各国际机构通力合作来应对全球层面这些方面的问题。而且，从长远来看，全球经济必将实现一体化，这项工作就更加必要了。

美国是世界上移民流入最多的国家。美国创新成果的 50% 是由占其人口总数 12% 的移民创造的，熟练的技术移民弥补了本国劳动力队伍的不足。发达经济体特别是欧洲发达经济体当中人口结构的变化使得他们需要更多的移民流入，才能保持健康的劳动供养比。我们必须敞开国门，而不是关闭它们。伟大的西方民主精神需要被重新激活。西方需要拥有长远眼光的领导者，而不是那些只关注短期选举结果、自私自利的政客们。只有提升关于执政的教育才能防止大部分西方人落入短期选举利益的陷阱。

现在，全世界的人们都能接入互联网了，数字化程度也越来越高，宏观和微观经济的生产方式因此而发生了巨大的改变，蓝领工人的数量不断减少。互联网的进一步发展将使得新兴经济体的公司、企业家和个人都参与到全球经济活动当中来，因为有越来越多的消费者开始在网上花钱了。中国的知识密集型行业，比如制药、半导体等已经成为全球第二大产业了。虚拟协同、网络会议软件和文件分享网站都能够为那些具有全球思维的人所用。它为那些行动迅捷的人打开了一扇又一扇大门，却为那些还生活在 20 世纪劳动力市场图景中的人制造了一个又一个障碍。

中央权力下放和迅速的城市化正在创造新的存取矩阵。创造宜居城市、花园城市和绿色城市的目标正在逐渐取代单一追求经济发展的思维。

未来就握在我们手中。变化不可能一蹴而就，变化要靠成千上万个行动合力推动，未来就掌握在人民和政府手中。现在正是中场休息时间，全球大变革不再是一副模糊不清的画面，它正在渐渐显露峥嵘，我们可以看到新布局的大致轮廓。我们的国家、地区和城市可能会落后一步，没能及时适应大变革的局势。我们也可能不喜欢这场变革带来的一切，但是，发展的方向已经确定了，固守成规，不肯摆脱旧思维不但无法改变现实，而且对我们一点儿好处都没有。

我们还是很乐观的。全球大变革蕴含着无限机遇，重塑 21 世纪新世界的同时，我们可以更具创造性地发展现有的经济和社会关系。